基层农产品质量安全公共服务指南

农业农村部农产品质量安全中心　组编

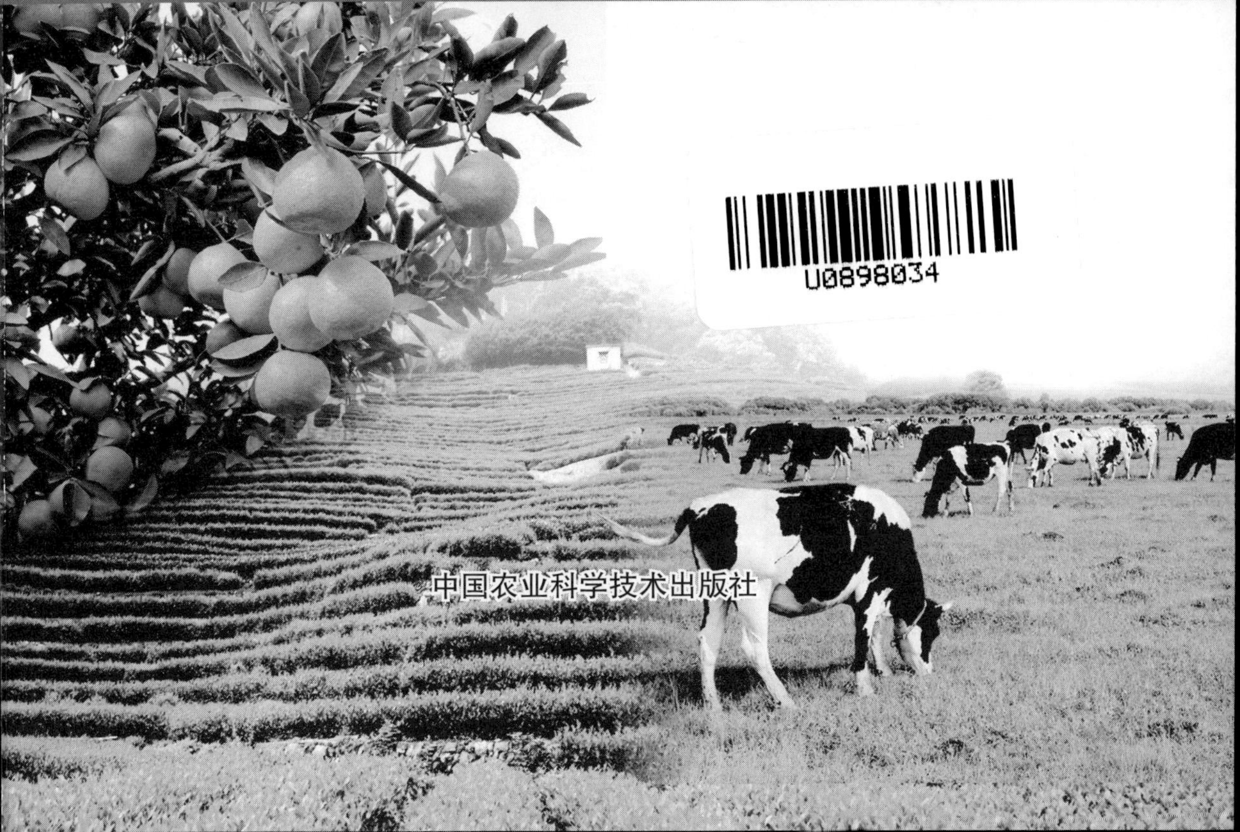

中国农业科学技术出版社

图书在版编目（CIP）数据

基层农产品质量安全公共服务指南／农业农村部农产品质量安全中心组编．—北京：中国农业科学技术出版社，2019.10

ISBN 978-7-5116-4343-8

Ⅰ.①基… Ⅱ.①农… Ⅲ.①农产品-质量管理-安全管理-公共服务-中国-指南
Ⅳ.①F326.5-62

中国版本图书馆 CIP 数据核字（2019）第 174978 号

责任编辑 崔改泵
责任校对 贾海霞

出 版 者 中国农业科学技术出版社
北京市中关村南大街 12 号 邮编：100081
电　　话 （010）82109194（编辑室） （010）82109702（发行部）
（010）82109709（读者服务部）
传　　真 （010）82106650
网　　址 http://www.castp.cn
经 销 者 各地新华书店
印 刷 者 北京富泰印刷有限责任公司
开　　本 710mm×1 000mm 1/16
印　　张 13.25
字　　数 230 千字
版　　次 2019 年 10 月第 1 版 2019 年 10 月第 1 次印刷
定　　价 78.00 元

《基层农产品质量安全公共服务指南》

编 委 会

主　　编　金发忠

统筹主编　陈金发　王子强　王　坚　余新华　孔　巍

专业主编　丁保华　赵　然　刘继红　袁广义　范　蓓

副 主 编（按姓氏笔画排序）

王爱华　卢海燕　李春天　刘学刚　张　薇
郑永利　胡　涛　符小琴　董自庭　廖家富
樊虎玲

编写人员（按姓氏笔画排序）

丁　莹　王琳丽　毛雪飞　卢莉娜　叶新太
邢阿进奇　邢　霞　刘　岩　刘冬华　刘佳庆
汤达钵　孙晓明　孙爱东　杨　辉　杨　臻
李　政　李祥洲　何　鑫　张　亮　张宏志
陈义康　金　诺　官　帅　赵尽力　贺　妍
贾宇书　顾学慧　栾　昉　郭金欣　黄　昀
黄永东　梁　刚　梁　颖　程光辉　程　禹
熊罗森　戴　芬　鞠丽荣

目　　录

第一章　法律法规

近年来，我国农产品质量安全方面的法律法规建设持续加强，农产品质量安全依法管控成效显著。在已制定的法律法规中，与农产品质量安全相关的主要有《中华人民共和国农产品质量安全法》①《中华人民共和国食品安全法》《中华人民共和国标准化法》《中华人民共和国农业法》《中华人民共和国环境保护法》《中华人民共和国土壤污染防治法》《中华人民共和国动物防疫法》《中华人民共和国农业技术推广法》《中华人民共和国刑法》《最高人民法院　最高人民检察院关于办理危害食品安全刑事案件适用法律若干问题的解释》《中华人民共和国食品安全法实施条例》《农药管理条例》《兽药管理条例》《饲料和饲料添加剂管理条例》《乳品管理条例》《农业转基因管理条例》《进出境动植物检疫法》及《进出境动植物检疫法实施条例》与《植物检疫条例》，其配套的主要相关制度有《新饲料和新饲料添加剂管理办法》《农产品包装和标识管理办法》《农产品产地安全管理办法》《农产品质量安全监测管理办法》《农产品质量安全检测机构考核管理办法》《绿色食品标志管理办法》《有机产品认证管理办法》《无公害农产品管理办法》《农产品地理标识管理办法》《食用农产品合格证管理办法（试行）》等，涉及农产品标准、产地环境、投入品、生产过程、产品质量、销售和管理等各个环节。

第一节　农产品标准相关法律法规

《中华人民共和国标准化法》（以下简称《标准化法》）是目前制定各项标准的基本法律依据。《标准化法》确立了以国家标准为主体，行业标准、地方标准、团体标准和企业标准配套的标准体系，以及标准化主管部门统一

① 《中华人民共和国农产品质量安全法》简称《农产品质量安全法》。其他国家法律均用类似简称。

管理和行业管理部门分工负责的标准制定、实施与监督管理体制。此外，《农产品质量安全法》《食品安全法》《环境保护法》《土地污染防治法》《农药管理条例》和《兽药管理条例》又针对各行业及其产品管理的特殊性做了规定。如2004年4月国务院修订发布的《兽药管理条例》，取消了兽药地方标准和行业标准，兽药强制性标准在全国只存在1个标准即国家标准，统一由国务院兽医行政主管部门制定和发布。

一、《标准化法》相关规定

《标准化法》于1988年12月29日颁布，2017年11月4日修订，自2018年1月1日起施行。全文共6章45条。主要针对标准的制定、实施及法律责任进行了说明。其中与农产品标准相关的规定有：

第二条　本法所称标准（含标准样品），是指农业、工业、服务业以及社会事业等领域需要统一的技术要求。标准包括国家标准、行业标准、地方标准和团体标准、企业标准。国家标准分为强制性标准、推荐性标准，行业标准、地方标准是推荐性标准。强制性标准必须执行。国家鼓励采用推荐性标准。

第三条　标准化工作的任务是制定标准、组织实施标准以及对标准的制定、实施进行监督。县级以上人民政府应当将标准化工作纳入本级国民经济和社会发展规划，将标准化工作经费纳入本级预算。

第四条　制定标准应当在科学技术研究成果和社会实践经验的基础上，深入调查论证，广泛征求意见，保证标准的科学性、规范性、时效性，提高标准质量。

第五条　国务院标准化行政主管部门统一管理全国标准化工作。国务院有关行政主管部门分工管理本部门、本行业的标准化工作。县级以上地方人民政府标准化行政主管部门统一管理本行政区域内的标准化工作。县级以上地方人民政府有关行政主管部门分工管理本行政区域内本部门、本行业的标准化工作。

第七条　国家鼓励企业、社会团体和教育、科研机构等开展或者参与标准化工作。

第八条　国家积极推动参与国际标准化活动，开展标准化对外合作与交流，参与制定国际标准，结合国情采用国际标准，推进中国标准与国外标准之间的转化运用。国家鼓励企业、社会团体和教育、科研机构等参与国际标准化活动。

第十条　对保障人身健康和生命财产安全、国家安全、生态环境安全以及满足经济社会管理基本需要的技术要求，应当制定强制性国家标准。国务院有关行政主管部门依据职责负责强制性国家标准的项目提出、组织起草、征求意见和技术审查。国务院标准化行政主管部门负责强制性国家标准的立项、编号和对外通报。国务院标准化行政主管部门应当对拟制定的强制性国家标准是否符合前款规定进行立项审查，对符合前款规定的予以立项。

第十一条　对满足基础通用、与强制性国家标准配套、对各有关行业起引领作用等需要的技术要求，可以制定推荐性国家标准。推荐性国家标准由国务院标准化行政主管部门制定。

第十二条　对没有推荐性国家标准、需要在全国某个行业范围内统一的技术要求，可以制定行业标准。行业标准由国务院有关行政主管部门制定，报国务院标准化行政主管部门备案。

第十三条　为满足地方自然条件、风俗习惯等特殊技术要求，可以制定地方标准。地方标准由省、自治区、直辖市人民政府标准化行政主管部门制定；设区的市级人民政府标准化行政主管部门根据本行政区域的特殊需要，经所在地省、自治区、直辖市人民政府标准化行政主管部门批准，可以制定本行政区域的地方标准。地方标准由省、自治区、直辖市人民政府标准化行政主管部门报国务院标准化行政主管部门备案，由国务院标准化行政主管部门通报国务院有关行政主管部门。

第十四条　对保障人身健康和生命财产安全、国家安全、生态环境安全以及经济社会发展所急需的标准项目，制定标准的行政主管部门应当优先立项并及时完成。

第十七条　强制性标准文本应当免费向社会公开。国家推动免费向社会公开推荐性标准文本。

第十八条　国家鼓励学会、协会、商会、联合会、产业技术联盟等社会团体协调相关市场主体共同制定满足市场和创新需要的团体标准，由本团体成员约定采用或者按照本团体的规定供社会自愿采用。制定团体标准，应当遵循开放、透明、公平的原则，保证各参与主体获取相关信息，反映各参与主体的共同需求，并应当组织对标准相关事项进行调查分析、实验、论证。国务院标准化行政主管部门会同国务院有关行政主管部门对团体标准的制定进行规范、引导和监督。

第十九条　企业可以根据需要自行制定企业标准，或者与其他企业联合制定企业标准。

第二十条　国家支持在重要行业、战略性新兴产业、关键共性技术等领域利用自主创新技术制定团体标准、企业标准。

第二十一条　推荐性国家标准、行业标准、地方标准、团体标准、企业标准的技术要求不得低于强制性国家标准的相关技术要求。国家鼓励社会团体、企业制定高于推荐性标准相关技术要求的团体标准、企业标准。

第二十五条　不符合强制性标准的产品、服务，不得生产、销售、进口或者提供。

第二十六条　出口产品、服务的技术要求，按照合同的约定执行。

第二十七条　国家实行团体标准、企业标准自我声明公开和监督制度。企业应当公开其执行的强制性标准、推荐性标准、团体标准或者企业标准的编号和名称；企业执行自行制定的企业标准的，还应当公开产品、服务的功能指标和产品的性能指标。国家鼓励团体标准、企业标准通过标准信息公共服务平台向社会公开。企业应当按照标准组织生产经营活动，其生产的产品、提供的服务应当符合企业公开标准的技术要求。

第三十六条　生产、销售、进口产品或者提供服务不符合强制性标准，或者企业生产的产品、提供的服务不符合其公开标准的技术要求的，依法承担民事责任。

第三十七条　生产、销售、进口产品或者提供服务不符合强制性标准的，依照《中华人民共和国产品质量法》《中华人民共和国进出口商品检验法》《中华人民共和国消费者权益保护法》等法律、行政法规的规定查处，记入信用记录，并依照有关法律、行政法规的规定予以公示；构成犯罪的，依法追究刑事责任。

二、《农产品质量安全法》相关规定

《农产品质量安全法》于 2006 年 4 月 29 日颁布，自 2006 年 11 月 1 日起施行，2018 年修正。全文共 8 章 56 条。其中与农产品标准相关的规定有：

第十一条　国家建立健全农产品质量安全标准体系。农产品质量安全标准是强制性的技术规范。农产品质量安全标准的制定和发布，依照有关法律、行政法规的规定执行。

第十二条　制定农产品质量安全标准应当充分考虑农产品质量安全风险

评估结果，并听取农产品生产者、销售者和消费者的意见，保障消费安全。

第十三条 农产品质量安全标准应当根据科学技术发展水平以及农产品质量安全的需要，及时修订。

第十四条 农产品质量安全标准由农业行政主管部门商有关各部门组织实施。

第二十条 国务院农业行政主管部门和省、自治区、直辖市人民政府农业行政主管部门应当制定保障农产品质量安全的生产技术要求和操作规程。

三、《食品安全法》相关规定

《食品安全法》于2009年2月28日通过，自2009年6月1日起施行。2015年4月24日修订，新修订的《食品安全法》自2015年10月1日起正式施行。全文共10章154条。《食品安全法》是为了从制度上解决现实生活中存在的食品安全问题，更好地保证食品安全而制定的。其中确立了以食品安全风险监测和评估为基础的科学管理制度，明确食品安全风险评估结果作为制定、修订食品安全标准和对食品安全实施监督管理的科学依据。其中与农产品标准相关的规定有：

第二条 供食用的源于农业的初级产品（以下称食用农产品）的质量安全管理，遵守《中华人民共和国农产品质量安全法》的规定。但是，食用农产品的市场销售、有关质量安全标准的制定、有关安全信息的公布和本法对农业投入品作出规定的，应当遵守本法的规定。

第二十五条 食品安全标准是强制执行的标准。除食品安全标准外，不得制定其他食品强制性标准。

第二十六条 食品安全标准应当包括下列内容：（一）食品、食品添加剂、食品相关产品中的致病性微生物，农药残留、兽药残留、生物毒素、重金属等污染物质以及其他危害人体健康物质的限量规定。

第二十七条 第二款：食品中农药残留、兽药残留的限量规定及其检验方法与规程由国务院卫生行政部门、国务院农业行政部门会同国务院食品药品监督管理部门制定。第三款：屠宰畜、禽的检验规程由国务院农业行政部门会同国务院卫生行政部门制定。

四、《环境保护法》相关规定

《环境保护法》于1989年12月26日通过，2014年4月24日进行了修订，新修订的《环境保护法》自2015年1月1日起施行，全文共7章70条。其中与农产品标准相关的规定有：

第九条　国务院环境保护行政主管部门制定国家环境质量标准。省、自治区、直辖市人民政府对国家环境质量标准中未作规定的项目，可以制定地方环境质量标准，并报国务院环境保护行政主管部门备案。

第十条　国务院环境保护行政主管部门根据国家环境质量标准和国家经济、技术条件，制定国家污染物排放标准。省、自治区、直辖市人民政府对国家污染物排放标准中未作规定的项目，可以制定地方污染物排放标准；对国家污染物排放标准中已作规定的项目，可以制定严于国家污染物排放标准的地方污染物排放标准。地方污染物排放标准须报国务院环境保护行政主管部门备案。凡是向已有地方污染物排放标准的区域排放污染物的，应当执行地方污染物排放标准。

五、《土壤污染防治法》相关规定

《土壤污染防治法》于2018年8月31日通过，自2019年1月1日起施行。全文共7章99条，其中与农产品标准相关的规定有：

第二十六条　国务院农业农村、林业草原主管部门应当制定规划，完善相关标准和措施，加强农用地农药、化肥使用指导和使用总量控制，加强农用薄膜使用控制。国务院农业农村主管部门应当加强农药、肥料登记，组织开展农药、肥料对土壤环境影响的安全性评价。

制定农药、兽药、肥料、饲料、农用薄膜等农业投入品及其包装物标准和农田灌溉用水水质标准，应当适应土壤污染防治的要求。

第二节　产地环境安全相关法律法规

产地环境安全与否直接关系到农产品的质量安全。我国宪法明确规定，“国家保护和改善生活环境和生态环境，防治污染和其他公害。”《刑法》将严重危害自然环境、破坏野生动植物资源的行为定为危害公共安全罪和破坏社会主义经济秩序罪。与农产品产地安全关系比较密切的法律法规有《农业法》《农产品质量安全法》《农产品产地安全管理办法》《环境保护法》《土壤污染防治法》《清洁生产促进法》《环境影响评价法》《海洋环境保护法》《水污染防治法》《大气污染防治法》《固体废物污染环境防治法》《基本农田保护条例》等。本节重点介绍与农产品产地安全关联度较高的一些法律法规及相关规定。

一、《农业法》相关规定

《农业法》于1993年7月2日颁布，先后经过两次修正，目前实施的《农业法》是2012年12月28日通过，2013年1月1日起实施的。全文共13章99条。与产地安全相关的规定有：

第五十七条　发展农业和农村经济必须合理利用和保护土地、水、森林、草原、野生动植物等自然资源，合理开发和利用水能、沼气、太阳能、风能等可再生能源和清洁能源，发展生态农业，保护和改善生态环境。

第五十八条　农民和农业生产经营组织应当保养耕地，合理使用化肥、农药、农用薄膜，增加使用有机肥料，采用先进技术，保护和提高地力，防止农用地的污染、破坏和地力衰退。

第六十三条　各级人民政府应当采取措施，依法执行捕捞限额和禁渔、休渔制度，增殖渔业资源，保护渔业水域生态环境。

第六十五条　农产品采收后的秸秆及其他剩余物质应当综合利用，妥善处理，防止造成环境污染和生态破坏。

从事畜禽等动物规模养殖的单位和个人应当对粪便、废水及其他废弃物进行无害化处理或者综合利用，从事水产养殖的单位和个人应当合理投饵、施肥、使用药物，防止造成环境污染和生态破坏。

第六十六条　县级以上人民政府应当采取措施，督促有关单位进行治理，防治废水、废气和固体废弃物对农业生态环境的污染。排放废水、废气和固体废弃物造成农业生态环境污染事故的，由环境保护行政主管部门或者农业行政主管部门依法调查处理；给农民和农业生产经营组织造成损失的，有关责任者应当依法赔偿。

二、《环境保护法》相关规定

修订后的《环境保护法》增加了政府、企业各方面责任和处罚力度，明确“企业事业单位和其他生产经营者违法排放污染物，受到罚款处罚，被责令改正，拒不改正的，依法作出处罚决定的行政机关可以自责令更改之日的次日起，按照原处罚数额按日连续处罚。”被专家称为“史上最严的环保法”。新环保法还明确，“国家在重点生态功能区、生态环境敏感区和脆弱区等区域划定生态保护红线，实行严格保护”。其中与产地安全相关的规定有：

第三十二条　国家加强对大气、水、土壤等的保护，建立和完善相应的调查、监测、评估和修复制度。

第三十三条　各级人民政府应当加强对农业环境的保护，促进农业环境保护新技术的使用，加强对农业污染源的监测预警，统筹有关部门采取措施，防治土壤污染和土地沙化、盐渍化、贫瘠化、石漠化、地面沉降以及防治植被破坏、水土流失、水体富营养化、水源枯竭、种源灭绝等生态失调现象，推广植物病虫害的综合防治。县级、乡级人民政府应当提高农村环境保护公共服务水平，推动农村环境综合整治。

第三十四条　国务院和沿海地方各级人民政府应当加强对海洋环境的保护。向海洋排放污染物、倾倒废弃物，进行海岸工程和海洋工程建设，应当符合法律法规规定和有关标准，防止和减少对海洋环境的污染损害。

第四十八条　生产、储存、运输、销售、使用、处置化学物品和含有放射性物质的物品，应当遵守国家有关规定，防止污染环境。

第四十九条　各级人民政府及其农业等有关部门和机构应当指导农业生产经营者科学种植和养殖，科学合理施用农药、化肥等农业投入品，科学处置农用薄膜、农作物秸秆等农业废弃物，防止农业面源污染。禁止将不符合农用标准和环境保护标准的固体废物、废水施入农田。施用农药、化肥等农业投入品及进行灌溉，应当采取措施，防止重金属和其他有毒有害物质污染环境。畜禽养殖场、养殖小区、定点屠宰企业等的选址、建设和管理应当符合有关法律法规规定。从事畜禽养殖和屠宰的单位和个人应当采取措施，对畜禽粪便、尸体和污水等废弃物进行科学处置，防止污染环境。县级人民政府负责组织农村生活废弃物的处置。

三、《农产品质量安全法》相关规定

《农产品质量安全法》中与产地安全相关的规定有：

第十五条　县级以上地方人民政府农业行政主管部门按照保障农产品质量安全的要求，根据农产品品种特性和生产区域大气、土壤、水体中有毒有害物质状况等因素，认为不适宜特定农产品生产的，提出禁止生产的区域，报本级人民政府批准后公布。具体办法由国务院农业行政主管部门商国务院环境保护行政主管部门制定。农产品禁止生产区域的调整，依照前款规定的程序办理。

第十六条 县级以上人民政府应当采取措施，加强农产品基地建设，改善农产品的生产条件。县级以上人民政府农业行政主管部门应当采取措施，推进保障农产品质量安全的标准化生产综合示范区、示范农场、养殖小区和无规定动植物疫病区的建设。

第十七条 禁止在有毒有害物质超过规定标准的区域生产、捕捞、采集食用农产品和建立农产品生产基地。

第十八条 禁止违反法律、法规的规定向农产品产地排放或者倾倒废水、废气、固体废物或者其他有毒有害物质。农业生产用水和用作肥料的固体废物，应当符合国家规定的标准。

第十九条 农产品生产者应当合理使用化肥、农药、兽药、农用薄膜等化工产品，防止对农产品产地造成污染。

四、《食品安全法》相关规定

《食品安全法》中与产地安全相关的规定有：

第三十四条 禁止生产经营下列食品、食品添加剂、食品相关产品：（一）用非食品原料生产的食品或者添加食品添加剂以外的化学物质和其他可能危害人体健康物质的食品，或者用回收食品作为原料生产的食品；（二）致病性微生物，农药残留、兽药残留、生物毒素、重金属等污染物质以及其他危害人体健康的物质含量超过食品安全标准限量的食品、食品添加剂、食品相关产品；（七）病死、毒死或者死因不明的禽、畜、兽、水产动物肉类及其制品。

五、《土壤污染防治法》相关规定

《土壤污染防治法》中与产地安全相关的规定有：

第七条 国务院生态环境主管部门对全国土壤污染防治工作实施统一监督管理；国务院农业农村、自然资源、住房城乡建设、林业草原等主管部门在各自职责范围内对土壤污染防治工作实施监督管理。

地方人民政府生态环境主管部门对本行政区域土壤污染防治工作实施统一监督管理；地方人民政府农业农村、自然资源、住房城乡建设、林业草原等主管部门在各自职责范围内对土壤污染防治工作实施监督管理。

第十六条 地方人民政府农业农村、林业草原主管部门应当会同生态环境、自然资源主管部门对下列农用地地块进行重点监测：

（一）产出的农产品污染物含量超标的；

（二）作为或者曾作为污水灌溉区的；

（三）用于或者曾用于规模化养殖，固体废物堆放、填埋的；

（四）曾作为工矿用地或者发生过重大、特大污染事故的；

（五）有毒有害物质生产、贮存、利用、处置设施周边的；

（六）国务院农业农村、林业草原、生态环境、自然资源主管部门规定的其他情形。

第十九条　生产、使用、贮存、运输、回收、处置、排放有毒有害物质的单位和个人，应当采取有效措施，防止有毒有害物质渗漏、流失、扬散，避免土壤受到污染。

第二十六条　国务院农业农村、林业草原主管部门应当制定规划，完善相关标准和措施，加强农用地农药、化肥使用指导和使用总量控制，加强农用薄膜使用控制。

国务院农业农村主管部门应当加强农药、肥料登记，组织开展农药、肥料对土壤环境影响的安全性评价。

第二十七条　地方人民政府农业农村、林业草原主管部门应当开展农用地土壤污染防治宣传和技术培训活动，扶持农业生产专业化服务，指导农业生产者合理使用农药、兽药、肥料、饲料、农用薄膜等农业投入品，控制农药、兽药、化肥等的使用量。

地方人民政府农业农村主管部门应当鼓励农业生产者采取有利于防止土壤污染的种养结合、轮作休耕等农业耕作措施；支持采取土壤改良、土壤肥力提升等有利于土壤养护和培育的措施；支持畜禽粪便处理、利用设施的建设。

第二十八条　禁止向农用地排放重金属或者其他有毒有害物质含量超标的污水、污泥，以及可能造成土壤污染的清淤底泥、尾矿、矿渣等。

县级以上人民政府有关部门应当加强对畜禽粪便、沼渣、沼液等收集、贮存、利用、处置的监督管理，防止土壤污染。

农田灌溉用水应当符合相应的水质标准，防止土壤、地下水和农产品污染。地方人民政府生态环境主管部门应当会同农业农村、水利主管部门加强对农田灌溉用水水质的管理，对农田灌溉用水水质进行监测和监督检查。

第二十九条　国家鼓励和支持农业生产者采取下列措施：

（一）使用低毒、低残留农药以及先进喷施技术；

（二）使用符合标准的有机肥、高效肥；

（三）采用测土配方施肥技术、生物防治等病虫害绿色防控技术；

（四）使用生物可降解农用薄膜；

（五）综合利用秸秆、移出高富集污染物秸秆；

（六）按照规定对酸性土壤等进行改良。

第三十条 农业投入品生产者、销售者和使用者应当及时回收农药、肥料等农业投入品的包装废弃物和农用薄膜，并将农药包装废弃物交由专门的机构或者组织进行无害化处理。具体办法由国务院农业农村主管部门会同国务院生态环境等主管部门制定。国家采取措施，鼓励、支持单位和个人回收农业投入品包装废弃物和农用薄膜。

六、《农产品产地安全管理办法》相关规定

《农产品产地安全管理办法》经2006年9月30日农业部第25次常务会议审议通过公布，自2006年11月1日起施行。全文共6章27条。其中与产地安全相关的规定主要有：

第十五条 县级以上地方人民政府农业行政主管部门应当制定农产品产地污染防治与保护规划，并纳入本地农业和农村经济发展规划。

第十六条 县级以上人民政府农业行政主管部门应当采取生物、化学、工程等措施，对农产品禁止生产区和有毒有害物质不符合产地安全标准的其他农产品生产区域进行修复和治理。

第十九条 任何单位和个人不得在禁止生产区生产、捕捞、采集禁止的食用农产品和建立农产品生产基地。

第二十条 禁止任何单位和个人向农产品产地排放或者倾倒废气、废水、固体废物或者其他有毒有害物质。禁止在农产品产地堆放、贮存、处置工业固体废物。在农产品产地周围堆放、贮存、处置工业固体废物的，应当采取有效措施，防止对农产品产地安全造成危害。

第二十一条 任何单位和个人提供或者使用农业用水和用作肥料的城镇垃圾、污泥等固体废物，应当经过无害化处理并符合国家有关标准。

第二十二条 农产品生产者应当合理使用肥料、农药、兽药、饲料和饲料添加剂、农用薄膜等农业投入品。禁止使用国家明令禁止、淘汰的或者未经许可的农业投入品。农产品生产者应当及时清除、回收农用薄膜、农业投入品包装物等，防止污染农产品产地环境。

七、《农药管理条例》相关规定

《农药管理条例》1997 年 5 月 8 日发布并实施，先后经过两次修订，目前实施的《农药管理条例》是 2017 年 2 月 8 日通过，2017 年 6 月 1 日起施行。全文共 8 章 66 条。其中与产地安全相关的规定有：

第三十条　县级以上人民政府农业主管部门应当加强农药使用指导、服务工作，建立健全农药安全、合理使用制度，并按照预防为主、综合防治的要求，组织推广农药科学使用技术，规范农药使用行为。林业、粮食、卫生等部门应当加强对林业、储粮、卫生用农药安全、合理使用的技术指导，环境保护主管部门应当加强对农药使用过程中环境保护和污染防治的技术指导。

第三十七条　国家鼓励农药使用者妥善收集农药包装物等废弃物；农药生产企业、农药经营者应当回收农药废弃物，防止农药污染环境和农药中毒事故的发生。具体办法由国务院环境保护主管部门会同国务院农业主管部门、国务院财政部门等部门制定。

第三节　生产过程安全相关法律法规

我国农药、兽药、饲料添加剂等与农产品质量安全生产有关的投入品的生产、经营均实行许可制度。与农产品质量安全生产相关的法律法规主要有《农产品质量安全法》《食品安全法》《农药管理条例》《土壤污染防治法》《饲料和饲料添加剂管理条例》《兽药管理条例》《植物检疫条例》《农业技术推广法》《动物防疫法》《进出境动植物检疫法》及《进出境动植物检疫法实施条例》等。

一、《农产品质量安全法》相关规定

《农产品质量安全法》中与生产过程安全相关的规定有：

第二十一条　对可能影响农产品质量安全的农药、兽药、饲料和饲料添加剂、肥料、兽医器械，依照有关法律、行政法规的规定实行许可制度。国务院农业行政主管部门和省、自治区、直辖市人民政府农业行政主管部门应当定期对可能危及农产品质量安全的农药、兽药、饲料和饲料添加剂、肥料等农业投入品进行监督抽查，并公布抽查结果。

第二十二条　县级以上人民政府农业行政主管部门应当加强对农业投入

品使用的管理和指导，建立健全农业投入品的安全使用制度。

第二十三条 农业科研教育机构和农业技术推广机构应当加强对农产品生产者质量安全知识和技能的培训。

第二十四条 农产品生产企业和农民专业合作经济组织应当建立农产品生产记录，如实记载下列事项：

（一）使用农业投入品的名称、来源、用法、用量和使用、停用的日期；

（二）动物疫病、植物病虫草害的发生和防治情况；

（三）收获、屠宰或者捕捞的日期。

农产品生产记录应当保存二年。禁止伪造农产品生产记录。国家鼓励其他农产品生产者建立农产品生产记录。

第二十五条 农产品生产者应当按照法律、行政法规和国务院农业行政主管部门的规定，合理使用农业投入品，严格执行农业投入品使用安全间隔期或者休药期的规定，防止危及农产品质量安全。禁止在农产品生产过程中使用国家明令禁止使用的农业投入品。

第二十六条 农产品生产企业和农民专业合作经济组织，应当自行或者委托检测机构对农产品质量安全状况进行检测；经检测不符合农产品质量安全标准的农产品，不得销售。

第二十七条 农民专业合作经济组织和农产品行业协会对其成员应当及时提供生产技术服务，建立农产品质量安全管理制度，健全农产品质量安全控制体系，加强自律管理。

二、《食品安全法》相关规定

《食品安全法》中与生产过程安全相关的规定有：

第四十九条 食用农产品生产者应当按照食品安全标准和国家有关规定使用农药、肥料、兽药、饲料和饲料添加剂等农业投入品，严格执行农业投入品使用安全间隔期或者休药期的规定，不得使用国家明令禁止的农业投入品。禁止将剧毒、高毒农药用于蔬菜、瓜果、茶叶和中草药材等国家规定的农作物。食用农产品的生产企业和农民专业合作经济组织应当建立农业投入品使用记录制度。县级以上人民政府农业行政部门应当加强对农业投入品使用的监督管理和指导，建立健全农业投入品安全使用制度。

三、《土壤污染防治法》相关规定

《土壤污染防治法》中与生产过程安全相关的规定有：

第二十九条　国家鼓励和支持农业生产者采取下列措施：

（一）使用低毒、低残留农药以及先进喷施技术；

（二）使用符合标准的有机肥、高效肥；

（三）采用测土配方施肥技术、生物防治等病虫害绿色防控技术；

（四）使用生物可降解农用薄膜；

（五）综合利用秸秆、移出高富集污染物秸秆；

（六）按照规定对酸性土壤等进行改良。

第三十条　禁止生产、销售、使用国家明令禁止的农业投入品。农业投入品生产者、销售者和使用者应当及时回收农药、肥料等农业投入品的包装废弃物和农用薄膜，并将农药包装废弃物交由专门的机构或者组织进行无害化处理。具体办法由国务院农业农村主管部门会同国务院生态环境等主管部门制定。国家采取措施，鼓励、支持单位和个人回收农业投入品包装废弃物和农用薄膜。

四、《农药管理条例》相关规定

《农药管理条例》与生产过程安全相关的规定有：

第三十条　县级以上人民政府农业主管部门应当加强农药使用指导、服务工作，建立健全农药安全、合理使用制度，并按照预防为主、综合防治的要求，组织推广农药科学使用技术，规范农药使用行为。林业、粮食、卫生等部门应当加强对林业、储粮、卫生用农药安全、合理使用的技术指导，环境保护主管部门应当加强对农药使用过程中环境保护和污染防治的技术指导。

第三十一条　县级人民政府农业主管部门应当组织植物保护、农业技术推广等机构向农药使用者提供免费技术培训，提高农药安全、合理使用水平。国家鼓励农业科研单位、有关学校、农民专业合作社、供销合作社、农业社会化服务组织和专业人员为农药使用者提供技术服务。

第三十二条　国家通过推广生物防治、物理防治、先进施药器械等措施，逐步减少农药使用量。县级人民政府应当制定并组织实施本行政区域的农药减量计划；对实施农药减量计划、自愿减少农药使用量的农药使用者，给予鼓励和扶持。县级人民政府农业主管部门应当鼓励和扶持设立专业化病虫害防治服务组织，并对专业化病虫害防治和限制使用农药的配药、用药进行指导、规范和管理，提高病虫害防治水平。县级人民政府农业主管部门应当指导农药使用者有计划地轮换使用农药，减缓危害农业、林业的病、虫、草、鼠和其他有害生物的抗药性。乡、镇人民政府应当协助开展农药使用指导、服务工作。

第三十三条　农药使用者应当遵守国家有关农药安全、合理使用制度，妥善保管农药，并在配药、用药过程中采取必要的防护措施，避免发生农药使用事故。限制使用农药的经营者应当为农药使用者提供用药指导，并逐步提供统一用药服务。

第三十四条　农药使用者应当严格按照农药的标签标注的使用范围、使用方法和剂量、使用技术要求和注意事项使用农药，不得扩大使用范围、加大用药剂量或者改变使用方法。农药使用者不得使用禁用的农药。标签标注安全间隔期的农药，在农产品收获前应当按照安全间隔期的要求停止使用。剧毒、高毒农药不得用于防治卫生害虫，不得用于蔬菜、瓜果、茶叶、菌类、中草药材的生产，不得用于水生植物的病虫害防治。

第三十五条　农药使用者应当保护环境，保护有益生物和珍稀物种，不得在饮用水水源保护区、河道内丢弃农药、农药包装物或者清洗施药器械。严禁在饮用水水源保护区内使用农药，严禁使用农药毒鱼、虾、鸟、兽等。

第三十六条　农产品生产企业、食品和食用农产品仓储企业、专业化病虫害防治服务组织和从事农产品生产的农民专业合作社等应当建立农药使用记录，如实记录使用农药的时间、地点、对象以及农药名称、用量、生产企业等。农药使用记录应当保存 2 年以上。

国家鼓励其他农药使用者建立农药使用记录。

五、《兽药管理条例》相关规定

《兽药管理条例》于 2004 年 3 月 24 日通过，自 2004 年 11 月 1 日起施行。2016 年 2 月 6 日修订，全文共 9 章 75 条。其中与生产过程安全有关的规定有：

第三十八条　兽药使用单位，应当遵守国务院兽医行政管理部门制定的兽药安全使用规定，并建立用药记录。

第三十九条　禁止使用假、劣兽药以及国务院兽医行政管理部门规定禁止使用的药品和其他化合物。禁止使用的药品和其他化合物目录由国务院兽医行政管理部门制定公布。

第四十条　有休药期规定的兽药用于食用动物时，饲养者应当向购买者或者屠宰者提供准确、真实的用药记录；购买者或者屠宰者应当确保动物及其产品在用药期、休药期内不被用于食品消费。

第四十一条　国务院兽医行政管理部门，负责制定公布在饲料中允许添加的药物饲料添加剂品种目录。禁止在饲料和动物饮用水中添加激素类药品和国务院兽医行政管理部门规定的其他禁用药品。经批准可以在饲料中添加的兽药，应当由兽药生产企业制成药物饲料添加剂后方可添加。禁止将原料药直接添加到饲料及动物饮用水中或者直接饲喂动物。禁止将人用药品用于动物。

第四十二条　国务院兽医行政管理部门，应当制定并组织实施国家动物及动物产品兽药残留监控计划。县级以上人民政府兽医行政管理部门，负责组织对动物产品中兽药残留量的检测。兽药残留检测结果，由国务院兽医行政管理部门或者省、自治区、直辖市人民政府兽医行政管理部门按照权限予以公布。动物产品的生产者、销售者对检测结果有异议的，可以自收到检测结果之日起 7 个工作日内向组织实施兽药残留检测的兽医行政管理部门或者其上级兽医行政管理部门提出申请，由受理申请的兽医行政管理部门指定检验机构进行复检。兽药残留限量标准和残留检测方法，由国务院兽医行政管理部门制定发布。

第四十三条　禁止销售含有违禁药物或者兽药残留量超过标准的食用动物产品。

六、《饲料和饲料添加剂管理条例》相关规定

《饲料和饲料添加剂管理条例》2011 年 10 月 26 日通过，2011 年 11 月 3 日公布，自 2012 年 5 月 1 日起施行。全文共 5 章 51 条。其中与生产过程安全相关的规定有：

第二十五条　养殖者应当按照产品使用说明和注意事项使用饲料。在饲料或者动物饮用水中添加饲料添加剂的，应当符合饲料添加剂使用说明和注意事项的要求，遵守国务院农业行政主管部门制定的饲料添加剂安全使用规范。养殖者使用自行配制的饲料的，应当遵守国务院农业行政主管部门制定的自行配制饲料使用规范，并不得对外提供自行配制的饲料。使用限制使用的物质养殖动物的，应当遵守国务院农业行政主管部门的限制性规定。禁止在饲料、动物饮用水中添加国务院农业行政主管部门公布禁用的物质以及对人体具有直接或者潜在危害的其他物质，或者直接使用上述物质养殖动物。禁止在反刍动物饲料中添加乳和乳制品以外的动物源性成分。

第二十六条 国务院农业行政主管部门和县级以上地方人民政府饲料管理部门应当加强饲料、饲料添加剂质量安全知识的宣传，提高养殖者的质量安全意识，指导养殖者安全、合理使用饲料、饲料添加剂。

第二十七条 饲料、饲料添加剂在使用过程中被证实对养殖动物、人体健康或者环境有害的，由国务院农业行政主管部门决定禁用并予以公布。

第二十九条 禁止生产、经营、使用未取得新饲料、新饲料添加剂证书的新饲料、新饲料添加剂以及禁用的饲料、饲料添加剂。禁止经营、使用无产品标签、无生产许可证、无产品质量标准、无产品质量检验合格证的饲料、饲料添加剂。禁止经营、使用无产品批准文号的饲料添加剂、添加剂预混合饲料。禁止经营、使用未取得饲料、饲料添加剂进口登记证的进口饲料、进口饲料添加剂。

第三十条 禁止对饲料、饲料添加剂作具有预防或者治疗动物疾病作用的说明或者宣传。但是，饲料中添加药物饲料添加剂的，可以对所添加的药物饲料添加剂的作用加以说明。

七、农业农村部公告相关规定

农业农村部（原农业部）以部公告的形式发布了一系列相关规定，相关公告可在农业农村部等相关网站查询、下载。

1. 农药相关规定

（1）我国全面禁止生产、销售和使用的农药。六六六、滴滴涕、毒杀芬、二溴氯丙烷、杀虫脒、二溴乙烷、除草醚、艾氏剂、狄氏剂、汞制剂、砷类、铅类、敌枯双、氟乙酰胺、甘氟、毒鼠强、氟乙酸钠、毒鼠硅、甲胺磷、甲基对硫磷、对硫磷、久效磷、磷胺、苯线磷、地虫硫磷、甲基硫环磷、磷化钙、磷化镁、磷化锌、硫线磷、蝇毒磷、治螟磷、特丁硫磷、氯磺隆、福美胂、福美甲胂、胺苯磺隆、甲磺隆、三氯杀螨醇等。

（2）限制使用的农药（表1）。

表1 在部分范围禁止使用的农药

农药名称	禁止使用范围
甲拌磷、甲基异柳磷、内吸磷、克百威、涕灭威、灭线磷、硫环磷、氯唑磷、水胺硫磷、灭多威、氧乐果、硫丹、杀扑磷	禁止在蔬菜、果树、茶树、中草药材上使用，禁止用于防治卫生害虫

（续表）

农药名称	禁止使用范围
氰戊菊酯	禁止在茶树上使用
丁酰肼（比久）	禁止在花生上使用
氟虫腈	除卫生用、玉米等部分旱田种子包衣剂以外，禁止在其他方面的使用
毒死蜱、三唑磷	禁止在蔬菜上使用
氟苯虫酰胺	禁止在水稻上使用
克百威、甲拌磷、甲基异柳磷	禁止在甘蔗作物上使用
乙酰甲胺磷、丁硫克百威、乐果	自 2019 年 8 月 1 日起，禁止在蔬菜、瓜果、茶叶、菌类和中草药材作物上使用
硫丹	自 2019 年 3 月 26 日起，禁止在农业上使用
溴甲烷	自 2019 年 1 月 1 日起，禁止在农业上使用

2. 兽药相关规定

（1）禁止在饲料和动物饮用水中使用的药物品种（表 2）。

表 2　禁止在饲料和动物饮用水中使用的药物品种

类型	药物名称
肾上腺素受体激动剂	盐酸克伦特罗、沙丁胺醇、硫酸沙丁胺醇、莱克多巴胺、盐酸多巴胺、西马特罗、硫酸特布他林、苯乙醇胺、班布特罗、盐酸齐帕特罗、盐酸氯丙那林、马布特罗、西布特罗、溴布特罗、酒石酸阿福特罗、富马酸福莫特罗
性激素	己烯雌酚、雌二醇、戊酸雌二醇、苯甲酸雌二醇、氯烯雌醚、炔诺醇、炔诺醚、醋酸氯地孕酮、左炔诺孕酮、炔诺酮、绒毛膜促性腺激素（绒促性素）
促卵泡生长激素	尿促性素主要含卵泡刺激 FSHT 和黄体生成素 LH
蛋白同化激素	碘化酪蛋白、苯丙酸诺龙及苯丙酸诺龙注射液
精神药品	（盐酸）氯丙嗪；盐酸异丙嗪、安定（地西泮）、苯巴比妥、苯巴比妥钠、巴比妥、异戊巴比妥、异戊巴比妥钠、利血平、艾司唑仑、甲丙氨脂、咪达唑仑、硝西泮、奥沙西泮、匹莫林、三唑仑、唑吡旦、盐酸可乐定、盐酸赛庚啶、其他国家管制的精神药品
各种抗生素滤渣	该类物质是抗生素类产品生产过程中产生的工业三废，因含有微量抗生素成分，在饲料和饲养过程中使用后对动物有一定的促生长作用。但对养殖业的危害很大，一是容易引起耐药性，二是由于未做安全性试验，存在各种安全隐患

（2）食品动物禁用的兽药及其他化合物（表 3）。

表 3　食品动物禁用的兽药及其他化合物

类型	化合物名称
β-兴奋剂类	克仑特罗、沙丁胺醇、西马特罗及其盐、酯及制剂

（续表）

类型	化合物名称
性激素类	己烯雌酚及其盐、酯及制剂
具有雌激素样作用的物质	玉米赤霉醇、去甲雄三烯醇酮、醋酸甲孕酮及制剂
	氯霉素及其盐、酯（含琥珀氯霉素）及制剂
	氨苯砜及制剂
硝基呋喃类	呋喃西林和呋喃妥因及其盐、酯及制剂；呋喃唑酮、呋喃它酮、呋喃苯烯酸钠及制剂
硝基化合物	硝基酚钠、硝呋烯腙及制剂
催眠、镇静类	安眠酮及制剂
硝基咪唑类	替硝唑及其盐、酯及制剂
喹噁啉类	卡巴氧及其盐、酯及制剂
抗生素类	万古霉素及其盐、酯及制剂

（3）禁用于所有食品动物、用作杀虫剂、清塘剂、抗菌或杀螺剂的兽药。林丹（丙体六六六）、毒杀芬（氯化烯）、呋喃丹（克百威）、杀虫脒（克死螨）、酒石酸锑钾、锥虫胂胺、孔雀石绿、五氯酚酸钠及各种汞制剂。汞制剂包括氯化亚汞（甘汞）、硝酸亚汞、醋酸汞、吡啶基醋酸汞。

（4）禁用于所有食品动物用作促生长的兽药。

①性激素类：甲基睾丸酮、丙酸睾酮、苯丙酸诺龙、苯甲酸雌二醇及其盐、酯及制剂。

②催眠、镇静类：氯丙嗪、地西泮（安定）及其盐、酯及其制剂。

③硝基咪唑类：甲硝唑、地美硝唑及其盐、酯及制剂。

（5）禁用于水生食品动物用作杀虫剂的兽药：双甲脒。

第四节　产品质量安全相关法律法规

与农产品产品质量安全相关的法律法规主要有《农产品质量安全法》《农产品包装和标识管理办法》《食品安全法》《认证认可条例》等，主要就农产品质量安全、包装标识、质量认证、检验检测、事故报告和处理等作了相关规定。

一、农产品质量安全保障方面的规定

大体来说，法律法规中规定的农产品质量安全主要是，农产品要符合保

障人体健康和人身安全的要求；符合国家标准和相关行业标准中关于农兽药残留、重金属残留的规定；与产品包装说明相符，不掺杂、掺假，不以假充真、以次充好等。

《农产品质量安全法》中对农产品市场准入方面的规定有：

第三十三条　有下列情形之一的农产品，不得销售：

（一）含有国家禁止使用的农药、兽药或者其他化学物质的；

（二）农药、兽药等化学物质残留或者含有的重金属等有毒有害物质不符合农产品质量安全标准的；

（三）含有的致病性寄生虫、微生物或者生物毒素不符合农产品质量安全标准的；

（四）使用的保鲜剂、防腐剂、添加剂等材料不符合国家有关强制性的技术规范的；

（五）其他不符合农产品质量安全标准的。

二、产品包装标识方面的规定

（一）《农产品质量安全法》相关规定

《农产品质量安全法》中关于农产品包装标识的规定有：

第二十八条　农产品生产企业、农民专业合作经济组织以及从事农产品收购的单位或者个人销售的农产品，按照规定应当包装或者附加标识的，须经包装或者附加标识后方可销售。包装物或者标识上应当按照规定标明产品的品名、产地、生产者、生产日期、保质期、产品质量等级等内容；使用添加剂的，还应当按照规定标明添加剂的名称。具体办法由国务院农业行政主管部门制定。

第二十九条　农产品在包装、保鲜、贮存、运输中所使用的保鲜剂、防腐剂、添加剂等材料，应当符合国家有关强制性的技术规范。

第三十条　属于农业转基因生物的农产品，应当按照农业转基因生物安全管理的有关规定进行标识。

第三十一条　依法需要实施检疫的动植物及其产品，应当附具检疫合格标志、检疫合格证明。

第三十二条　销售的农产品必须符合农产品质量安全标准，生产者可以申请使用无公害农产品标志。农产品质量符合国家规定的有关优质农产品标准的，生产者可以申请使用相应的农产品质量标志。禁止冒用前款规定的农产品质量标志。

（二）《农产品包装标识管理办法》相关规定

《农产品包装标识管理办法》中关于农产品包装标识的规定有：

第七条　农产品生产企业、农民专业合作经济组织以及从事农产品收购的单位或者个人，用于销售的下列农产品必须包装：获得无公害农产品、绿色食品、有机农产品等认证的农产品，但鲜活畜、禽、水产品除外；省级以上人民政府农业行政主管部门规定的其他需要包装销售的农产品。符合规定包装的农产品拆包后直接向消费者销售的，可以不再另行包装。

第八条　农产品包装应当符合农产品储藏、运输、销售及保障安全的要求，便于拆卸和搬运。

第九条　包装农产品的材料和使用的保鲜剂、防腐剂、添加剂等物质必须符合国家强制性技术规范要求。包装农产品应当防止机械损伤和二次污染。

第十条　农产品生产企业、农民专业合作经济组织以及从事农产品收购的单位或者个人包装销售的农产品，应当在包装物上标注或者附加标识标明品名、产地、生产者或者销售者名称、生产日期。有分级标准或者使用添加剂的，还应当标明产品质量等级或者添加剂名称。未包装的农产品，应当采取附加标签、标识牌、标识带、说明书等形式标明农产品的品名、生产地、生产者或者销售者名称等内容。

第十一条　农产品标识所用文字应当使用规范的中文。标识标注的内容应当准确、清晰、显著。

第十二条　销售获得无公害农产品、绿色食品、有机农产品等质量标志使用权的农产品，应当标注相应标志和发证机构。禁止冒用无公害农产品、绿色食品、有机农产品等质量标志。

第十三条　畜禽及其产品、属于农业转基因生物的农产品，还应当按照有关规定进行标识。

第十四条　农产品生产企业、农民专业合作经济组织以及从事农产品收购的单位或者个人，应当对其销售农产品的包装质量和标识内容负责。

（三）其他相关规定

1.《绿色食品标志管理办法》（2012 版）

第三条　绿色食品标志依法注册为证明商标，受法律保护。

第十九条　标志使用人在证书有效期内享有下列权利：（一）在获证产品及其包装、标签、说明书上使用绿色食品标志；（二）在获证产品的广告宣传、展览展销等市场营销活动中使用绿色食品标志；（三）在农产品生产基地建设、农业标准化生产、产业化经营、农产品市场营销等方面优先享受相关扶持政策。

第二十条　标志使用人在证书有效期内应当履行下列义务：（一）严格执行绿色食品标准，保持绿色食品产地环境和产品质量稳定可靠；（二）遵守标志使用合同及相关规定，规范使用绿色食品标志；（三）积极配合县级以上人民政府农业行政主管部门的监督检查及其所属绿色食品工作机构的跟踪检查。

第二十二条　第二款：产地环境、生产技术等条件发生变化，导致产品不再符合绿色食品标准要求的，标志使用人应当立即停止标志使用，并通过省级工作机构向中国绿色食品发展中心报告。

第二十七条　任何单位和个人不得伪造、转让绿色食品标志和标志使用证书。

第二十八条　国家鼓励单位和个人对绿色食品和标志使用情况进行社会监督。

2.《有机产品认证管理办法》（2015 版）

第十四条　认证机构应当及时向认证委托人出具有机产品销售证，以保证获证产品的认证委托人所销售的有机产品类别、范围和数量与认证证书中的记载一致。

第三十三条　中国有机产品认证标志应当在认证证书限定的产品类别、范围和数量内使用。

第三十四条　认证产品的认证委托人应当在获证产品或者产品的最小销售包装上，加施中国有机产品认证标志、有机码和认证机构名称。获证产品标签、说明书及广告宣传等材料上可以印制中国有机产品认证标志，并可以按照比例放大或者缩小，但不得变形、变色。

第三十五条　有下列情形之一的，任何单位和个人不得在产品、产品最小销售包装及其标签上标注含有“有机”“ORGANIC”等字样且可能误导公众认为该产品为有机产品的文字表述和图案：（一）未获得有机产品认证的；（二）获证产品在认证证书标明的生产、加工场所外进行了再次加工、分装、分割的。

第三十六条　认证证书暂停期间，获证产品的认证委托人应当暂停使用认证证书和认证标志；认证证书注销、撤销后，认证委托人应当向认证机构交回认证证书和未使用的认证标志。

3.《无公害农产品认定暂行办法》（2018 版）

第二十一条　获得无公害农产品认定证书的单位（以下简称获证单位），可以在证书规定的产品及其包装、标签、说明书上印制或加施无公害农产品标志；可以在证书规定的产品的广告宣传、展览展销等市场营销活动中、媒体介质上使用无公害农产品标志。

第二十二条　无公害农产品标志应当在证书核定的品种、数量范围内使用，不得超范围和逾期使用。

第二十三条　获证单位应当规范使用标志，可以按照比例放大或缩小，但不得变形、变色。

第二十四条　获证产品产地环境、生产技术条件等发生变化，不再符合无公害农产品要求的，获证单位应当立即停止使用标志，并向省级农业农村行政主管部门报告，交回无公害农产品认定证书。

4.《无公害农产品标志管理办法》（2002 版）

第十一条　获得无公害农产品认证证书的单位和个人，可以在证书规定的产品或者其包装上加施无公害农产品标志，用以证明产品符合无公害农产品标准。印制在包装、标签、广告、说明书上的无公害农产品标志图案，不能作为无公害农产品标志使用。

第十二条　使用无公害农产品标志的单位和个人，应当在无公害农产品认证证书规定的产品范围和有效期内使用，不得超范围和逾期使用，不得买卖和转让。

第十三条　使用无公害农产品标志的单位和个人，应当建立无公害农产品标志的使用管理制度，对无公害农产品标志的使用情况如实记录并存档。

5.《农产品地理标志管理办法》（2008 版）

第十五条　符合下列条件的单位和个人，可以向登记证书持有人申请使用农产品地理标志：（一）生产经营的农产品产自登记确定的地域范围；（二）已取得登记农产品相关的生产经营资质；（三）能够严格按照规定的质量技术规范组织开展生产经营活动；（四）具有地理标志农产品市场开发经营能力。使用农产品地理标志，应当按照生产经营年度与登记证书持有人签订农产品地理标志使用协议，在协议中载明使用的数量、范围及相关的责任义务。农产品地理标志登记证书持有人不得向农产品地理标志使用人收取使用费。

第十六条　农产品地理标志使用人享有以下权利：（一）可以在产品及其包装上使用农产品地理标志；（二）可以使用登记的农产品地理标志进行宣传和参加展览、展示及展销。

第十七条　农产品地理标志使用人应当履行以下义务：（一）自觉接受登记证书持有人的监督检查；（二）保证地理标志农产品的品质和信誉；（三）正确规范地使用农产品地理标志。

6.《食品标识管理规定》（2009 版）

第三条　规定所称食品标识是指粘贴、印刷、标记在食品或者其包装上，用以表示食品名称、质量等级、商品量、食用或者使用方法、生产者或者销售者等相关信息的文字、符号、数字、图案以及其他说明的总称。

第五条　食品或者其包装上应当附加标识，但是按法律、行政法规规定可以不附加标识的品除外。食品标识的内容应当真实准确、通俗易懂、科学合法。

第六条　食品标识应当标注食品名称。食品名称应当表明食品的真实属性，并符合下列要求：（一）国家标准、行业标准对食品名称有规定的，应当采用国家标准、行业标准规定的名称；（二）国家标准、行业标准对食品名称没有规定的，应当使用不会引起消费者误解和混淆的常用名称或者俗名；（三）标注“新创名称”“奇特名称”“音译名称”“牌号名称”“地区俚语名称”或者“商标名称”等易使人误解食品属性的名称时，应当在所示名称的邻近部位使用同一字号标注本条（一）、（二）项规定的一个名称或者分类（类属）名称；（四）由两种或者两种以上食品通过物理混合而成且外观均匀一致难以相互分离的食品，其名称应当反映该食品的混合属性和分类（类属）名称；（五）以动、植物食物为原料，采用特定的加工工艺制作，用以模仿其他生物的个体、器官、组织等特征的食品，应当在名称前冠以“人造”“仿”或者“素”等字样，并标注该食品真实属性的分类（类属）名称。

第七条　食品标识应当标注食品的产地。

第八条　第一款：食品标识应当标注生产者的名称、地址和联系方式。生产者名称和地址应当是依法登记注册、能够承担产品质量责任的生产者的名称、地址。有下列情形之一的，按照下列规定相应予以标注：（一）依法独立承担法律责任的公司或者其子公司，应当标注各自的名称和地址；（二）依法不能独立承担法律责任的公司分公司或者公司的生产基地，应当标注公司和分公司或者生产基地的名称、地址，或者仅标注公司的名称、地址；（三）受委托生产加工食品且不负责对外销售的，应当标注委托企业的名称和地址；对于实施生产许可证管理的食品，委托企业具有其委托加工的食品生产许可证的，应当标注委托企业的名称、地址和被委托企业的名称，或者仅标注委托企业的名称和地址；（四）分装食品应当标注分装者的名称及地址，并注明分装字样。

第九条　第一款：食品标识应当清晰地标注食品的生产日期、保质期，并按照有关规定要求标注贮存条件。

第十条　第一款：定量包装食品标识应当标注净含量，并按照有关规定要求标注规格。对含有固、液两相物质的食品，除标示净含量外，还应当标示沥干物（固形物）的含量。

第十一条　第一款：食品标识应当标注食品的成分或者配料清单。

第十二条　食品标识应当标注企业所执行的产品标准代号。

第二十三条　食品标识应当清晰醒目，标识的背景和底色应当采用对比色，使消费者易于辨认、识读。

第二十四条　食品标识所用文字应当为规范的中文，但注册商标除外。食品标识可以同时使用汉语拼音或者少数民族文字，也可以同时使用外文，但应当与中文有对应关系，所用外文不得大于相应的中文，但注册商标除外。

第二十五条　食品或者其包装最大表面面积大于20平方厘米时，食品标识中强制标注内容的文字、符号、数字的高度不得小于1.8毫米。食品或者其包装最大表面面积小于10平方厘米时，其标识可以仅标注食品名称、生产者名称和地址、净含量以及生产日期和保质期。但是，法律、行政法规规定应当标注的，依照其规定。

第三十三条　伪造食品产地，伪造或者冒用其他生产者的名称、地址的，依照《中华人民共和国产品质量法》第五十三条规定进行处罚。

三、农产品质量认证及公共品牌方面的规定

农产品质量认证的目的在于保证和提高产品的质量。《产品质量法》规定，认证均是自愿性的，是否进行认证由被认证者自行决定。但《认证认可条例》新增了产品强制性认证制度，列入由国务院认证认可监督管理部门会同国务院有关部门制定的产品目录的产品必须经过认证方可出厂、销售、进口或者在其他经营活动中使用。目前我国政府推动的农产品质量认证及公共品牌主要有无公害农产品认定、绿色食品标志许可、有机产品认证和农产品

地理标志登记，生产过程的认证主要有良好农业规范（GAP）认证。

（一）《绿色食品标志管理办法》相关规定

第九条　申请使用绿色食品标志的产品，应当符合《中华人民共和国食品安全法》和《中华人民共和国农产品质量安全法》等法律法规规定，在国家工商总局商标局核定的范围内，并具备下列条件：（一）产品或产品原料产地环境符合绿色食品产地环境质量标准；（二）农药、肥料、饲料、兽药等投入品使用符合绿色食品投入品使用准则；（三）产品质量符合绿色食品产品质量标准；（四）包装贮运符合绿色食品包装贮运标准。

第十条　申请使用绿色食品标志的生产单位（以下简称申请人），应当具备下列条件：（一）能够独立承担民事责任；（二）具有绿色食品生产的环境条件和生产技术；（三）具有完善的质量管理和质量保证体系；（四）具有与生产规模相适应的生产技术人员和质量控制人员；（五）具有稳定的生产基地；（六）申请前三年内无质量安全事故和不良诚信记录。

（二）《有机产品认证管理办法》相关规定

第八条　产品生产者、加工者（以下统称认证委托人），可以自愿委托认证机构进行有机产品认证，并提交有机产品认证实施规则中规定的申请材料。

认证机构不得受理不符合国家规定的有机产品生产产地环境要求，以及有机产品认证目录外产品的认证委托人的认证委托。

第十条　认证机构受理认证委托后，认证机构应当按照有机产品认证实施规则的规定，由认证检查员对有机产品生产、加工场所进行现场检查，并应当委托具有法定资质的检验检测机构对申请认证的产品进行检验检测。

按照有机产品认证实施规则的规定，需要进行产地（基地）环境监（检）测的，由具有法定资质的监（检）测机构出具监（检）测报告，或者采信认证委托人提供的其他合法有效的环境监（检）测结论。

第十二条　认证机构应当保证认证过程的完整、客观、真实，并对认证过程作出完整记录，归档留存，保证认证过程和结果具有可追溯性。

产品检验检测和环境监（检）测机构应当确保检验检测、监测结论的真实、准确，并对检验检测、监测过程作出完整记录，归档留存。产品检验检测、环境监测机构及其相关人员应当对其作出的检验检测、监测报告的内容和结论负责。

本条规定的记录保存期为 5 年。

第十三条　认证机构应当按照认证实施规则的规定，对获证产品及其生产、加工过程实施有效跟踪检查，以保证认证结论能够持续符合认证要求。

第十五条　有机配料含量（指重量或者液体体积，不包括水和盐，下同）等于或者高于95%的加工产品，应当在获得有机产品认证后，方可在产品或者产品包装及标签上标注“有机”字样，加施有机产品认证标志。

第十六条　认证机构不得对有机配料含量低于95%的加工产品进行有机认证。

（三）《无公害农产品认定暂行办法》相关规定

第八条　无公害农产品产地应当符合下列条件：（一）产地环境条件符合无公害农产品产地环境的标准要求；（二）区域范围明确；（三）具备一定的生产规模。

第九条　无公害农产品的生产管理应当符合下列条件：（一）生产过程符合无公害农产品质量安全控制规范标准要求；（二）有专业的生产和质量管理人员，至少有一名专职内检员负责无公害农产品生产和质量安全管理；（三）有组织无公害农产品生产、管理的质量控制措施；（四）有完整的生产和销售记录档案。

第十条　从事无公害农产品生产的单位，应当严格按国家相关规定使用农业投入品。禁止使用国家禁用、淘汰的农业投入品。

第十一条　符合无公害农产品产地条件和生产管理要求的规模生产主体，均可向县级农业农村行政主管部门申请无公害农产品认定。

（四）《农产品地理标志管理办法》相关规定

第三条　国家对农产品地理标志实行登记制度。经登记的农产品地理标志受法律保护。

第七条　申请地理标志登记的农产品，应当符合下列条件：（一）称谓由地理区域名称和农产品通用名称构成；（二）产品有独特的品质特性或者特定的生产方式；（三）产品品质和特色主要取决于独特的自然生态环境和人文历史因素；（四）产品有限定的生产区域范围；（五）产地环境、产品质量符合国家强制性技术规范要求。

第八条　农产品地理标志登记申请人为县级以上地方人民政府根据下列条件择优确定的农民专业合作经济组织、行业协会等组织。（一）具有监督和管理农产品地理标志及其产品的能力；（二）具有为地理标志农产品生产、加工、营销提供指导服务的能力；（三）具有独立承担民事责任的能力。

四、农产品质量监测方面的规定

（一）《农产品质量安全法》相关规定

《农产品质量安全法》中关于农产品质量安全监测的规定有：

第三十四条　国家建立农产品质量安全监测制度。县级以上人民政府农业行政主管部门应当按照保障农产品质量安全的要求，制定并组织实施农产品质量安全监测计划，对生产中或者市场上销售的农产品进行监督抽查。监督抽查结果由国务院农业行政主管部门或者省、自治区、直辖市人民政府农业行政主管部门按照权限予以公布。

监督抽查检测应当委托符合本法第三十五条规定条件的农产品质量安全检测机构进行，不得向被抽查人收取费用，抽取的样品不得超过国务院农业行政主管部门规定的数量。上级农业行政主管部门监督抽查的农产品，下级农业行政主管部门不得另行重复抽查。

第三十五条　农产品质量安全检测应当充分利用现有的符合条件的检测机构。

从事农产品质量安全检测的机构，必须具备相应的检测条件和能力，由省级以上人民政府农业行政主管部门或者其授权的部门考核合格。具体办法由国务院农业行政主管部门制定。

农产品质量安全检测机构应当依法经计量认证合格。

第三十六条　农产品生产者、销售者对监督抽查检测结果有异议的，可以自收到检测结果之日起五日内，向组织实施农产品质量安全监督抽查的农业行政主管部门或者其上级农业行政主管部门申请复检。

采用国务院农业行政主管部门会同有关部门认定的快速检测方法进行农产品质量安全监督抽查检测，被抽查人对检测结果有异议的，可以自收到检测结果时起四小时内申请复检。复检不得采用快速检测方法。

因检测结果错误给当事人造成损害的，依法承担赔偿责任。

第三十七条　农产品批发市场应当设立或者委托农产品质量安全检测机构，对进场销售的农产品质量安全状况进行抽查检测；发现不符合农产品质量安全标准的，应当要求销售者立即停止销售，并向农业行政主管部门报告。

农产品销售企业对其销售的农产品，应当建立健全进货检查验收制度；经查验不符合农产品质量安全标准的，不得销售。

第三十八条　国家鼓励单位和个人对农产品质量安全进行社会监督。任何单位和个人都有权对违反本法的行为进行检举、揭发和控告。有关部门收到相关的检举、揭发和控告后，应当及时处理。

(二)《农产品质量安全监测管理办法》相关规定

第三条　农产品质量安全监测，包括农产品质量安全风险监测和农产品质量安全监督抽查。农产品质量安全风险监测，是指为了掌握农产品质量安全状况和开展农产品质量安全风险评估，系统和持续地对影响农产品质量安全的有害因素进行检验、分析和评价的活动，包括农产品质量安全例行监测、普查和专项监测等内容。农产品质量安全监督抽查，是指为了监督农产品质量安全，依法对生产中或市场上销售的农产品进行抽样检测的活动。

第四条　农业部根据农产品质量安全风险评估、农产品质量安全监督管理等工作需要，制定全国农产品质量安全监测计划并组织实施。县级以上地方人民政府农业行政主管部门应当根据全国农产品质量安全监测计划和本行政区域的实际情况，制定本级农产品质量安全监测计划并组织实施。

第五条　农产品质量安全检测工作，由符合《中华人民共和国农产品质量安全法》第三十五条规定条件的检测机构承担。县级以上人民政府农业行政主管部门应当加强农产品质量安全检测机构建设，提升其检测能力。

第六条　农业部统一管理全国农产品质量安全监测数据和信息，并指定机构建立国家农产品质量安全监测数据库和信息管理平台，承担全国农产品质量安全监测数据和信息的采集、整理、综合分析、结果上报等工作。县级以上地方人民政府农业行政主管部门负责管理本行政区域内的农产品质量安全监测数据和信息。鼓励县级以上地方人民政府农业行政主管部门建立本行政区域的农产品质量安全监测数据库。

第七条　县级以上人民政府农业行政主管部门应当将农产品质量安全监测工作经费列入本部门财政预算，保证监测工作的正常开展。

第八条　农产品质量安全风险监测应当定期开展。根据农产品质量安全监管需要，可以随时开展专项风险监测。

第十条　县级以上人民政府农业行政主管部门根据监测计划向承担农产品质量安全监测工作的机构下达工作任务。接受任务的机构应当根据农产品质量安全监测计划编制工作方案，并报下达监测任务的农业行政主管部门备案。工作方案应当包括下列内容：(一) 监测任务分工，明确具体承担抽样、检测、结果汇总等的机构；(二) 各机构承担的具体监测内容，包括样品种类、来源、数量、检测项目等；　(三) 样品的封装、传递及保存条件；

（四）任务下达部门指定的抽样方法、检测方法及判定依据；（五）监测完成时间及结果报送日期。

第十一条　县级以上人民政府农业行政主管部门应当根据农产品质量安全风险隐患分布及变化情况，适时调整监测品种、监测区域、监测参数和监测频率。

第十二条　农产品质量安全风险监测抽样应当采取符合统计学要求的抽样方法，确保样品的代表性。

第十三条　农产品质量安全风险监测应当按照公布的标准方法检测。没有标准方法的可以采用非标准方法，但应当遵循先进技术手段与成熟技术相结合的原则，并经方法学研究确认和专家组认定。

第十四条　承担农产品质量安全监测任务的机构应当按要求向下达任务的农业行政主管部门报送监测数据和分析结果。

第十五条　省级以上人民政府农业行政主管部门应当建立风险监测形势会商制度，对风险监测结果进行会商分析，查找问题原因，研究监管措施。

第十六条　县级以上地方人民政府农业行政主管部门应当及时向上级农业行政主管部门报送监测数据和分析结果，并向同级食品安全委员会办公室、卫生行政、质量监督、工商行政管理、食品药品监督管理等有关部门通报。农业部及时向国务院食品安全委员会办公室和卫生行政、质量监督、工商行政管理、食品药品监督管理等有关部门及各省、自治区、直辖市、计划单列市人民政府农业行政主管部门通报监测结果。

第十七条　县级以上人民政府农业行政主管部门应当按照法定权限和程序发布农产品质量安全监测结果及相关信息。

第十八条　风险监测工作的抽样程序、检测方法等符合本办法第三章规定的，监测结果可以作为执法依据。

第十九条　县级以上人民政府农业行政主管部门应当重点针对农产品质量安全风险监测结果和农产品质量安全监管中发现的突出问题，及时开展农产品质量安全监督抽查工作。

第二十条　监督抽查按照抽样机构和检测机构分离的原则实施。抽样工作由当地农业行政主管部门或其执法机构负责，检测工作由农产品质量安全检测机构负责。检测机构根据需要可以协助实施抽样和样品预处理等工作。

采用快速检测方法实施监督抽查的，不受前款规定的限制。

第二十一条　抽样人员在抽样前应当向被抽查人出示执法证件或工作证

件。具有执法证件的抽样人员不得少于两名。抽样人员应当准确、客观、完整地填写抽样单。抽样单应当加盖抽样单位印章，并由抽样人员和被抽查人签字或捺印；被抽查人为单位的，应当加盖被抽查人印章或者由其工作人员签字或捺印。抽样单一式四份，分别留存抽样单位、被抽查人、检测单位和下达任务的农业行政主管部门。抽取的样品应当经抽样人员和被抽查人签字或捺印确认后现场封样。

第二十二条　有下列情形之一的，被抽查人可以拒绝抽样：（一）具有执法证件的抽样人员少于两名的；（二）抽样人员未出示执法证件或工作证件的。

第二十三条　被抽查人无正当理由拒绝抽样的，抽样人员应当告知拒绝抽样的后果和处理措施。被抽查人仍拒绝抽样的，抽样人员应当现场填写监督抽查拒检确认文书，由抽样人员和见证人共同签字，并及时向当地农业行政主管部门报告情况，对被抽查农产品以不合格论处。

第二十四条　上级农业行政主管部门监督抽查的同一批次农产品，下级农业行政主管部门不得重复抽查。

第二十五条　检测机构接收样品，应当检查、记录样品的外观、状态、封条有无破损及其他可能对检测结果或者综合判定产生影响的情况，并确认样品与抽样单的记录是否相符，对检测和备份样品分别加贴相应标识后入库。必要时，在不影响样品检测结果的情况下，可以对检测样品分装或者重新包装编号。

第二十六条　检测机构应当按照任务下达部门指定的方法和判定依据进行检测与判定。采用快速检测方法检测的，应当遵守相关操作规范。检测过程中遇有样品失效或者其他情况致使检测无法进行时，检测机构应当如实记录，并出具书面证明。

第二十七条　检测机构不得将监督抽查检测任务委托其他检测机构承担。

第二十八条　检测机构应当将检测结果及时报送下达任务的农业行政主管部门。检测结果不合格的，应当在确认后二十四小时内将检测报告报送下达任务的农业行政主管部门和抽查地农业行政主管部门，抽查地农业行政主管部门应当及时书面通知被抽查人。

第二十九条　被抽查人对检测结果有异议的，可以自收到检测结果之日起五日内，向下达任务的农业行政主管部门或者其上级农业行政主管部门书面申请复检。

采用快速检测方法进行监督抽查检测，被抽查人对检测结果有异议的，可以自收到检测结果时起四小时内书面申请复检。

第三十条　复检由农业行政主管部门指定具有资质的检测机构承担。复检不得采用快速检测方法。复检结论与原检测结论一致的，复检费用由申请人承担；不一致的，复检费用由原检测机构承担。

第三十一条　县级以上地方人民政府农业行政主管部门对抽检不合格的农产品，应当及时依法查处，或依法移交工商行政管理等有关部门查处。

第三十二条　农产品质量安全监测不得向被抽查人收取费用，监测样品由抽样单位向被抽查人购买。

第三十三条　参与监测工作的人员应当秉公守法、廉洁公正，不得弄虚作假、以权谋私。被抽查人或者与其有利害关系的人员不得参与抽样、检测工作。

第三十四条　抽样应当严格按照工作方案进行，不得擅自改变。抽样人员不得事先通知被抽查人，不得接受被抽查人的馈赠，不得利用抽样之便牟取非法利益。

第三十五条　检测机构应当对检测结果的真实性负责，不得瞒报、谎报、迟报检测数据和分析结果。检测机构不得利用检测结果参与有偿活动。

第三十六条　监测任务承担单位和参与监测工作的人员应当对监测工作方案和检测结果保密，未经任务下达部门同意，不得向任何单位和个人透露。

（三）《农产品质量安全检测机构考核管理办法》相关规定

《农产品质量安全检测机构考核管理办法》于 2007 年 12 月 12 日（农业部令第 7 号）公布，2017 年 11 月 30 日（农业部令第 8 号）修订。全文共七章三十四条。其中关于农产品质量监测的规定有：

第二条　本办法所称考核，是指省级以上人民政府农业行政主管部门按照法律、法规以及相关标准和技术规范的要求，对向社会出具具有证明作用的数据和结果的农产品质量安全检测机构进行条件与能力评审和确认的活动。

第三条　农产品质量安全检测机构经考核和计量认证合格后，方可对外从事农产品、农业投入品和产地环境检测工作。

第四条　农业部负责全国农产品质量安全检测机构考核的监督管理工作。

省、自治区、直辖市人民政府农业行政主管部门（以下简称省级农业行政主管部门）负责本行政区域农产品质量安全检测机构考核的监督管理工作。

第六条　农产品质量安全检测机构应当依法设立，保证客观、公正和独立地从事检测活动，并承担相应的法律责任。

第七条　农产品质量安全检测机构应当具有与其从事的农产品质量安全检测活动相适应的管理和技术人员。

从事农产品质量安全检测的技术人员应当具有相关专业中专以上学历，并经所在机构考核合格，持证上岗。

第八条　农产品质量安全检测机构的技术人员应当不少于5人，其中中级以上技术职称或同等能力的人员比例不低于40%。技术负责人、质量负责人和授权签字人应当具有中级以上技术职称或同等能力，并从事农产品质量安全相关工作5年以上。博士研究生毕业，从事相关专业检验检测工作1年及以上；硕士研究生毕业，从事相关专业检验检测工作3年及以上；大学本科毕业，从事相关专业检验检测工作5年及以上；大学专科毕业，从事相关专业检验检测工作8年及以上，可视为同等能力。

第九条　农产品质量安全检测机构应当具有与其从事的农产品质量安全检测活动相适应的检测仪器设备，仪器设备配备率达到98%，在用仪器设备完好率达到100%。

第十条　农产品质量安全检测机构应当具有与检测活动相适应的固定工作场所，并具备保证检测数据准确的环境条件。

从事相关田间试验和饲养实验动物试验检测的，还应当符合检疫、防疫和环保的要求。

从事农业转基因生物及其产品检测的，还应当具备防范对人体、动植物和环境产生危害的条件。

第十一条　农产品质量安全检测机构应当建立质量管理与质量保证体系。

第十二条　农产品质量安全检测机构应当具有相对稳定的工作经费。

第二十条　第二款：通过考核的，颁发《中华人民共和国农产品质量安全检测机构考核合格证书》（以下简称《考核合格证书》），准许使用农产品质量安全检测考核标志，并予以公告。

五、农产品质量安全事故报告和处理方面的规定

（一）《食品安全法》相关规定

第一百零三条　发生食品安全事故的单位应当立即采取措施，防止事故扩大。事故单位和接收病人进行治疗的单位应当及时向事故发生地县级人民政府食品药品监督管理、卫生行政部门报告。

县级以上人民政府质量监督、农业行政等部门在日常监督管理中发现食品安全事故或者接到事故举报，应当立即向同级食品药品监督管理部门通报。

发生食品安全事故，接到报告的县级人民政府食品药品监督管理部门应当按照应急预案的规定向本级人民政府和上级人民政府食品药品监督管理部门报告。县级人民政府和上级人民政府食品药品监督管理部门应当按照应急预案的规定上报。

任何单位和个人不得对食品安全事故隐瞒、谎报、缓报，不得隐匿、伪造、毁灭有关证据。

第一百零五条　县级以上人民政府食品药品监督管理部门接到食品安全事故的报告后，应当立即会同同级卫生行政、质量监督、农业行政等部门进行调查处理，并采取下列措施，防止或者减轻社会危害：

（一）开展应急救援工作，组织救治因食品安全事故导致人身伤害的人员；

（二）封存可能导致食品安全事故的食品及其原料，并立即进行检验；对确认属于被污染的食品及其原料，责令食品生产经营者依照本法第六十三条的规定召回或者停止经营；

（三）封存被污染的食品相关产品，并责令进行清洗消毒；

（四）做好信息发布工作，依法对食品安全事故及其处理情况进行发布，并对可能产生的危害加以解释、说明。

发生食品安全事故需要启动应急预案的，县级以上人民政府应当立即成立事故处置指挥机构，启动应急预案，依照前款和应急预案的规定进行处置。

发生食品安全事故，县级以上疾病预防控制机构应当对事故现场进行卫生处理，并对与事故有关的因素开展流行病学调查，有关部门应当予以协助。县级以上疾病预防控制机构应当向同级食品药品监督管理、卫生行政部门提交流行病学调查报告。

第一百零七条　调查食品安全事故，应当坚持实事求是、尊重科学的原则，及时、准确查清事故性质和原因，认定事故责任，提出整改措施。

调查食品安全事故，除了查明事故单位的责任，还应当查明有关监督管理部门、食品检验机构、认证机构及其工作人员的责任。

（二）《农产品质量安全法》相关规定

第四十条　发生农产品质量安全事故时，有关单位和个人应当采取控制措施，及时向所在地乡级人民政府和县级人民政府农业行政主管部门报告；

收到报告的机关应当及时处理并报上一级人民政府和有关部门。发生重大农产品质量安全事故时，农业行政主管部门应当及时通报同级食品药品监督管理部门。

（三）《农药管理条例》相关规定

第三十八条　发生农药使用事故，农药使用者、农药生产企业、农药经营者和其他有关人员应当及时报告当地农业主管部门。

接到报告的农业主管部门应当立即采取措施，防止事故扩大，同时通知有关部门采取相应措施。造成农药中毒事故的，由农业主管部门和公安机关依照职责权限组织调查处理，卫生主管部门应当按照国家有关规定立即对受到伤害的人员组织医疗救治；造成环境污染事故的，由环境保护等有关部门依法组织调查处理；造成储粮药剂使用事故和农作物药害事故的，分别由粮食、农业等部门组织技术鉴定和调查处理。

（四）《兽药管理条例》相关规定

第五十条　国家实行兽药不良反应报告制度。兽药生产企业、经营企业、兽药使用单位和开具处方的兽医人员发现可能与兽药使用有关的严重不良反应，应当立即向所在地人民政府兽医行政管理部门报告。

第五节　农产品质量安全处罚相关法律法规

违反农产品质量安全相关法律法规规定的人员有两类，一是生产者，二是监管者。涉及的法律法规有《农产品质量安全法》《食品安全法》《刑法》等。最高人民检察院和最高人民法院还专门就涉及农产品质量安全的相关法律条款作了司法解释。

一、《农产品质量安全法》相关规定

第四十一条　县级以上人民政府农业行政主管部门在农产品质量安全监督管理中，发现有本法第三十三条所列情形之一的农产品，应当按照农产品质量安全责任追究制度的要求，查明责任人，依法予以处理或者提出处理建议。

第四十三条　农产品质量安全监督管理人员不依法履行监督职责，或者滥用职权的，依法给予行政处分。

第四十四条　农产品质量安全检测机构伪造检测结果的，责令改正，没

收违法所得，并处五万元以上十万元以下罚款，对直接负责的主管人员和其他直接责任人员处一万元以上五万元以下罚款；情节严重的，撤销其检测资格；造成损害的，依法承担赔偿责任。

农产品质量安全检测机构出具检测结果不实，造成损害的，依法承担赔偿责任；造成重大损害的，并撤销其检测资格。

第四十五条　违反法律、法规规定，向农产品产地排放或者倾倒废水、废气、固体废物或者其他有毒有害物质的，依照有关环境保护法律、法规的规定处罚；造成损害的，依法承担赔偿责任。

第四十六条　使用农业投入品违反法律、行政法规和国务院农业行政主管部门的规定的，依照有关法律、行政法规的规定处罚。

第四十七条　农产品生产企业、农民专业合作经济组织未建立或者未按照规定保存农产品生产记录的，或者伪造农产品生产记录的，责令限期改正；逾期不改正的，可以处二千元以下罚款。

第四十八条　违反本法第二十八条规定，销售的农产品未按照规定进行包装、标识的，责令限期改正；逾期不改正的，可以处二千元以下罚款。

第四十九条　有本法第三十三条第四项规定情形，使用的保鲜剂、防腐剂、添加剂等材料不符合国家有关强制性的技术规范的，责令停止销售，对被污染的农产品进行无害化处理，对不能进行无害化处理的予以监督销毁；没收违法所得，并处二千元以上二万元以下罚款。

第五十条　农产品生产企业、农民专业合作经济组织销售的农产品有本法第三十三条第一项至第三项或者第五项所列情形之一的，责令停止销售，追回已经销售的农产品，对违法销售的农产品进行无害化处理或者予以监督销毁；没收违法所得，并处二千元以上二万元以下罚款。

农产品销售企业销售的农产品有前款所列情形的，依照前款规定处理、处罚。

农产品批发市场中销售的农产品有第一款所列情形的，对违法销售的农产品依照第一款规定处理，对农产品销售者依照第一款规定处罚。

农产品批发市场违反本法第三十七条第一款规定的，责令改正，处二千元以上二万元以下罚款。

第五十一条　违反本法第三十二条规定，冒用农产品质量标志的，责令改正，没收违法所得，并处二千元以上二万元以下罚款。

第五十二条　本法第四十四条，第四十七条至第四十九条，第五十条第一款、第四款和第五十一条规定的处理、处罚，由县级以上人民政府农业行政主管部门决定；第五十条第二款、第三款规定的处理、处罚，由工商行政管理部门决定。

法律对行政处罚及处罚机关有其他规定的，从其规定。但是，对同一违法行为不得重复处罚。

第五十三条　违反本法规定，构成犯罪的，依法追究刑事责任。

第五十四条　生产、销售本法第三十三条所列农产品，给消费者造成损害的，依法承担赔偿责任。

农产品批发市场中销售的农产品有前款规定情形的，消费者可以向农产品批发市场要求赔偿；属于生产者、销售者责任的，农产品批发市场有权追偿。消费者也可以直接向农产品生产者、销售者要求赔偿。

二、《食品安全法》相关规定

第一百二十三条　违反本法规定，有下列情形之一，尚不构成犯罪的，由县级以上人民政府食品药品监督管理部门没收违法所得和违法生产经营的食品，并可以没收用于违法生产经营的工具、设备、原料等物品；违法生产经营的食品货值金额不足一万元的，并处十万元以上十五万元以下罚款；货值金额一万元以上的，并处货值金额十五倍以上三十倍以下罚款；情节严重的，吊销许可证，并可以由公安机关对其直接负责的主管人员和其他直接责任人员处五日以上十五日以下拘留：

（一）用非食品原料生产食品、在食品中添加食品添加剂以外的化学物质和其他可能危害人体健康的物质，或者用回收食品作为原料生产食品，或者经营上述食品；

（二）生产经营营养成分不符合食品安全标准的专供婴幼儿和其他特定人群的主辅食品；

（三）经营病死、毒死或者死因不明的禽、畜、兽、水产动物肉类，或者生产经营其制品；

（四）经营未按规定进行检疫或者检疫不合格的肉类，或者生产经营未经检验或者检验不合格的肉类制品；

（五）生产经营国家为防病等特殊需要明令禁止生产经营的食品；

（六）生产经营添加药品的食品。

明知从事前款规定的违法行为，仍为其提供生产经营场所或者其他条件的，由县级以上人民政府食品药品监督管理部门责令停止违法行为，没收违法所得，并处十万元以上二十万元以下罚款；使消费者的合法权益受到损害的，应当与食品生产经营者承担连带责任。

违法使用剧毒、高毒农药的，除依照有关法律、法规规定给予处罚外，可以由公安机关依照第一款规定给予拘留。

第一百二十四条　违反本法规定，有下列情形之一，尚不构成犯罪的，由县级以上人民政府食品药品监督管理部门没收违法所得和违法生产经营的食品、食品添加剂，并可以没收用于违法生产经营的工具、设备、原料等物品；违法生产经营的食品、食品添加剂货值金额不足一万元的，并处五万元以上十万元以下罚款；货值金额一万元以上的，并处货值金额十倍以上二十倍以下罚款；情节严重的，吊销许可证：

（一）生产经营致病性微生物，农药残留、兽药残留、生物毒素、重金属等污染物质以及其他危害人体健康的物质含量超过食品安全标准限量的食品、食品添加剂；

（二）用超过保质期的食品原料、食品添加剂生产食品、食品添加剂，或者经营上述食品、食品添加剂；

（三）生产经营超范围、超限量使用食品添加剂的食品；

（四）生产经营腐败变质、油脂酸败、霉变生虫、污秽不洁、混有异物、掺假掺杂或者感官性状异常的食品、食品添加剂；

（五）生产经营标注虚假生产日期、保质期或者超过保质期的食品、食品添加剂；

（六）生产经营未按规定注册的保健食品、特殊医学用途配方食品、婴幼儿配方乳粉，或者未按注册的产品配方、生产工艺等技术要求组织生产；

（七）以分装方式生产婴幼儿配方乳粉，或者同一企业以同一配方生产不同品牌的婴幼儿配方乳粉；

（八）利用新的食品原料生产食品，或者生产食品添加剂新品种，未通过安全性评估；

（九）食品生产经营者在食品药品监督管理部门责令其召回或者停止经营后，仍拒不召回或者停止经营。

除前款和本法第一百二十三条、第一百二十五条规定的情形外，生产经营不符合法律、法规或者食品安全标准的食品、食品添加剂的，依照前款规定给予处罚。

生产食品相关产品新品种，未通过安全性评估，或者生产不符合食品安全标准的食品相关产品的，由县级以上人民政府质量监督部门依照第一款规定给予处罚。

第一百四十四条　违反本法规定，县级以上人民政府食品药品监督管理、卫生行政、质量监督、农业行政等部门有下列行为之一的，对直接负责的主管人员和其他直接责任人员给予记大过处分；情节较重的，给予降级或者撤职处分；情节严重的，给予开除处分；造成严重后果的，其主要负责人还应当引咎辞职：（一）隐瞒、谎报、缓报食品安全事故；（二）未按规定查处食品安全事故，或者接到食品安全事故报告未及时处理，造成事故扩大或者蔓延；（三）经食品安全风险评估得出食品、食品添加剂、食品相关产品不安全结论后，未及时采取相应措施，造成食品安全事故或者不良社会影响；（四）对不符合条件的申请人准予许可，或者超越法定职权准予许可；（五）不履行食品安全监督管理职责，导致发生食品安全事故。

三、《环境保护法》相关规定

第六十三条　企业事业单位和其他生产经营者有下列行为之一，尚不构成犯罪的，除依照有关法律法规规定予以处罚外，由县级以上人民政府环境保护主管部门或者其他有关部门将案件移送公安机关，对其直接负责的主管人员和其他直接责任人员，处十日以上十五日以下拘留；情节较轻的，处五日以上十日以下拘留：（四）生产、使用国家明令禁止生产、使用的农药，被责令改正，拒不改正的。

四、《土壤污染防治法》相关规定

第八十八条　违反本法规定，农业投入品生产者、销售者、使用者未按照规定及时回收肥料等农业投入品的包装废弃物或者农用薄膜，或者未按照规定及时回收农药包装废弃物交由专门的机构或者组织进行无害化处理的，由地方人民政府农业农村主管部门责令改正，处一万元以上十万元以下的罚款；农业投入品使用者为个人的，可以处二百元以上二千元以下的罚款。

五、《刑法》相关规定

第一百四十三条　【生产、销售不符合安全标准的食品罪】生产、销售不符合食品安全标准的食品，足以造成严重食物中毒事故或者其他严重食源性疾病的，处三年以下有期徒刑或者拘役，并处罚金；对人体健康造成严重危害或者有其他严重情节的，处三年以上七年以下有期徒刑，并处罚金；后果特别严重的，处七年以上有期徒刑或者无期徒刑，并处罚金或者没收财产。

第一百四十四条 【生产、销售有毒、有害食品罪】在生产、销售的食品中掺入有毒、有害的非食品原料的，或者销售明知掺有有毒、有害的非食品原料的食品的，处五年以下有期徒刑，并处罚金；对人体健康造成严重危害或者有其他严重情节的，处五年以上十年以下有期徒刑，并处罚金；致人死亡或者有其他特别严重情节的，依照本法第一百四十一条的规定处罚。

第一百四十七条 【生产、销售伪劣农药、兽药、化肥、种子罪】生产假农药、假兽药、假化肥，销售明知是假的或者失去使用效能的农药、兽药、化肥、种子，或者生产者、销售者以不合格的农药、兽药、化肥、种子冒充合格的农药、兽药、化肥、种子，使生产遭受较大损失的，处三年以下有期徒刑或者拘役，并处或者单处销售金额百分之五十以上二倍以下罚金；使生产遭受重大损失的，处三年以上七年以下有期徒刑，并处销售金额百分之五十以上二倍以下罚金；使生产遭受特别重大损失的，处七年以上有期徒刑或者无期徒刑，并处销售金额百分之五十以上二倍以下罚金或者没收财产。

六、两院司法解释

《最高人民法院、最高人民检察院关于办理危害食品安全刑事案件适用法律若干问题的解释》于2013年4月28日由最高人民法院审判委员会第1576次会议、2013年4月28日由最高人民检察院第十二届检察委员会第5次会议通过，自2013年5月4日起施行。

第一条 生产、销售不符合食品安全标准的食品，具有下列情形之一的，应当认定为刑法第一百四十三条规定的“足以造成严重食物中毒事故或者其他严重食源性疾病”：

（一）含有严重超出标准限量的致病性微生物、农药残留、兽药残留、重金属、污染物质以及其他危害人体健康的物质的；

（二）属于病死、死因不明或者检验检疫不合格的畜、禽、兽、水产动物及其肉类、肉类制品的；

（三）属于国家为防控疾病等特殊需要明令禁止生产、销售的；

（四）婴幼儿食品中生长发育所需营养成分严重不符合食品安全标准的；

（五）其他足以造成严重食物中毒事故或者严重食源性疾病的情形。

第二条　生产、销售不符合食品安全标准的食品，具有下列情形之一的，应当认定为刑法第一百四十三条规定的“对人体健康造成严重危害”：

（一）造成轻伤以上伤害的；

（二）造成轻度残疾或者中度残疾的；

（三）造成器官组织损伤导致一般功能障碍或者严重功能障碍的；

（四）造成十人以上严重食物中毒或者其他严重食源性疾病的；

（五）其他对人体健康造成严重危害的情形。

第三条　生产、销售不符合食品安全标准的食品，具有下列情形之一的，应当认定为刑法第一百四十三条规定的“其他严重情节”：

（一）生产、销售金额二十万元以上的；

（二）生产、销售金额十万元以上不满二十万元，不符合食品安全标准的食品数量较大或者生产、销售持续时间较长的；

（三）生产、销售金额十万元以上不满二十万元，属于婴幼儿食品的；

（四）生产、销售金额十万元以上不满二十万元，一年内曾因危害食品安全违法犯罪活动受过行政处罚或者刑事处罚的；

（五）其他情节严重的情形。

第四条　生产、销售不符合食品安全标准的食品，具有下列情形之一的，应当认定为刑法第一百四十三条规定的“后果特别严重”：

（一）致人死亡或者重度残疾的；

（二）造成三人以上重伤、中度残疾或者器官组织损伤导致严重功能障碍的；

（三）造成十人以上轻伤、五人以上轻度残疾或者器官组织损伤导致一般功能障碍的；

（四）造成三十人以上严重食物中毒或者其他严重食源性疾病的；

（五）其他特别严重的后果。

第五条　生产、销售有毒、有害食品，具有本解释第二条规定情形之一的，应当认定为刑法第一百四十四条规定的“对人体健康造成严重危害”。

第六条　生产、销售有毒、有害食品，具有下列情形之一的，应当认定为刑法第一百四十四条规定的“其他严重情节”：

（一）生产、销售金额二十万元以上不满五十万元的；

（二）生产、销售金额十万元以上不满二十万元，有毒、有害食品的数量较大或者生产、销售持续时间较长的；

（三）生产、销售金额十万元以上不满二十万元，属于婴幼儿食品的；

（四）生产、销售金额十万元以上不满二十万元，一年内曾因危害食品安全违法犯罪活动受过行政处罚或者刑事处罚的；

（五）有毒、有害的非食品原料毒害性强或者含量高的；

（六）其他情节严重的情形。

第七条　生产、销售有毒、有害食品，生产、销售金额五十万元以上，或者具有本解释第四条规定的情形之一的，应当认定为刑法第一百四十四条规定的“致人死亡或者有其他特别严重情节”。

第八条　在食品加工、销售、运输、贮存等过程中，违反食品安全标准，超限量或者超范围滥用食品添加剂，足以造成严重食物中毒事故或者其他严重食源性疾病的，依照刑法第一百四十三条的规定以生产、销售不符合安全标准的食品罪定罪处罚。

在食用农产品种植、养殖、销售、运输、贮存等过程中，违反食品安全标准，超限量或者超范围滥用添加剂、农药、兽药等，足以造成严重食物中毒事故或者其他严重食源性疾病的，适用前款的规定定罪处罚。

第九条　在食品加工、销售、运输、贮存等过程中，掺入有毒、有害的非食品原料，或者使用有毒、有害的非食品原料加工食品的，依照刑法第一百四十四条的规定以生产、销售有毒、有害食品罪定罪处罚。

在食用农产品种植、养殖、销售、运输、贮存等过程中，使用禁用农药、兽药等禁用物质或者其他有毒、有害物质的，适用前款的规定定罪处罚。

在保健食品或者其他食品中非法添加国家禁用药物等有毒、有害物质的，适用第一款的规定定罪处罚。

第十条　生产、销售不符合食品安全标准的食品添加剂，用于食品的包装材料、容器、洗涤剂、消毒剂，或者用于食品生产经营的工具、设备等，构成犯罪的，依照刑法第一百四十条的规定以生产、销售伪劣产品罪定罪处罚。

第十一条　以提供给他人生产、销售食品为目的，违反国家规定，生产、销售国家禁止用于食品生产、销售的非食品原料，情节严重的，依照刑法第二百二十五条的规定以非法经营罪定罪处罚。

违反国家规定，生产、销售国家禁止生产、销售、使用的农药、兽药，饲料、饲料添加剂，或者饲料原料、饲料添加剂原料，情节严重的，依照前款的规定定罪处罚。

实施前两款行为，同时又构成生产、销售伪劣产品罪，生产、销售伪劣农药、兽药罪等其他犯罪的，依照处罚较重的规定定罪处罚。

第十二条 违反国家规定，私设生猪屠宰厂（场），从事生猪屠宰、销售等经营活动，情节严重的，依照刑法第二百二十五条的规定以非法经营罪定罪处罚。

实施前款行为，同时又构成生产、销售不符合安全标准的食品罪，生产、销售有毒、有害食品罪等其他犯罪的，依照处罚较重的规定定罪处罚。

第十三条 生产、销售不符合食品安全标准的食品，有毒、有害食品，符合刑法第一百四十三条、第一百四十四条规定的，以生产、销售不符合安全标准的食品罪或者生产、销售有毒、有害食品罪定罪处罚。同时构成其他犯罪的，依照处罚较重的规定定罪处罚。

生产、销售不符合食品安全标准的食品，无证据证明足以造成严重食物中毒事故或者其他严重食源性疾病，不构成生产、销售不符合安全标准的食品罪，但是构成生产、销售伪劣产品罪等其他犯罪的，依照该其他犯罪定罪处罚。

第十四条 明知他人生产、销售不符合食品安全标准的食品，有毒、有害食品，具有下列情形之一的，以生产、销售不符合安全标准的食品罪或者生产、销售有毒、有害食品罪的共犯论处：

（一）提供资金、贷款、账号、发票、证明、许可证件的；

（二）提供生产、经营场所或者运输、贮存、保管、邮寄、网络销售渠道等便利条件的；

（三）提供生产技术或者食品原料、食品添加剂、食品相关产品的；

（四）提供广告等宣传的。

第十六条 负有食品安全监督管理职责的国家机关工作人员，滥用职权或者玩忽职守，导致发生重大食品安全事故或者造成其他严重后果，同时构成食品监管渎职罪和徇私舞弊不移交刑事案件罪、商检徇私舞弊罪、动植物检疫徇私舞弊罪、放纵制售伪劣商品犯罪行为罪等其他渎职犯罪的，依照处罚较重的规定定罪处罚。

负有食品安全监督管理职责的国家机关工作人员滥用职权或者玩忽职守，不构成食品监管渎职罪，但构成前款规定的其他渎职犯罪的，依照该其他犯罪定罪处罚。

负有食品安全监督管理职责的国家机关工作人员与他人共谋，利用其职务行为帮助他人实施危害食品安全犯罪行为，同时构成渎职犯罪和危害食品安全犯罪共犯的，依照处罚较重的规定定罪处罚。

第十七条　犯生产、销售不符合安全标准的食品罪，生产、销售有毒、有害食品罪，一般应当依法判处生产、销售金额二倍以上的罚金。

第二十条　下列物质应当认定为“有毒、有害的非食品原料”：

（一）法律、法规禁止在食品生产经营活动中添加、使用的物质；

（二）国务院有关部门公布的《食品中可能违法添加的非食用物质名单》《保健食品中可能非法添加的物质名单》上的物质；

（三）国务院有关部门公告禁止使用的农药、兽药以及其他有毒、有害物质；

（四）其他危害人体健康的物质。

第二十一条　“足以造成严重食物中毒事故或者其他严重食源性疾病”“有毒、有害非食品原料”难以确定的，司法机关可以根据检验报告并结合专家意见等相关材料进行认定。必要时，人民法院可以依法通知有关专家出庭作出说明。

七、《农药管理条例》相关规定

第六十条　农药使用者有下列行为之一的，由县级人民政府农业主管部门责令改正，农药使用者为农产品生产企业、食品和食用农产品仓储企业、专业化病虫害防治服务组织和从事农产品生产的农民专业合作社等单位的，处 5 万元以上 10 万元以下罚款，农药使用者为个人的，处 1 万元以下罚款；构成犯罪的，依法追究刑事责任：

（一）不按照农药的标签标注的使用范围、使用方法和剂量、使用技术要求和注意事项、安全间隔期使用农药；

（二）使用禁用的农药；

（三）将剧毒、高毒农药用于防治卫生害虫，用于蔬菜、瓜果、茶叶、菌类、中草药材生产或者用于水生植物的病虫害防治；

（四）在饮用水水源保护区内使用农药；

（五）使用农药毒鱼、虾、鸟、兽等；

（六）在饮用水水源保护区、河道内丢弃农药、农药包装物或者清洗施药器械。

有前款第二项规定的行为的，县级人民政府农业主管部门还应当没收禁用的农药。

第六十一条　农产品生产企业、食品和食用农产品仓储企业、专业化病虫害防治服务组织和从事农产品生产的农民专业合作社等不执行农药使用记录制度的，由县级人民政府农业主管部门责令改正；拒不改正或者情节严重的，处2 000元以上 2 万元以下罚款。

第六十四条　生产、经营的农药造成农药使用者人身、财产损害的，农药使用者可以向农药生产企业要求赔偿，也可以向农药经营者要求赔偿。属于农药生产企业责任的，农药经营者赔偿后有权向农药生产企业追偿；属于农药经营者责任的，农药生产企业赔偿后有权向农药经营者追偿。

八、《兽药管理条例》相关规定

第五十五条　兽医行政管理部门及其工作人员利用职务上的便利收取他人财物或者谋取其他利益，对不符合法定条件的单位和个人核发许可证、签署审查同意意见，不履行监督职责，或者发现违法行为不予查处，造成严重后果，构成犯罪的，依法追究刑事责任；尚不构成犯罪的，依法给予行政处分。

第六十二条　违反本条例规定，未按照国家有关兽药安全使用规定使用兽药的、未建立用药记录或者记录不完整真实的，或者使用禁止使用的药品和其他化合物的，或者将人用药品用于动物的，责令其立即改正，并对饲喂了违禁药物及其他化合物的动物及其产品进行无害化处理；对违法单位处 1 万元以上 5 万元以下罚款；给他人造成损失的，依法承担赔偿责任。

九、其他相关规定

（一）《绿色食品标志管理办法》

第二十三条　标志使用人应当健全和实施产品质量控制体系，对其生产的绿色食品质量和信誉负责。

第二十四条　县级以上地方人民政府农业行政主管部门应当加强绿色食品标志的监督管理工作，依法对辖区内绿色食品产地环境、产品质量、包装标识、标志使用等情况进行监督检查。

第二十六条　标志使用人有下列情形之一的，由中国绿色食品发展中心取消其标志使用权，收回标志使用证书，并予公告：（一）生产环境不符合绿色食品环境质量标准的；（二）产品质量不符合绿色食品产品质量标准的；

（三）年度检查不合格的；（四）未遵守标志使用合同约定的；（五）违反规定使用标志和证书的；（六）以欺骗、贿赂等不正当手段取得标志使用权的。

标志使用人依照前款规定被取消标志使用权的，三年内中国绿色食品发展中心不再受理其申请；情节严重的，永久不再受理其申请。

第二十七条　任何单位和个人不得伪造、转让绿色食品标志和标志使用证书。

第二十八条　国家鼓励单位和个人对绿色食品和标志使用情况进行社会监督。

第二十九条　从事绿色食品检测、审核、监管工作的人员，滥用职权、徇私舞弊和玩忽职守的，依照有关规定给予行政处罚或行政处分；构成犯罪的，依法移送司法机关追究刑事责任。

承担绿色食品产品和产地环境检测工作的技术机构伪造检测结果的，除依法予以处罚外，由中国绿色食品发展中心取消指定，永久不得再承担绿色食品产品和产地环境检测工作。

第三十条　其他违反本办法规定的行为，依照《中华人民共和国食品安全法》《中华人民共和国农产品质量安全法》和《中华人民共和国商标法》等法律法规处罚。

（二）《有机产品认证管理办法》

第四十四条　获证产品的认证委托人提供虚假信息、违规使用禁用物质、超范围使用有机认证标志，或者出现产品质量安全重大事故的，认证机构 5 年内不得受理该企业及其生产基地、加工场所的有机产品认证委托。

第四十七条　伪造、冒用、非法买卖认证标志的，地方认证监管部门依照《中华人民共和国产品质量法》《中华人民共和国进出口商品检验法》及其实施条例等法律、行政法规的规定处罚。

第五十条　违反本办法第三十五条的规定，在产品或者产品包装及标签上标注含有“有机”“ORGANIC”等字样且可能误导公众认为该产品为有机产品的文字表述和图案的，地方认证监管部门责令改正，处 3 万元以下罚款。

第五十五条　认证委托人有下列情形之一的，由地方认证监管部门责令改正，处 1 万元以上 3 万元以下罚款：（一）未获得有机产品认证的加工产品，违反本办法第十五条的规定，进行有机产品认证标识标注的；（二）未依照本办法第三十三条第一款、第三十四条的规定使用认证标志的；（三）在认证证书暂停期间或者被注销、撤销后，仍继续使用认证证书和认证标志的。

第五十八条　有机产品认证活动中的其他违法行为，依照有关法律、行政法规、部门规章的规定处罚。

（三）《无公害农产品认定暂行办法》

第二十八条　任何单位和个人不得伪造、冒用、转让、买卖无公害农产品认定证书和无公害农产品标志。

第二十九条　国家鼓励单位和个人对无公害农产品生产、认定、管理、标志使用等情况进行社会监督。

第三十条　获证单位违反本办法规定，有下列情形之一的，由省级农业农村行政主管部门暂停或取消其无公害农产品认定资质，收回认定证书，并停止使用无公害农产品标志：（一）无公害农产品产地被污染或者产地环境达不到规定要求的；（二）无公害农产品生产中使用的农业投入品不符合相关标准要求的；（三）擅自扩大无公害农产品产地范围的；（四）获证产品质量不符合无公害农产品质量要求的；（五）违反规定使用标志和证书的；（六）拒不接受监管部门或工作机构对其实施监督的；（七）以欺骗、贿赂等不正当手段获得认定证书的；（八）其他需要暂停或取消证书的情形。

（四）《无公害农产品标志管理办法》

第十九条　伪造、变造、盗用、冒用、买卖和转让无公害农产品标志以及违反本办法规定的，按照国家有关法律法规的规定，予以行政处罚；构成犯罪的，依法追究其刑事责任。

（五）《农产品地理标志管理办法》

第二十条　任何单位和个人不得伪造、冒用农产品地理标志和登记证书。

第二十一条　国家鼓励单位和个人对农产品地理标志进行社会监督。

第二十三条　违反本办法规定的，由县级以上人民政府农业行政主管部门依照《中华人民共和国农产品质量安全法》有关规定处罚。

第六节　国家出台相关政策、行业规定

1. 国务院办公厅关于加强农产品质量安全监管工作的通知（国办发〔2013〕106 号）

2. 国务院办公厅关于印发 2015 年食品安全重点工作安排的通知（国办发〔2015〕10 号）

3. 国务院办公厅关于加快转变农业发展方式的意见（国办发〔2015〕59号）

4. 国务院办公厅关于加快推进重要产品追溯体系建设的意见（国办发〔2015〕95号）

5. 商务部　工业和信息化部　公安部　农业部　质检总局　安全监管总局　食品药品监管总局关于推进重要产品信息化追溯体系建设的指导意见（国办发〔2015〕95号）

6. 农业部、食品药品监管总局关于加强食用农产品质量安全监督管理工作的意见（农质发〔2014〕14号）

7. 十三五全国农产品质量安全提升规划（2016—2020年）

8. 全国农业执法监管能力建设规划（2016—2020年）

9. 农业部关于加强农业行政执法与刑事司法衔接工作的实施意见（农政发〔2011〕2号）

10. 农业部关于加强农产品质量安全全程监管的意见（农质发〔2014〕1号）

11. 农业部关于加强农产品质量安全检验检测体系建设与管理的意见（农质发〔2014〕11号）

12. 农业部关于印发《国家农产品质量安全县创建活动方案》和《国家农产品质量安全县考核办法》的通知（农质发〔2014〕15号）

13. 农业部关于印发《国家农产品质量安全县管理办法（暂行）》的通知（农质发〔2015〕8号）

14. 农业部关于加快推进农产品质量安全信用体系建设的指导意见（农质发〔2014〕16号）

15. 农产品质量安全突发事件应急预案（修订）

16. 农业部关于打好农业面源污染防治攻坚战的实施意见（农科教发〔2015〕1号）

17. 农业部关于印发《到2020年化肥使用量零增长行动方案》和《到2020年农药使用零增长行动方案》的通知（农农发〔2015〕2号）

18. 农业部关于加快推进农产品质量安全追溯体系建设的意见（农质发〔2016〕8号）

19. 农业部关于开展食用农产品合格证管理试点工作的通知（农质发〔2016〕11号）

20. 农业部关于印发《农业部推广随机抽查工作实施方案的通知》（农政发〔2015〕4号）

21. 印发《关于对农资领域严重失信生产经营单位及其有关人员开展联合惩戒的合作备忘录》的通知（发改财金〔2017〕346号）

22. 农业部办公厅关于建立农资和农产品生产经营主体信用档案的通知（农办质〔2017〕30号）

23. 农业部关于加强农产品质量安全执法工作的意见（农质发〔2017〕14号）

24. 农业农村部关于全面推广应用国家农产品质量安全追溯管理信息平台的通知（农质发〔2018〕9号）

25. 农业农村部关于农产品质量安全追溯与农业农村重大创建认定、农产品优质品牌推选、农产品认证、农业展会等工作挂钩的意见（农质发〔2018〕10号）

26. 动物性食品中兽药最高残留限量（农业部公告第235号）

27. 水产苗种违禁药物抽检技术规范（农业部1192号公告1-2009）

28. 食品动物禁用的兽药及其他化合物清单（农业部公告第193号）

29. 禁止在饲料和动物饮用水中使用的药物品种目录（农业部公告第176号）

30. 禁止使用的农药和不得在蔬菜、果树、茶叶、中草药材上使用的高毒农药品种清单（农业部公告第199号）

31. 禁止甲胺磷等5种高毒有机磷农药（农业部公告第632号）

32. 明令禁止在饲料中人为添加三聚氰胺（农业部公告第1218号）

33. 禁止在饲料和动物饮水中使用的物质（农业部公告第1519号）

34. 兽药GMP及生产许可证目录（农业部公告第2025号）

35. 兽药生产许可证目录（农业部公告第2027号）

36. 兽药GMP及生产许可证目录（农业部公告第2028号）

37. 农业部对7种农药采取进一步禁限用管理措施（农业部公告第2032号）

38. 进口兽药注册目录（农业部公告第2030号）

39. 实施无公害农产品认证的产品目录（农业部公告第2034号）

40. 饲料原料目录（农业部公告第1773号）

41. 饲料添加剂品种目录（农业部公告第2045号）

42. 食品动物禁用的兽药及其他化合物清单（农业部公告第 193 号）
43. 农业部公告禁用兽药目录
44. 农业部违禁药品公告目录
45. 中华人民共和国农业部公告第 560 号（2005 年 10 月）
46. 中华人民共和国农业部公告第 806 号（2007 年 1 月）
47. 中华人民共和国农业部公告第 839 号（2007 年 4 月）
48. 中华人民共和国农业部公告第 1519 号（2011 年 1 月）
49. 中华人民共和国农业部公告第 1540 号（2011 年 3 月）
50. 中华人民共和国农业部公告第 1682 号（2012 年 2 月）
51. 中华人民共和国农业部公告第 1845 号（2012 年 10 月）
52. 中华人民共和国农业部公告第 2292 号（2015 年 9 月）
53. 中华人民共和国农业部公告第 2638 号（2018 年 1 月）

以上文件可在农业农村部等相关网站查询、下载。

第二章　生产过程

第一节　农产品质量安全主要风险因子

与生产环境、生产过程密切相关的农产品质量安全主要风险因子有重金属污染、农兽药残留、致病性微生物、生物毒素及非法添加等。生产环境中风险因子来源比较复杂，难以控制，主要是土壤、大气、水污染等。生产过程中风险因子来源相对易于控制，主要是投入品不当使用或者人为掺杂使假。当前农产品质量安全管理中重点关注的是重金属污染和药物残留。

一、重金属污染

有害重金属元素一般指镉、铅、汞、砷、铬等。主要来自土壤本底、工业“三废”及农业投入品等。对农业的危害主要表现为，一是影响作物的生长发育，降低农产品的质量，甚至造成作物死亡；二是通过产地环境富集在农产品内，再经食物链进入人体中，对人体健康造成直接或潜在危害；三是重金属物质还会引起土壤物理性质的下降，造成土壤板结，堵塞土壤气孔，使土壤通气性变差，给作物根系生长带来负面影响。

二、农兽药残留

农药残留是指使用农药后，残存在植物体内、土壤和环境中的农药母体、代谢物、反应产物及杂质等；兽药残留是指食用动物在使用兽药后，蓄积或残存在动物组织器官中或进入泌乳动物乳汁或产蛋禽蛋中的药物原形、代谢物和杂质等。含有农兽药残留的农产品并不意味不安全，只有残留量超过了标准，才会对食用者的健康产生影响，没有超标的农产品不会对健康造成影响。不遵守安全间隔期或休药期规定、非法使用违禁药物、不合理用药等是造成农兽药残留超标的主要原因。

三、致病性微生物

农产品生长在不可控的土壤、水域等环境中，在采摘（收获）、包装、运输、贮存和销售等环节频繁接触人群、空气、水等外界环境，易受致病微生物污染。农产品中导致人类致病的病原菌主要有大肠杆菌、李斯特氏菌、沙门氏菌、耶尔森氏菌等；导致农产品腐烂变质的微生物主要是真菌、细菌，其中真菌主要是灰霉、青霉、曲霉、交链孢霉等；细菌主要有欧文氏菌、假单胞菌、黄单胞菌等。在各类肉制品、畜禽产品和水产品中还会有各种寄生虫的动物源性疾病病毒存在。

四、生物毒素

生物毒素又称天然毒素，是指动植物和微生物中存在的某种对其他生物物种有毒害作用的非营养性天然物质成分，或因贮存方法不当，在一定条件下产生的某种有毒成分。生物毒素能引起人和动物急性中毒、致癌、致畸或致突变。如玉米和花生中的真菌毒素能诱导地区性肝癌、胃癌、食道癌。夏秋季节的海洋双壳贝类中贝类毒素，是与海洋赤潮及有毒微藻有关，在赤潮高发期应禁止食用双壳贝类，防止贝类毒素的中毒。

五、非法添加及添加剂滥用

我国法律法规规定，食品添加剂使用不应对人体产生任何健康危害，不应掩盖食品腐败变质，不应降低食品本身的营养价值，不应掩盖食品本身或加工过程中的质量缺陷或以掺杂、掺假、伪造为目的而使用食品添加剂，并在达到预期效果的前提下尽可能降低在食品中的使用量。《食品安全国家标准　食品添加剂使用标准（GB 2760）》规定了食品中允许使用的添加剂品种，并详细规定了使用范围、使用量。而实际生产中，某些生产企业为了牟取利益或迎合消费者心理，非法使用某些工业产品作为添加剂，或擅自更改食品添加剂的使用范围和用量，形成安全隐患，产生安全问题，如非法添加三聚氰胺、苏丹红等。

第二节　生产管理制度和文件

农产品生产涉及产地环境、投入品使用、生产技术、采收加工、储存运输等多个环节和一系列质量控制技术，任何一个环节出问题，都可能导致最终产品不安全。控制农产品质量安全最有效的办法就是建立全程质量控制制度。生产实际中，要求生产者建立质量控制制度、有相应生产技术规程及生产记录档案等。

一、质量控制制度及文件

生产者应当制定适合本生产单元的质量控制制度及文件。内容应包括组织管理措施、产地环境保护、投入品管理、产品质量管理、产品检验等。

（一）组织管理措施

主要体现生产主体对农产品质量安全的保障能力。包括对农产品质量安全的重视程度，制定、发布并落实各项农产品质量安全规章制度，质量安全管理部门设置、岗位职责、人员作用和权限，定期开展质量安全自查等。

（二）产地环境保护

产地环境安全与否直接关系到农产品质量安全。我国《宪法》明确规定，“国家保护和改善生活环境和生态环境，防治污染和其他公害。”《刑法》将严重危害自然环境、破坏野生动植物资源的行为定为危害公共安全罪和破坏社会主义经济秩序罪。生产者要建立严格的产地环境管理制度，不得在禁止生产区生产、捕捞、采集禁止的食用农产品和建立农产品生产基地。不得向产地排放或者倾倒废气、废水、固体废物或者其他有毒有害物质。不得在农产品产地堆放、贮存、处置工业固体废物。使用农业用水和用作肥料的城镇垃圾、污泥等固体废物，应当经过无害化处理并符合国家有关标准。

（三）生产技术规程

我国相关法律法规规定，农产品要符合保障人体健康和人身安全的要求；符合国家标准和相关行业标准中关于农兽药残留、重金属残留的规定。生产者应建立科学、合理的种植制度和生产技术规程，实行标准化生产，控制产品质量。生产技术规程应包含品种选择、耕作制度、施肥技术、病虫害防治等。制定生产技术规程时，应注重推广应用先进的动植物病虫害综合防治技术，优先应用高效低残毒农药、兽药、饲料添加剂品种，采用配方施肥技术，建立健全动物防疫和植物保护体系等。

（四）包装标识管理

1. 包装

农产品包装应当符合农产品储藏、运输、销售及保障安全的要求，便于拆卸和搬运，并应当防止机械损伤和二次污染。包装材料和使用的保鲜剂、防腐剂、添加剂等物质必须符合国家强制性技术规范要求。获得无公害农产品、绿色食品、有机农产品等认证的农产品必须包装，但鲜活畜、禽、水产品除外。

2. 标识

包装销售的农产品，应当在包装物上标注或者附加标识标明品名、产地、生产者或者销售者名称、生产日期。有分级标准或者使用添加剂的，还应当标明产品质量等级或者添加剂名称。未包装的农产品，应当采取附加标签、标识牌、标识带、说明书等形式标明农产品的品名、生产地、生产者或者销售者名称等内容。标识标注的内容应当准确、清晰、显著，获得无公害农产品、绿色食品、有机农产品等质量标志使用权的农产品，应当标注相应标志和发证机构。

（五）人员管理

人员管理是质量安全控制措施的重要内容，应包括对人员健康、卫生要求、专业技能及人员培训等。应明确人员岗位、主要工作职责，定期安排员工体检，开展卫生安全教育，参加专业技能培训等。

二、投入品管理制度

主要是按照《农药管理条例》《兽药管理条例》《饲料和饲料添加剂管理条例》《鱼药使用规范》等有关规定，严格农业投入品选择、购买、存放、发放、使用及废弃物回收等。禁止使用国家明令禁止、淘汰的或者未经许可的农业投入品。农产品生产者应当及时清除、回收农用薄膜、农业投入品包装物等，防止污染农产品产地环境。

在农药选择、使用时应当遵守国家有关农药安全、合理使用制度，妥善保管农药，并在配药、用药过程中采取必要的防护措施，避免发生农药使用事故。应当严格按照农药的标签标注的使用范围、使用方法和剂量、使用技术要求和注意事项使用农药，不得扩大使用范围、加大用药剂量或者改变使用方法。不得使用禁用的农药。标签标注安全间隔期的农药，在农产品收获前应当按照安全间隔期的要求停止使用。不得在饮用水水源保护区、河道内丢弃农药、农药包装物或者清洗施药器械。应当建立农药使用记录，如实记录使用农药的时间、地点、对象以及农药名称、用量、生产企业等。农药使用记录应当保存2年以上。

三、生产记录要求

《农产品质量安全法》明确要求生产经营主体要建立生产记录档案。保持必要的记录，不仅是证明生产中采取了过程控制的需要，也是持续改进、提高产品质量安全保证能力的需要。建立生产记录制度，有利于生产者掌握产品生产过程中病、虫、草害发生和农（兽）药、肥料（饲料）等投入品的使用情况，一旦发生产品质量安全问题时，便于生产者及时分析查找原因，提出有针对性的改进措施。同时，保持必要的记录也有利于产品的溯源。

生产记录应包含产品形成过程中所有影响产品质量安全的活动情况，包含使用农业投入品的名称、来源、用法、用量和使用、停用的日期；动物疫病、植物病虫草害的发生和防治情况；收获、屠宰或者捕捞的日期等。生产记录应能客观反映质量安全活动的实际情况，成为质量追溯和采取纠正措施、预防措施的依据。记录应系统、完整、贯穿于产品形成的全过程，能完整反映生产过程管理状况和质量状况。记录应正确、清楚、严格、不允许伪造、任意涂改、删除或篡改。各项记录都应该在现场操作时进行，而不应提前或延迟记录。每份记录都应该有记录人的签名和记录日期。记录应当保存2年，并由专人和专门地方保存。

第三节　产地环境安全控制

要求生产者采取有效措施确保农产品生产环境符合要求，重点控制化肥、农药、兽药、饲料等农业投入品对农业生态环境和农产品的污染，从源头上把好农产品质量安全关。

一、农产品产地选择

（一）遵循的标准

农产品产地环境空气质量应该符合《环境空气质量标准（GB 3095）》中一级标准要求。灌溉水应符合《农田灌溉水质标准（GB 5084）》要求。畜禽饮用水及加工产品用水应当符合《生活饮用水卫生标准（GB 5749）》

相关要求。渔业水质要求应符合《渔业水质标准（GB 11607）》要求。土壤环境质量符合《农用地土壤污染风险管控标准（试行）（GB 15618）》要求。

从事无公害、绿色、有机产品生产还应满足各自的产地环境标准要求。如《无公害农产品　种植业产地环境条件（NY/T 5010）》《绿色食品　产地环境质量（NY/T 391）》《无公害食品　畜禽饮用水水质（NY 5027）》《无公害农产品　淡水养殖产地环境条件（NY/T 5361）》《无公害食品　海水养殖产地环境条件（NY 5362）》　《有机产品　第 1 部分：生产（GB/T 19630.1）》等。

（二）一般原则

生产产地应选择在生态条件良好，远离污染源，并具有可持续生产能力的生产区域。产地区域范围内、灌溉水上游、产地上风向，均没有对产地构成威胁的污染源，尽量避开公路主干线。

有下列情况之一的，不能作为安全的农产品生产基地：产地周围及产区内有工矿企业、医院等污染单位，排放的废气、废水、废渣等对产区农业环境造成严重污染的；产地水源和排灌条件不具备，土质不符合条件并无法改造的；通过对产地环境质量指标进行监测评价，综合污染指数不达标的；土壤或水源中有害矿物质含量过高的。

二、农产品产地环境保护

（一）严防产地环境污染

严禁向产地排放或倾倒废气、废水、固体废物；严禁直接把城镇垃圾、污泥用作肥料；严禁在农产品产地堆放、贮存、处理固体废弃物；禁止在农田灌溉和养殖的水体中浸泡或者清洗装储油类、有毒有害污染物的器具和包装物。

（二）严控生产过程污染

采用配方施肥、化肥深施、施用有机肥等技术，减少化肥使用量；选用高效、低毒、低残留农药、生物农药，减少农药使用量和残留量；推进畜牧业、渔业健康养殖，实施养殖业废弃物减量化、资源化、无害化处理和污染监管，减少畜禽粪便和水产养殖污染。鼓励使用易降解的环保型农用薄膜。对盛装农药、兽药、渔药、饲料和饲料添加剂的容器、包装物及过期报废农药、兽药、废弃农用薄膜等，不得随意丢弃，应当交废弃物回收点集中处理。要合理布设农村生产生活废弃物回收点。

（三）减少废弃物污染

农业废弃物也称农业垃圾，分为植物纤维性废弃物和畜禽粪便，一般包括：①农田和果园残留物，如秸秆、残株、杂草、落叶、果实外壳、藤蔓、树枝和其他废物；②牲畜和家禽粪便以及栏圈铺垫物等；③农产品加工废弃物；④人粪尿以及生活废弃物。

推广农业废弃物循环综合利用技术，减少废弃物污染；推广秸秆还田、氨化、青贮技术，提高秸秆综合利用率。畜禽养殖业实施畜禽粪便资源化、无害化处理。

秸秆可制取沼气和成为农用有机肥料，也是饲养牲畜的粗饲料和栏圈铺垫料。将切碎的秸秆混掺以适量的人畜粪尿作高温堆肥，经过短期发酵，可大量杀灭人畜粪便中的致病菌、寄生虫卵、秸秆中隐藏的各种害虫以及各种杂草种子等，然后再投入沼气池，进行发酵，产生沼气。既能提供沼气燃料，又可获得优质有机肥料。

第四节 投入品选择

农业投入品是指在农产品生产过程中使用或添加的物质，是关系农产品质量安全的重要因素。广义的农业投入品包括种子（种苗）、肥料、农兽渔药、饲料及饲料添加剂等农用生产资料和农膜、农机、农业工程设施设备等农用工程物资。这里仅介绍直接影响农产品质量安全的种子（种苗）、农兽渔药、肥料、饲料及饲料添加剂选择应遵循的标准或原则。

一、种子（种苗）

种子（种苗）是具有生命力的特殊生产资料，是农业生产中不可替代的必需物质，是实现农作物高产优质的内因，是各项技术措施的核心载体，更是决定农作物产量和质量的关键因素。在从事农业生产时，要选择适宜的种子（种苗）。

种植业种子质量以纯度、净度、发芽率和水分等作为分级标准。相关标准有《粮食作物种子（GB 4404）》《经济作物种子（GB 4407）》《瓜菜作物种子（GB 16715）》《禾本科草种子质量分级（GB 6142—2008）》等。

畜禽养殖种苗标准规定了外貌特征、生产性能、种用标准与种牛（羊）等级的基本要求。相关标准有《利木赞种牛（GB/T 19375）》《波尔山羊种羊（GB/T 19376）》等。

水产养殖鱼苗质量标准从外观、可数指标、可量指标等进行规定。外观查看鱼苗体形、体色、鳞被情况、活动情况；可数指标查看畸形率和伤残率；可量指标查验全长、体重、每千克尾数等数值。相关国家标准有《青鱼鱼苗、鱼种（GB/T 9956）》《鲢鱼苗、鱼种（GB/T 11777）》《尼罗罗非鱼养殖技术规范　鱼苗、鱼种（SC/T 1044. 3）》等。

二、农兽药

依据《农药管理条例》《兽药管理条例》等相关规定，选择合格的农兽药，渔药在我国属于兽药范畴。

农药需选用正规厂家生产的“三证”（产品登记许可证、生产许可证、标准证）齐全的农药。优先选择高效、低毒、低残留的农药。严禁采购使用假冒伪劣及不合格产品。

兽药要选用国家允许使用且不会造成残留的药物品种，优先选用中草药、生物类制剂或畜禽专用药。要从具有兽药经营许可证和营业执照的兽药经营单位购买兽药。选购兽药要根据临床诊断，弄清病原微生物的种类及其对药物的敏感性，尽量选择高敏感性的药物，还应根据畜禽品种、日龄、生理特性及药物的毒副作用合理选购，随买随用，避免盲目、杜绝浪费；购买时仔细查验包装，关注主要成分、含量，核实有效期，注意麻醉药品、精神药品、毒性药品和放射性药品的特殊标志；了解假劣兽药的范围，观察外观，鉴别有无变色、浑浊、吸潮结块、霉变、异物、漏气、异味、虫蛀等。渔药选用要合法，严禁使用未经取得生产许可证、批准文号、生产执行标准的渔药；建议使用生物渔药、生物制品，推广使用高效、低毒、低残留的渔药。严禁选用高毒、高残留或具有“三致”毒性的渔药和其他违禁药品。

三、肥料

选购的肥料需“三证”（产品登记许可证、生产许可证、标准证）齐全，农家肥必须腐熟。禁止使用未经登记使用的肥料；禁止使用城市生活垃圾、污泥、城乡工业废渣以及未经无害化处理的有机肥料；禁止使用不符合相应标准的无机肥料；禁止使用不符合标准《含氨基酸叶面肥料（GB/T 17419）》和《含微量元素叶面肥料（GB/T 17420）》的叶面肥料等。

四、饲料及饲料添加剂

应依据《饲料和饲料添加剂管理条例》相关规定，选择合格的饲料及饲料添加剂。生产中不得选购、使用无产品标签、无生产许可证、无产品质量标准、无产品质量检验合格证的饲料、饲料添加剂；不得使用未取得新饲料、新饲料添加剂证书的新饲料、新饲料添加剂或者未取得饲料、饲料添加剂进口登记证的进口饲料、进口饲料添加剂；不得使用无产品批准文号的饲料添加剂、添加剂预混合饲料。严禁在反刍动物饲料中添加乳和乳制品以外的动物源性成分。

第五节 生产过程安全控制

要求生产者在全生产过程中采取有效措施确保农产品质量安全。本节主要介绍和农产品质量安全密切相关的病虫草害防治、畜禽疫病疾病防治及水产品质量安全控制等。

一、种植业病虫草害防治

病虫草害应坚持“预防为主、综合防治”原则。综合防治措施包括合理栽培技术、减少或避开病虫草害发生的条件；合理使用农药，对症下药；选用高效、低毒、低残留的农药，采用合理施药技术等。农药使用应严格执行《农药合理使用准则（GB/T 8321. 1-9）》《农药使用环境安全技术导则（HJ 556）》相关要求。从事绿色食品生产还应遵循《绿色食品 农药使用准则（NY/T 393）》相关要求。

（一）植物检疫

植物检疫是国家为了防止农作物病虫草害随同农产品扩散而传播的一整套措施，是限制人为传播病虫草害的根本措施。因为局部地区的病虫害可以通过国内外贸易往来，随着种子、接穗、苗木、农产品和包装物等而传播开来。例如苹果锈果病、花叶病、苹果小吉丁虫、梨圆介壳虫等都是靠这种途径传播的。已知对外检疫对象有桃小食心虫、苹小食心虫、苹果实蝇、地中海实蝇、葡萄根瘤蚜、美国白蛾等；对内检疫对象有苹果小吉丁虫、苹果绵蚜、苹果蠹蛾、葡萄根瘤蚜等。

（二）预测预报

做好病虫草害预测预报，把握防治适期。农业病虫草害的施药适期，一般是指病虫草害在整个生育期中最薄弱和对农药最敏感的时期，也就是防治农作物病虫草害最适当的施药时期，这时候使用药剂防治可收到事半功倍的效果。不同的病虫草害其防治适期也都不相同。对施药适期，大体应按下述要求：

1. 要在有害生物活动中最薄弱的环节施药

一般害虫处于幼龄期，对药剂抵抗力弱，也有很多病虫害生活习性中有着致命的弱点，这些都是施药的有利时期。在幼虫盛孵后 10~12 天内，害虫还未分散为害时进行防治，效果最好。

2. 要在有害生物发生初期施药

根据农业病虫害预测预报可能发生的情况，抓住有害生物发生初期的有利时期喷药防治，这时病虫害仅限于点片发生，尚未蔓延成灾，初期的发生量也不多，危害也不是很大，如能及时喷药防治，很容易得到控制。

3. 要在作物抗药性较强的生育期施药

这一时期不容易发生药害。农作物一般在幼苗、扬花、灌浆和果树发芽、开花期等生育期，对外界不良环境的抵御力都不是很强，容易发生药害，应尽可能不施或少施药或降低施药浓度。

4. 要在农作物最易受病虫害侵害的时期施药

例如水稻分蘖期、孕穗期最易受三化螟侵害，这时应重点打药保苗灭虫，可收到事半功倍的防效。

5. 要避免在天敌繁殖高峰期施药

以防杀害大量天敌。

（三）农业防治

主要措施有选用抗病虫品种、调整品种布局、选留健康种苗、轮作、深耕灭茬、调节播种期、合理施肥、及时灌溉排水、适度整枝打杈、搞好田园卫生和安全运输贮藏等。农业防治如能同物理、化学防治等配合进行，可取得更好的效果。

（四）生物防治

利用一种生物对付另外一种生物的方法，大致可以分为以虫治虫、以鸟治虫和以菌治虫 3 大类。最大优点是不污染环境，是农药等非生物防治病虫害方法所不能比的。

1. 利用天敌防治

每种害虫都有一种或几种天敌，能有效地抑制害虫的大量繁殖。如利用大红瓢虫防治柑橘吹绵蚧，利用白僵菌防治大豆食心虫和玉米螟，利用金小蜂防治越冬红铃虫，利用赤小蜂防治蔗螟等。

2. 不育昆虫防治

不育昆虫防治是搜集或培养大量有害昆虫，用 γ 射线或化学不育剂使它们成为不育个体，再把它们释放出去与野生害虫交配，使其后代失去繁殖能力。美国佛罗里达州应用这种方法消灭了羊旋皮蝇。

3. 遗传防治

遗传防治是通过改变有害昆虫的基因成分，使它们后代的活力降低，生殖力减弱或出现遗传不育。此外，利用一些生物激素或其他代谢产物，使某些有害昆虫失去繁殖能力，也是生物防治的有效措施。

（五）物理防治

利用简单工具和各种物理因素，如光、热、电、温度、湿度和放射能、声波等防治病虫害的措施。包括最原始、最简单的徒手捕杀或清除，以及黑光灯、高压电网灭虫器、黄板等。

（六）化学防治

使用农药防治病虫草害的方法。农药使用应符合经济、有效、安全的基本原则。既要考虑所使用的药剂和方法对有害生物是否有效，又要考虑到对人畜、植物、天敌和环境是否安全，要以最小的投入取得最佳的效果和最大的收益，并且把农药的负面影响降低到最低限度。

1. 农药使用准则

农药使用要严格遵守农药禁用、限用名单的规定，选择高效低毒低残留的农药，且要严格遵守其用药量、施药方法、安全间隔期、用药次数、允许的最终残留量的规定，规范使用。实际生产中，要遵循以下基本准则：

（1）根据防治对象选用适宜的药剂。农药品种繁多，作用特点各不相同，对不同的防治对象其防治效果也各有差异；同时，有害生物种类多样，生物学特性差异较大，对不同药剂的反应效果也不一样。必须要对症下药，是虫害就选择杀虫剂，是病害就选择杀菌剂。害虫在幼虫阶段可以选择触杀性的菊酯类农药，卵期必须选用渗透性强的有机磷农药，卷叶或潜叶的害虫要选用内吸性药剂；细菌性病害选用抗生素类药剂，真菌引起的病害要选用对真菌有作用的杀菌剂；禾本科和双子叶杂草也要分别选择不同的除草剂。

（2）掌握最佳用药期。药剂防治的有效时期一般是有害生物对药剂的最敏感时期。通常，毒杀作用的杀虫剂以对幼虫的初龄期最为有效，性诱剂作用于性成熟的成虫，拒食作用的杀虫剂作用于害虫的主要取食阶段。杀菌剂要掌握在病原菌侵入寄主前或入侵后的发病初期施用；除草剂也要根据本身的性质选择适宜时期，土壤处理剂施药时间要在杂草出苗前，茎叶处理剂要在杂草幼苗期或旺长期施用。

（3）选择正确施药方式。农药的施用方法应根据病虫草害的为害方式、发生部位和农药特性来选择。如在地上部为害的，可采用喷雾或喷粉的方法；地下为害的，可选用土壤处理、灌根的方法；防治果树等木本植物病虫害可选用内吸性好的药剂采用注射或包扎的方法。施药要做到均匀、周到、细致，又要突出重点。叶背面、果实的萼洼部要照顾到，有些易分解的除草剂，喷药后应立即混土。

（4）控制用药浓度和次数，保证适宜用药量。随意增大药量会造成浪费，增加成本，并加重污染，加快有害生物抗药性产生，甚至发生药害和中毒事件。相反，任意减少用药量，会降低防效，还可能贻误防治时期，造成不可挽回的损失。同等条件下，苗期用药少，成株期就多；低龄幼虫用药量少，高龄的就多；农药残效期长，两次用药的间隔就要长一些，用药次数要减少；如果施药后遭雨水冲刷、或以前防治效果不理想，就要多喷或补喷，施药次数也相应增加。

2. 生产中推荐使用的农药

（1）杀虫、杀螨剂。生物制剂和天然物质如苏云金杆菌、苦参碱、烟碱、鱼藤酮等。菊酯类如溴氰菊酯、氯氟氰菊酯、氯氰菊酯、联苯菊酯、氰戊菊酯等。氨基甲酸酯类如硫双威、丁硫克百威、抗蚜威、速灭威等。有机磷类如辛硫磷、毒死蜱、乐果、三唑磷等。昆虫生长调节剂如灭幼尿、氟啶脲、氟铃脲、虫酰肼等。专用杀螨剂如哒螨灵、四螨嗪、唑螨酯、三唑锡、双甲脒等。其他如杀虫单、杀虫双、杀螟丹、甲胺基阿维菌素等。

（2）杀菌剂。无机杀菌剂如碱式硫酸铜、王铜、氢氧化铜、石硫合剂等。合成杀菌剂如代森锌、代森锰锌、多菌灵、甲基硫菌灵、百菌清等。生物制剂如井冈霉素、农抗 120、春雷霉素、多抗霉素等。

3. 国家明令禁止使用的农药

见第一章第三节。

4. 常用农药安全间隔期规定

农药使用安全间隔期是指最后一次施用农药的时间到农产品收获时相隔的天数，可保证收获农产品的农药残留量不会超过国家规定的允许标准。不同农药或同一种农药施用在不同作物上的安全间隔期不一样，在使用农药时一定要看清农药标签标明的农药使用安全间隔期和每季最多用药次数，确保农产品在农药使用安全间隔期过后才采收，不得随意增加施药次数和施药量，以防止农产品中农药残留超标。具体施药时请遵照所用农药标签的规定和《农药合理使用准则》。

（七）植物生长调节剂

植物生长调节剂主要功能是协调植物的营养生长与生殖生长，是人们在了解了天然激素的结构后，人工合成的、与天然激素有同等效能甚至更为有效、更为优越的人工合成激素。可分为促进剂如赤霉素、吲哚乙酸、壳聚糖等，抑制剂如脱落酸、抑芽丹等，延缓剂如矮壮素、氯化胆碱等。目前使用的大部分植物生长调节剂的毒性为低毒或微毒，但是也有部分植物生长调节剂具有一定毒性，个别植物生长调节剂的半致死量较高，在短时间内可对人体产生毒害作用。

使用植物生长调节剂应遵循以下基本原则：①适时使用。使用植物生长调节剂要根据其种类、气候条件、药效持续时间和栽培需要，选择最佳使用时机，以免造成不必要的投入。②不能以剂代肥。植物生长调节剂不能代替肥水及其他农业措施。即使是促进型的调节剂，也必须以充足的肥水条件为基础才能发挥其作用。③不要随便改变浓度。农作物对植物生长调节剂的浓度要求比较严格，浓度过大，会造成叶片增肥变脆，出现畸形叶片，干枯脱落，甚至全株死亡；浓度过小，则达不到应有的效果。④不要随意混用。几种植物生长调节剂混用或与其他农药、化肥混用，必须在充分了解混用农药之间的增强或抵抗作用的基础上决定是否可行，不要随意混用。

二、畜禽疫病、疾病防治

动物在健康情况下，与环境之间保持着一种动态平衡，机体的结构和功能处于正常状态。但在受到自身或外界致病因素及不利因素影响时，会产生一系列损伤与抗损伤的复杂过程，表现为局部、器官、系统或全身的形态变化和（或）功能障碍。在这一过程中，若损伤大于自身的防御能力，则疾病恶化，甚至导致死亡；反之则疾病痊愈，机体康复，间或遗留某些不良后果。

根据疾病的致病因素、传染与否、群发或个别发生，将动物疾病大致分为传染病、寄生虫病和普通病。人们通常将传染病、寄生虫病称为动物疫病，因其对产业危害大，甚至危及人类健康，故在畜禽生产实践中，重点是疫病防治。

（一）畜禽疫病分类及其危害

根据动物疫病对养殖业生产和人体健康的危害程度，分为3类。一类疫病是指对人与动物危害严重，需要采取紧急、严厉的强制预防、控制、扑灭等措施的。包括口蹄疫、猪水泡病、猪瘟、非洲猪瘟等。二类疫病是指可能造成重大经济损失，需要采取严格控制、扑灭等措施，防止扩散的，如狂犬病、炭疽、牛结核病等。三类疫病是指常见多发、可能造成重大经济损失，需要控制和净化的，如大肠杆菌病、李氏杆菌病、牛流行热等。

动物疫病不仅会对畜牧业造成重大的经济损失，许多人畜共患病还严重危害到人类的健康和生命安全。如疯牛病可以使牛致死，也可以使人患上不治之症——新型克雅氏症；禽流感不仅对禽类具有高致病性，而且可以感染人，甚至可以致死。畜禽感染疫病死亡后，若得不到及时、有效的处置或处置不当，极易造成病原的扩散，污染环境。特别是一些小规模的饲养场、户，因为病死动物无害化处理设施没有配套，加上饲养人员防疫意识淡薄，常将死亡动物乱扔到河道、马路边等地，不但严重污染环境，还会扰乱社会安定，黄浦江死猪漂浮事件就是实例。

（二）畜禽疫病防治措施

畜禽疫病防治以预防为主，采取“预防为主，养防结合，防重于治”的基本原则。畜禽疫情要早发现、早诊断、早报告、早确认，快速行动，及时、严格处理。

1. 畜禽防疫应从外地引种做起

购买、调入畜禽，一定要严格按照国家有关规定进行，决不能从疫区引入。引入的畜禽应经检疫合格，并取得动物检疫合格证明，引入后，必须保证在规定的时间内隔离观察饲养，经兽医检查确认健康合格后才能与其他畜禽饲养在一起。

2. 畜禽舍消毒

消毒是为了消灭病原体，切断疫病传播途径，阻止疫病继续蔓延。通常要对畜禽舍进行清扫、冲洗、喷洒消毒和熏蒸消毒。消毒工作完成后，畜禽舍应关闭，避免闲杂人员入内。

3. 畜禽免疫接种

免疫接种就是给畜禽注射疫苗，使畜禽对疾病有抵抗力，从而避免疾病的发生及流行。免疫接种应在畜禽健康状态良好时进行，正在发病的畜禽，除了那些已经证明紧急预防接种有效的疫苗外，不应进行免疫接种；幼禽免疫后要适当提高舍温；疫苗接种后应注意畜禽的反应，有的疫苗接种后会继发引起呼吸道症状，应及时进行处理。

4. 畜禽疫病发生时的扑灭措施

要及时发现、诊断和上报疫情，通知临近单位或地区做好预防工作。要迅速隔离病畜禽和可疑病畜禽，若发生重要传染病应采取封锁措施。要紧急消毒污染环境。对假定健康的畜禽进行紧急免疫接种。

对病畜禽进行及时合理的治疗或淘汰。对死畜禽和淘汰畜禽进行无害化处理。

（三）畜禽疾病防治措施

畜禽一般疾病防治最常用的是药物治疗。兽药是指用于预防、治疗、诊断动物疾病或者有目的地调节动物生理机能的物质（含药物饲料添加剂），主要包括血清制品、疫苗、诊断制品、微生态制品、中药材、中成药、化学药品、抗生素、生化药品、放射性药品及外用杀虫剂、消毒剂等。

1. 合理使用兽药准则

（1）准确诊断，确诊后选用高效低毒的兽药。当病因不明或未明确诊断时，不可轻易用药，切忌一见动物异常就乱用药物。对于不太敏感的微生物，过量使用抗生素，不但不能将其杀死或抑制，相反会使微生物增加对药物的耐受性和适应性，结果只能使动物感染性疾病更加难治。

（2）急则治其标、缓则治其本。当动物症状严重甚至危及生命时迫切需要使用药物消除症状。例如心衰时使用强心药兴奋心肌细胞；呼吸困难时使用呼吸刺激药；腹泻时使用止泻药。而当症状有所缓和时就应该对因治疗，消除致病的原发因子，对因治疗才是用药的根本。

（3）选择正确的给药方式，严格掌握给药剂量。不同的给药方法可影响药效出现的快慢、维持时间、药效强弱，有时还会影响药物作用性质的改变。如新霉素内服可治疗细菌性肠炎，因其在消化道内吸收少，肾脏中毒不明显；若肌肉注射，对肾脏毒性则很大，严重的甚至会引起死亡，故不宜肌肉注射给药。药物剂量是决定药物效应的关键因素，用药量过小不产生任何效应，用量过大会引起中毒，甚至死亡。要做到安全有效，就应该严格掌握药物剂量范围，按规定的药量、时间与次数给药。

（4）合理配伍。不合理配伍用药，既导致配伍药物失效或产生毒副作用，又无故增加了饲养者的经济负担，如在治疗混合感染性疾病时，庆大霉素与青霉素、5%的碳酸氢钠配伍，链霉素与庆大霉素、卡那霉素等配伍很难取得理想的效果。

2. 国家法律法规规定需谨慎使用的兽药

（1）呋喃唑酮（痢特灵）。连续长期使用，能引起出血综合症。食用动物禁用。

（2）磺胺。长期使用能造成蓄积中毒，其残留能破坏造血系统，造成溶血性贫血症、粒细胞缺乏症、血小板减少症等。

（3）喹乙醇。是一种基因毒剂（生殖腺诱变剂），可致突变、致畸形和致癌性。

（4）氯霉素。其残留的有潜在危害的氯霉素对骨髓造血机能有抑制作用，可引起人的粒细胞缺乏、再生障碍性贫血和溶血性贫血，甚至致死。食用动物禁用。

（5）土霉素。长期大剂量使用土霉素能引起肝脏损伤以致肝细胞坏死，致使中毒死亡。

（6）硫酸庆大霉素。用于养鸡易出现尿酸盐沉积、肾肿大、过敏休克和呼吸抑制，特别是对脑神经有害，而且反复使用易产生耐药性。

（7）出口肉鸡产品不允许使用的抗生素有：氯霉素、庆大霉素、甲砜霉素、金霉素、阿维菌素、土霉素、四环素等几种，都是因抗生素能致癌的成分对人体有间接危害。也有一些要求在出栏前 14 天停用的如青霉素、链霉素；要求出栏前 5 天停用的有恩诺沙星、泰乐菌素；要求出栏前 3 天停用的有盐霉素、球痢灵。

3. 国家法律法规规定禁止使用的兽药

见第一章第三节。

4. 常用兽药休药期规定

兽药休药期是指畜禽最后一次用药到该畜禽许可屠宰或其产品（乳、蛋）许可上市的间隔时间。休药期随动物种属、药物种类、制剂形式、用药剂量、给药途径及组织中的分布情况等不同而有差异。执行兽药的休药期规定是为了避免供人食用的动物组织或产品中残留药物超量。为了保证人在食用了其组织或产品后不会危及身体健康，必须执行休药期规定。目前我国对兽药休药期的规定是农业部2003年发布的第278号公告，规定了202种兽药的休药期，以及92种不需要制定休药期的兽药。

三、水产品疫病、疾病防治

水产品大部分病害隐患和质量安全风险均产生于生产过程之中，生产过程质量安全控制主要包括清理池塘、保持水质、合理用药等。

（一）清理池塘

养殖水体的底部淤泥常滋生大量病原菌、寄生虫。另外，当外界的水引入养殖池塘时会带进野杂鱼类、甲壳类、各种原生物、有害细菌及病毒等。因此在放苗之前，要清理池塘。清塘先将池塘底部淤泥移除，然后将池塘底泥进行翻耕、暴晒，再使用药物彻底杀灭池中的有害生物、病原和杂草。

清塘时，要尽量使用低毒并对环境影响小的药物。如生石灰就较为理想。既能杀灭塘内野杂鱼、水生昆虫、寄生虫、病原菌和部分水生植物，也能改变池塘酸性环境，使池塘呈微碱性，促进藻类繁殖，且对人和水产品安全无毒。但要注意生石灰不适用于盐碱性强的池塘。

目前国家允许使用的清塘用药有甲苯咪唑溶液（水产用）、氯硝柳胺粉（水产用）、含氯石灰（水产用）、硫酸锌三氯异氰尿酸粉（水产用）、敌百虫溶液（水产用）、高效氯氰菊酯溶液（水产用）、氰戊菊酯溶液（水产用）、辛硫磷溶液（水产用）、溴氯海因粉（水产用）、溴氰菊酯溶液（水产用）、次氯酸钠溶液（水产用）等。坚决不能使用国家禁止在水产养殖中使用的农药，如五氯酚钠、林丹、毒杀芬、滴滴涕、呋喃丹、杀虫脒、氟氯氰菊酯、氟氰戊菊酯、锥虫胂胺和酒石酸锑钾等。

（二）保持水质

应采取物理、化学、生物修复等方法改良水环境，控制养殖用水污染，确保水产品质量安全。

1. 物理方法

主要用于养殖用水和废水处理。常用的有栅栏、筛网、沉淀和过滤等。栅栏通常用在养殖区域水源进水口，主要防止水中较大个体的鱼、虾类、漂浮物、悬浮物以及敌害生物带入养殖区域水体。筛网常安装在水源进水出口的栅栏一侧，作为幼体孵化用水，以防小型浮游动物进入孵化容器中残害幼体。养殖废水排放前也可用筛网清除粪便、残饵、悬浮物等有机物。修建沉淀池沉淀，沉淀时间根据用水对象确定，通常需要沉淀48小时以上。过滤是使水通过具有间隙的粒状滤层，使微量残留的悬浮物被截留，使水质达标。

2. 化学方法

水产养殖中最常用的是空气氧化法，通过翻动池塘淤泥或干池暴晒，使淤泥中产生大量的硫化氢、氨等有毒物质氧化为无毒的硫酸盐、硝酸盐。可用钠盐去除水中重金属。可加投硫酸铝钾和硫酸亚铁等混凝剂去除在自然沉淀中不能去除的悬浮物质胶体颗粒，大大提高悬浮物和浊度的去除率。可用水体消毒剂杀灭对养殖对象和人体有害的微生物，降低有机物的数量，脱氮、脱色、脱臭。

3. 生物修复方法

利用某些微生物将水体或底质沉淀物中的有机物、氨氮、亚硝态氮分解吸收，转化为有益或无害物质，达到水质和底质环境改良、净化的目的。常见的微生物净化剂有：EM 菌、光合细菌、芽孢杆菌等。需要注意的是，微生物制剂不能与抗生素和消毒剂同时使用。还可采用集物理过滤和生物处理为一体的浮球式生物滤器，进行分级过滤，使养殖水体处于良性循环，适用于工厂化循环水养殖。

（三）合理用药

渔药在我国属兽药范畴，通常指用于预防、治疗和诊断水产动物疾病或者有目的地调节水产动物生理机能的物质（含药物饲料添加剂）。按照使用目的，一般将渔药分为水质改良剂、水体消毒剂、抗微生物内服剂、驱杀寄生虫剂、中草药、营养增强剂和生物制品等。渔药使用需符合《鱼药使用规范（SC/T 1132）》。从事无公害生产需遵守《无公害食品　渔用药物使用准则（NY 5071）》；从事绿色食品生产需遵守《绿色食品　渔药使用准则（NY/T 755）》。

1. 渔药使用原则

渔药使用应尽量选择毒性小、副作用小和用量小的渔药。要对症下药，在保证疗效的前提下，用最小的药物浓度进行治疗。不得使用国家行政法规和标准禁止在水产养殖生产中使用的药品及其他化学品。要避免水产品中药物残留对消费者健康构成威胁；避免产生药害事故；尽可能减少对环境的污染，避免引发中毒等生产安全事故。使用渔药时，要严格按照药品标签说明书进行操作，不得违反国家相关的法律法规和标准规定。

2. 禁用渔药清单

地虫硫磷，六六六，林丹，毒杀芬，滴滴涕，甘汞，硝酸亚汞，醋酸汞，氯化亚汞，吡啶基醋酸汞，呋喃丹，杀虫脒，双甲脒，氟氯氰菊酯，五氯酚钠，孔雀石绿，锥虫胂胺，酒石酸锑钾，磺胺噻唑，磺胺脒，呋喃西林及其盐、酯及制剂，呋喃唑酮及其盐、酯及制剂，呋喃它酮及其盐、酯及制剂，呋喃那斯及其盐、酯及制剂，呋喃妥因及其盐、酯及制剂，呋喃苯烯酸钠及制剂，氯霉素（包括琥珀氯霉素）及其盐、酯及制剂，红霉素，杆菌肽锌，泰乐菌素，环丙沙星，阿伏帕星，万古霉素及其盐、酯及制剂，喹乙醇，速达肥，己烯雌酚（包括雌二醇等其他类似合成等雌性激素），甲基睾丸酮（包括丙酸睾丸素、去氢甲睾酮以及同化物等雄性激素），醋酸甲孕酮及制剂，群勃龙，氨苯砜及制剂，硝基酚钠及制剂，硝呋烯腙及制剂，替硝唑及其盐、酯及制剂，卡巴氧及其盐、酯及制剂，苯丙酸诺龙，苯甲酸雌二醇及其盐、酯及制剂，去甲雄三烯醇酮，氯丙嗪，安眠酮及制剂，地西泮（安定）及其盐、酯及制剂，甲硝唑，地美硝唑，沙丁胺醇及其盐、酯及制剂，克伦特罗及其盐、酯及制剂，西马特罗及其盐、酯及制剂，洛硝达唑，玉米赤霉醇等。

3. 休药期规定

休药期是指水产动物在使用该药品的最后一天至上市销售之间应间隔的最少天数。农业农村部对部分兽药做了休药期的规定，渔药产品标签上应以法定兽药质量标准规定的休药期进行标识。农业农村部规定，法定兽药质量标准未规定休药期的渔药产品，一般执行500度日休药期，是指水温与最后一次给药以后天数的乘积不得小于500。例如，在平均水温20℃的情况下，需要25天的休药期；而在水温25℃的情况下，则只需要20天的休药期。

第六节 产后环节质量安全控制

农产品包装、贮藏和运输既是农业生产的最后环节，也是影响农产品品质和质量安全的关键环节。应依据《农产品物流包装材料通用技术要求（GB/T 34344）》《农产品物流包装容器通用技术要求（GB/T 34343）》《鲜活农产品标签标识（GB/T 32950）》《食用农产品保鲜贮藏管理规范（GB/T 29372）》《畜禽肉冷链运输管理技术规范（GB/T 28640）》《活鱼运输技术规范（GB/T 27638）》等标准规范采收、包装及贮藏、运输等。

一、种植业产品收储运环节质量安全控制

（一）适时采收

采收时期、卫生控制、采收器械、清洗用水及采后化学品的使用都对产品质量安全有影响。不同的产品类型，收获适期的标准不同。种子果实类的收获适期一般为生理成熟期，如小麦在籽实蜡熟末期至完熟初期，黄豆在半数以上荚果皮呈成熟色时，鲜食水果一般在水果表皮呈现本品种应有的颜色时。采收过早，产品的大小和重量达不到标准，风味、色泽和品质不好，耐贮性也差；采收过晚，产品已经过熟，开始衰老，不耐贮藏和运输。一般来说，就地销售的产品，可以适当晚采，而用作长期贮藏和远距离运输的产品，适当早采。

农产品采收应注意：①选用适宜的采收工具。要针对不同的产品选用适当的采收工具，需要用到刀具时，应戴上手套。②采收前的水分管理。蔬菜在采前3~7天不要灌水，以减少产品中的水分含量，增加其耐贮藏性。③选择采收时间。如水果采收应在晴天上午露水干后进行。露水未干采收，果实表面潮湿，容易受病原菌侵染；而晴天中午或午后采收，果实体温过高，吸收加快，会促进果实腐烂。④选择合适的采收容器。应选择光滑平整的木箱、防水纸箱、塑料箱、柳条箱或竹筐等。⑤轻拿轻放。蔬菜产品的表面结构是良好的天然保护层，当其受到破坏后，组织就失去了天然的抵抗力，容易受病菌的感染而造成腐烂。水果更是如此，避免磕碰伤，以防水果品质变差。⑥保持采收处理区干净卫生，保证清洗用水质量合格。

（二）安全贮藏

贮藏农产品的场所应清洁卫生，有防鼠设施；农产品应分类存放，不得与有毒有害物品混存混放。常用的安全贮藏方法主要有：

①冷藏。低温可使农产品呼吸强度下降，水分损失减少，微生物生长受到抑制。

②干燥或脱水。干燥的农产品本身生理活动降到很低，微生物活动也得到有效的抑制，适于长期贮藏。

③控制和限制贮藏环境气体。改变贮藏环境中呼吸气体的浓度可以抑制农产品的呼吸作用和其他新陈代谢反应。如苹果贮藏在气调库或冷库中。

（三）包装运输

包装材料应清洁、结实，存放在干燥、清洁、通风的专用库房内，内外

包装材料应分开存放。直接接触产品的包装材料必须符合食品卫生要求，不能对农产品造成直接或间接的污染。禁止用化肥或农药袋来装运粮食。

在运输过程中，应保持运输车辆清洁、卫生；保持包装的完整，不应与其他有毒、有害物质混装混运。运输车辆应具有较好的抗震、通风等性能。

二、畜禽及其产品收储运环节质量安全控制

（一）活畜活禽

《动物防疫法》等法律法规规定，农业农村部对活禽运输进行限制，鼓励生鲜屠宰。《农业农村部公告第 2 号》明确规定，用于屠宰的畜禽可跨风险区从养殖场（户）“点对点”调运到屠宰场，调运途中不得卸载，限制易感畜禽从动物疫病高风险区向低风险区调运。运输畜禽的单位和个人应当凭检疫证明才能承运，运输过程中的染疫畜禽及其排泄物、病死或死因不明的畜禽尸体，应当委托途经地病死畜禽无害化处理场进行处理。跨风险区引进的种用、乳用动物，畜禽养殖机构应当按照规定对其进行隔离观察，检查合格的方可混群饲养。在活禽运输时，运输工具必须严格清洗消毒，并且大小合适，在箱底部应垫上锯末或沙土等一些柔软防滑的垫料，避免畜禽在运输中颠簸碰撞而出现受伤。要尽可能将畜禽按体重大小分装。对于个性强猛、特别不安的，可适当注射镇定剂。运输过程中要尽量减少应激，比如在夏季进行畜禽运输应选择阴凉天气，或者早晨傍晚时分来进行；尤其在路途较远时，要在运输设备的顶部安装遮阳网，避免温度过高，出现热应激，注意畜禽运输途中的饮水供应。在冬季运输过程中要做到保温防寒，防风。在运输途中尽量做到匀速行驶。

当发生重大疫情时，我国政府会做出相应的应急措施。比如 2018 年 8 月的非洲猪瘟事件，《国务院办公厅关于进一步做好非洲猪瘟防控工作的通知》中提出运输生猪等活畜禽的车辆不再享受鲜活农产品运输“绿色通道”政策，对活畜禽运输车辆实施备案管理等举措。

（二）畜禽产品

1. 蛋

根据《蛋与蛋制品生产卫生规范（GB 21710）》要求，运输蛋的运输原料和包装材料的工具和容器应保持清洁，维护良好，并能提供必要的保护，避免原料和包装材料受到污染。运输过程中应采取合适的控制措施保证原料包装的完整性和原料蛋的完好性，并将运输时间控制在合理的范围之内，减

少运输震动，装卸要轻拿轻放。在贮存期间应按照不同原料和包装材料的特点分区存放，并建立标识，标明产品名称、数量、来源等相关信息。原料和包装材料的贮存应有专人管理，贮存在适宜的温湿度条件下，至少每月清理1次变质或者超过保质期的原料和包装材料。

2. 奶

奶的收购和运输应遵循《乳品质量安全监督管理条例（国务院令第536号）》和《生鲜乳生产收购管理办法》等的要求，生鲜乳运输车辆只能用于运送生鲜乳和饮用水，不得运输其他物品，生鲜乳运输车辆使用前后应当及时清洗消毒，奶罐隔热、保温，内壁由防腐蚀材料制造，对生鲜乳质量安全没有影响，外壁用坚硬光滑、防腐、可冲洗的防水材料制造，设有奶样存放舱和装备隔离箱，保持清洁卫生，避免尘土污染，密封材料耐脂肪、无毒，在温度正常的情况下具有耐清洗剂的能力，奶车顶盖装置、通气和防尘罩设计合理，防止奶罐和生鲜乳受到污染。从事生鲜乳运输的驾驶员、押运员应当持有有效的健康证明，并具有保持生鲜乳质量安全的基本知识。在挤奶后2小时内应当降温至0~4℃。生鲜乳运输车辆应当取得所在地县级人民政府畜牧兽医主管部门核发的生鲜乳准运证明，并随车携带生鲜乳交接单。交接单应当载明生鲜乳收购站的名称、生鲜乳数量、交接时间，并由生鲜乳收购站经手人、押运员、司机、收奶员签字。生鲜乳交接单一式两份，分别由生鲜乳收购站和乳品生产者保存，保存时间2年。准运证明和交接单式样由省、自治区、直辖市人民政府畜牧兽医主管部门制定。

3. 蜂产品

蜂产品包装标识应符合《预包装食品标签通则（GB 7718）》要求。蜂蜜非零售包装的包装钢桶应符合《蜂蜜包装钢桶（GH/T 1015）》要求。不应使用镀锌桶或盛装过药品、燃料油、食用油或其他化工产品的包装容器。蜂王浆采集完后应该立即密封，应及时储存至-18℃的条件下。蜂花粉应使用双层食品塑料袋封装，外套编织袋或布袋无破损，无泄漏，贮存温度在-5℃以下，如无此条件，可用真空充氮贮存。短期临时存放，应经过干燥和密封处理后存于阴凉干燥处，不同产地、花种、等级或不同季节采集的产品应分别贮存。蜂胶不应用铁砂网或含有污染物质的器具、布等采集，不应在60℃以上高温加热，不能室外暴晒。

所有蜂产品在储存和运输时均不得与有毒、有害、有腐蚀性、有异味、易挥发、有辐射性以及可能产生污染的物品混放，运输过程中应清洁干净，发运前需对包装箱进行检查，转运过程中避免高温、日晒和雨淋。具体内容参照《蜂蜜（GH/T 18796—2012）》《蜂王浆（GB 9697—2008）》《蜂花粉（GH/T 1014—1999）》以及《蜂胶（GB/T 24283—2018）》等标准执行。

三、水产品收储运环节质量安全控制

（一）收获

水产品收获前，应当确认所有用药的养殖单元已过休药期，收获过程严禁使用药物方法进行捕捞。贝类产品采收前，应进行贝毒（尤其是麻痹性和腹泻性贝毒）检测，并严格遵守禁采规定。

对预期用于生食或半生食消费的水产品，应严格控制病原体。对于源自生活污水的病原体，当贝类产区被划为二类生产区时，贝类产品可直接上市，但必须标明不可用于生食；当被划为三类生产区时，用于直接上市销售的贝类产品，养殖企业必须在采收环节对大肠杆菌进行检测，不合格（大肠杆菌>46 000MPN）时，应进行暂养或净化，直到再次检测合格。而对于用作加工原料的贝类产品，养殖企业可以采收，但应按规定在盛装贝类的容器上加贴完整信息标签后再运往加工企业。当贝类产地不在政府划型范围内时，企业也应按照三类生产区的上述要求对采收环节进行控制。

对于海水中自然存在的病原体，当产品预期非生食时，可不予控制。但当产品预期用于生食时，应了解过去 3 年中当地海域生产的贝类产品有无引发与这些病原体相关的病例。如果有，在采收前应就副溶血性弧菌的总量请专业部门进行检测，如含量高到足以致病时，应暂停采收或改变预期用途，不得用于生食。

（二）储存和运输

储存和运输水产品的器具或设备必须卫生，在装运前，进行过全面消毒。储存和运输过程温度或时间应控制得当。特别是贝类产品，应严格控制从采收到消费之间的时间和储存温度。

水产品运输过程中，尽可能采用物理保活运输技术，如活鱼运输车（机）、分级梯度降温充氧、加水加冰充氧、冰温技术、低温休眠和饥饿等。应尽量避免使用化学方法进行保鲜或保活。如必须使用保鲜剂，应遵守国家有关食品添加剂的相关规定。不得不使用药物麻醉时，应尽可能使用安全的物质做麻醉剂，如二氧化碳（CO_2）、乙醇等，禁止使用安眠酮。

第三章　检验检测

农产品质量安全检验检测是开展农产品质量安全监管的重要技术支撑，是保障人民群众“舌尖上的安全”的重要把关手段。加强农产品质检体系建设，不断提高农产品检验检测技术水平，对于提高农业部门公共服务能力，依法履行农产品市场秩序监管职责，保障农业产业安全和农产品消费安全具有重要意义。对于农业生产经营主体和基层农产品质量安全监督管理者来说，一方面，影响农产品质量安全的因素存在于农产品种植养殖过程各个环节，如农（兽、渔）药与化肥的不当使用、采收贮运中可能导致霉变或微生物污染的不当操作、加工贮运中不当或非法添加等；另一方面，衡量农产品质量安全的是质量标准，包括法定的感官指标和质量检验检测参数。因此，了解、掌握及正确使用农产品质量检测检验方法，以最大限度地降低生产过程中对农产品质量安全的危害就十分必要。

农产品质量安全检验检测是使用先进的仪器设备，依据科学的检测方法，遵循规范的操作流程对农产品生产（包括农业生态环境、农业投入品）和农产品质量安全实施科学公正的检测、监测、鉴定、评价。通过对农产品品种、品质的监测，进一步摸清我国优势农产品的品种、品质及种养殖资源条件，促进传统生产方式的改变，科学引导各地发挥优势，加快优质农产品认证步伐，促进名特优新农产品的生产，实现优质优价，使我国农业产业的竞争力得到进一步增强；通过对农业生产过程的监控，促进农（兽、渔）药、化肥、饲料及添加剂等农业投入品的合理使用，提高其使用效能，减少其对生态环境的污染，并确保主要农产品的农兽药残留量和污染物指标符合国家标准和国际标准要求，促进农产品质量安全水平稳步提升；通过对农业生产环境的监测，防止工业污染和生活垃圾对农田环境的破坏，保障耕地、水体及气候条件符合安全生产的需要，做到资源开发与生态环境保护并重。

改革开放以来，我国农产品质量安全检验检测体系建设稳步发展，农产品质检机构硬件设施条件大幅改善，检测能力显著提高，一个以农业农村部部级农产品质检中心为龙头、省级农产品质检中心为主体、地市级农产品质检中心为骨干、县级农产品质检站（所）为基础、乡镇（生产基地、批发市场）速测实验室为补充的全国农产品质量安全检验检测体系基本构建形成。各级农产品质检机构主要承担政府农产品质量安全监控计划实施、风险监测、风险评估、监督抽查检测、标准制修订、标准化生产控制技术推广等公共服务职能，依法独立行使检测职能，科学公正出具检测报告，积极为各级政府有效履行属地监管职责，加强农产品质量安全监管，严格执法监督发挥支撑作用，为当地农产品生产企业、种养大户、家庭农场、农民合作社提供农产品质量安全技术服务。各级质检机构功能各有侧重、相互衔接，对于县级农产品质检机构来说，主要承担本区域内农产品质量安全日常性检测、巡查调查、配合上级抽样，以及对乡镇监管站、生产基地和生产者技术指导和咨询服务等工作；乡镇检测室、生产基地、批发市场自检室主要开展快速检测业务。

农产品检验检测从危害农产品质量安全的几大因素开展监控，包括重金属污染、药物（农药、兽药、渔药）残留、致病性微生物污染、生物毒素污染、非法添加物及添加剂滥用污染等。从污染的途径考虑，大体上可以分为物理性污染、化学性污染、生物性污染和本底性污染 4 种类型。物理性污染是指由物理性因素对农产品质量安全产生的危害，是由于在农产品收获或加工过程中操作不规范，在农产品中混入有毒有害杂质，导致农产品受到污染，该污染可以通过规范操作和加强监管等手段加以预防。化学性污染是指使用禁用农药，过量、过频使用农药、兽药、渔药、添加剂等造成的有毒有害物质残留污染。该污染可以通过标准化生产以及严厉打击各种违规违法行为进行控制。生物性污染是指自然界中各类生物性因子对农产品质量安全产生的危害，如致病性细菌、病毒以及毒素污染等。生物性危害具有较大的不确定性，控制难度大，有些可以通过预防控制，而大多数则需要通过采取综合治理措施。本底性污染是指农产品产地环境中的污染物对农产品质量安全产生的危害。主要包括产地环境中水、土、气中的重金属超标等。本底性污染治理难度最大，需要通过净化产地环境或调整种养品种等措施加以解决。因此，农产品安全检测也从这几个方面进行，包括农产品中农药、兽药、渔药等残留量检测；环境污染物重金属等有害物质的残留量检测；致病性微生物的检测；生物毒素的检测；饲料添加剂、植物生长调节剂、动物激素等化学物质的检测。

目前，社会公众集中关注、疑惑较多的主要在于药物残留、重金属污染、添加剂非法滥用等几方面。不同类别的农业生产经营主体可有针对性地了解掌握解决不同的农产品污染情况，例如蔬菜种植园区可重点关注高毒高残留有机磷农药残留问题，水果种植园区可重点关注农药残留和生长激素滥用问题，茶叶种植园区可重点关注农药残留和重金属超标问题，畜禽养殖园区可重点关注兽药残留和动物疫病问题，水产养殖园区可重点关注药物残留和贝类产品生物毒素污染问题。有条件的农业生产经营主体（或者委托有能力的检测机构）应在产前、产中和产后，对产地环境（水、土和大气）进行检测评估，产前主要评估是否是适合种植/养殖计划的品种，产中和产后主要评估生产经营过程中造成的环境改变，以便进行适当的土壤修复和治理，以最大限度地降低农产品中各类风险因子的危害。

第一节　农产品检测实验室的建立

农产品检测机构建立涉及实验室环境条件、技术人员、仪器设备、管理措施等各个方面。其中，实验设备是基础，人员管理是关键，标准操作是重点，管理体系是保障。

一、实验室的建立

（一）环境条件

实验室是人员和仪器设备共同工作的场所，会用到大量的有毒有害试剂，会对实验室人员、仪器甚至周围环境造成不利的影响，所以建立检测室的原则就是要做到对人员的保护、对仪器设备的保护和对周围环境的保护。

按照实验室的要求设计，合理布局，统一规划，结合各单位具体情况，提前设计好结构布局、设备摆放。

检测工作对用电负荷、通风净化、温湿度控制、人员防护、消防安全等方面有要求，还要防止气流、电磁干扰等方面的影响。

农产品检测过程中因消化、烘干、通风、净化等方面的要求而用电功率较大，因此应在电力配置时足量配置到位。

因使用有毒化学物品较多而对通风要求更高，检测室通风要做到有足够的排风设施，排风彻底，有机、无机分离，检测室最好是独立建筑或位于多层建筑的顶部最好，这样在实验室的通风设计和使用时会节约大量的资源和能源，并且通风效果较好。有条件的地方在排风口应添加环保设备，以使实验室排出的有毒有害气体满足环保要求。

有些仪器设备对温度、湿度适用范围有要求，因此检测室要有控温控湿设施。

天平测量要求气流稳定、无振动，所以要考虑隔离缓冲等要求。

实验室消防应满足普通消防要求，配备消防喷淋、消防沙和固体灭火器等。

一些色谱检测仪器需要配备独立的供气管路，气路应以铜管为主，美观、实用、安全。

分析仪器为防止电磁干扰和使用安全还要求有良好的地线。

检测室还应注重对人员的防护，要设置必要的防护措施，如紧急洗眼器、紧急喷淋装置、紧急照明报警设施、消毒盥洗设施等，并且要置于最方便、最显眼的位置，确保随时可以使用。

（二）技术人员

从事农产品质量检测的人员应具有农学、园艺、植保、畜牧、兽医、动物营养、食品卫生、发酵、水产养殖、仪器分析与维护、食品分析与检测技术、食品卫生检验技术等方面专业知识，学历要求中专以上，具有能胜任该项工作的技能和经验，经培训考核合格方可上岗。技术人员要有明确分工，并制定相应的岗位职责。技术人员要明确所采用的检测方法的原理和每一步骤处理的目的和重要性；熟悉检测仪器的性能、操作规程、日常维护和一般故障的排除；熟练掌握检测所用标准方法的操作步骤；如实、及时、准确填写检测记录；掌握一定的安全防护知识。

（三）仪器设备

农产品检测涉及的检测项目很多，除常规实验室所需的玻璃器皿、称量器具、干燥设备、洗涤设备外，还需根据各自检测项目的不同配备样本采集设备、样本预处理设备、检测分析仪器、样本存贮设备等。

1. 样本预处理设备

包括组织捣碎机、匀浆器、粉碎机、水浴锅、振荡器、离心机、真空泵、旋转蒸发器、氮吹仪、干燥箱、纯水机等。

2. 检测分析仪器

（1）品质检测室。检测项目包括水分、含盐量、含糖量、蛋白含量、脂肪含量、纤维含量、维生素含量、酸度等，如果采用化学法分析，只需配置最简单的烘箱、水浴锅、电炉、搅拌器、粉碎机、pH 计等设备即可。当然，对应的检测项目也有对应的专用仪器可供选购，例如：水分测定仪、凯氏定氮仪、快速脂肪测定仪、糖度计、黏度计、脂肪酸分析仪。此外，也有一些通用的仪器，可根据需要配置，如：紫外/可见分光光度计、近红外分析仪、自动滴定仪等。

（2）残留分析检测室。包括用于定量检测的气相色谱仪、液相色谱仪、气相色谱-谱联用仪、液相色谱-质谱联用仪、微波消解仪、原子吸收仪、原子荧光仪等。

（3）微生物检测室。包括超净台、培养箱、高压灭菌锅、电炉、显微镜、离心机、恒温水浴箱、pH 计、菌落计数器、生物安全柜等。

3. 样本存贮设备

包括样品架、样品柜、冰箱、超低温冰箱等。

（四）管理制度

实验室应制定相应的规章制度以保证检测的有序进行。管理制度一般应包括如下几个方面的内容：

（1）检验人员岗位职责。如系统掌握检验方法和依据的标准，具备仪器设备的简单维护保养技能等。

（2）实验室安全管理。如对水、电、气、消防器材的安全使用规定，对穿戴工作服、防护用具的要求等。

（3）仪器设备使用管理。如建立仪器档案，设专人保管，定期维护保养、检查、校准，不得私自外借等。

（4）试剂药品使用规定。如摆放有秩序、领用有记录、使用有规程等。

（5）危险品管理规定。如按要求存放、领用、保管等措施。

（6）实验室环境卫生要求。环境温湿度控制要求、操作台面、物品摆放卫生要求等。

有关实验室建设的具体要求，可参照《农产品质量安全检测机构考核办法》（农业部令第 7 号）、《兽医实验室生物安全要求通则（NY/T 1948—2010）》制定。

二、简易快速检测室的建立

如果只进行一些快速检测项目，实验室设立除了必要的制度管理要求外，硬件设施的要求相对简单。一般可以设立两个功能区，一个为样品前处理区，主要实施药残、添加剂等项目检测过程中的样品制备、粉碎、提取、净化等步骤；另一个作样品测试区，主要实施药残、添加剂等项目检测过程中的测试步骤。

办公家具配置方面，一般要求有实验边台作为操作台面，试剂柜用于存放固体试剂，样品柜用于存放样品，还需要有冰箱（带冷冻功能）用于存放样品和试剂。

检测设备根据本单位实际检测项目不同按需选购，各种仪器功能如下：

（1）酶标仪。用于兽药、真菌毒素检测。

（2）农残、兽残快速检测仪。用于农残、兽残检测。

（3）前处理设备。包括移液器、电子天平、离心机、振荡器、绞肉机、粉碎机、电热恒温水浴锅等。

（4）快速检测试剂盒。包括盐酸克伦特罗检测试剂盒、莱克多巴胺检测试剂盒、沙丁胺醇检测试剂盒、呋喃类代谢物检测试剂盒、孔雀石绿检测试剂盒、氯霉素检测试剂盒等。

第二节 样本采集与处理

样本采集是分析工作的重要环节。从大量的分析对象中抽取有代表性的一部分样品作为分析材料，此过程称为采样。同一种类的农产品成品或原料，由于品种、产地、成熟期、加工和贮藏条件不同，其成分及含量也可能有较大差异。同一分析对象，不同部位的成分和含量也可能有较大差异。从大量的、成分不均匀的所含成分不一致的被检物质中采集能代表全部被检物质的分析样品，必须采用科学的采样技术，以防止成分的逸散和被污染的情况，均衡地采集有代表性的样品，否则，即使后期检测等环节非常精密、准确，其检测结果也毫无价值。

一、采样的基本原则

（一）采样要有代表性

采集地样品要均匀，能反映全部被检食品的组成、质量和卫生状况。采样过程中要设法保持原有的理化指标，防止成分的逸散或混入杂质。

（二）采样要有适时性

农产品生产具有季节性和周期性，一些被检物质也会随时间变化而发生改变，因而采样和送检的时间很重要。

（三）采样要适量

要根据检验项目和目的，遵照相关采样规范的规定确定采样数量。

二、采样基本要求

（一）采样前应制定采样方案

根据样品需要准备好手柄铲、剪刀、取样扦、取样器、搅拌器、取样瓶、样品袋、保温箱、标签、封条等工具，并确保这些工具干燥、无异味，不会对样品造成污染。

（二）采样要由专业技术人员进行

采样人员不少于 2 人，采样人员应经过专门的培训，具备相应资质。

（三）采样地点

一般为超市、农贸市场、批发市场、生产地。

（四）采样过程要做好记录

采样过程中要及时准确地记录相关采样信息。

三、采样的方法

（一）种植业产品的采集

1. 抽样时间

一般应在产品成熟或上市前进行。生产地抽样一般选在 9：00—11：00 或 13：00—15：00，雨后不宜抽样。

2. 抽样量

根据具体检测情况确定样品量。一般每个样本量不少于 3kg，单个个体超过 500g 的不少于 5 个个体。

3. 抽样方法

生产地取样：生产地面积小于 $10hm^2$ 时，每 $1\sim3hm^2$ 设为一个抽样单元；生产地面积大于 $10hm^2$ 时，每 $3\sim5hm^2$ 设为一个抽样单元。每个抽样单元根据实际情况按对角线法、梅花点法、棋盘式法、蛇形法等方法随机抽取样品，每单元抽样点不少于 5 点，每个抽样点面积 $1m^2$ 左右。

批发市场采样：散装样品视堆垛高度从上、中、下分层采样；包装样品可按堆垛采样或甩箱采样。

超市和农贸市场采样：同一品种样品应从同一摊位抽取。

（二）土壤样品的采集

1. 采样布点方法

大田种植区：产地面积2 000hm^{2}以内布设3~5个采样点；面积在2 000 hm^{2}以上，每增加1 000hm^2，增加1个采样点。

蔬菜露地种植区：产地面积200hm^{2}以内布设3~5个采样点；面积在200hm^{2}以上每增加100hm^2，增加1个采样点。

设施种植业区：产地面积100hm^{2}以内布设3个采样点；面积100~300hm^{2}布设5个采样点，面积在300hm^{2}以上每增加100hm^2，增加1个采样点。

食用菌种植区：根据品种和组成不同，每种基质采集不少于3个样本。

淡水养殖区：不少于3个（底泥）采样点。

2. 采样方法

土壤样品一般采集多点混合样品。混合样应为3个及以上不同位置处采集的，数量不低于1kg。

根据不同的作物生长年限，采集不同的耕作层。一年生作物采集0~20cm土层，多年生作物采集0~40cm土层，底泥采集0~20cm土层。

土壤样品采集应注意不使用铁锹、铁铲等含有金属元素的器皿，避免土壤样品受到重金属污染。

更为详细的土壤采样方法可参考《农田土壤环境质量监测技术规范（NY/T 395—2012）》和《绿色食品 产地环境质量（NY/T 391—2013）》。

（三）水样采集

1. 采样布点方法

种植业（包括食用菌）、加工业、集中养殖及近海渔业等，对于同一水源（系），水质相对均匀、稳定的可根据其规模，布点1~3个。水源（系）不同时，可依次叠加。对水质稳定性较差地区或对水质要求较高的作物，可根据实际情况增加采样点数。以天然降雨为灌溉水的地区、深海渔业养殖区可免测。

2. 采样方法

采样器应采用聚乙烯塑料水桶、有机玻璃采水器等，以减少对被测物质的干扰。

一般采集瞬时样时，注意不要搅动底部沉积物，应先用水样洗涤取样器皿和塞子 2~3 次。

实际采样量为检测用量的 3~5 倍。一般采集2 000ml 即可达到要求。

更为详细的水样采样方法可参考《农用水源环境质量监测技术规范（NY/T 396—2000）》和《绿色食品　产地环境质量（NY/T 391—2013）》。

（四）空气采集

空气样品采集因为需要大气采样器等专业的采集设备，采集空气样品时基层人员可配合采样工作，具体的采样要求可参考《农区环境空气质量监测技术规范（NY/T 397—2000）》和《绿色食品　产地环境质量（NY/T 391—2013）》。

四、样本的封存和运输

样本应用样品袋封存，贴好标签，随抽样单一起 24 小时内送往实验室检测。新鲜样品短期贮存可在冷藏条件下存放 2~3 天，长期存放需在-20℃低温冰箱中冷冻保存。样品在运输过程中避免受污染、变质受损。

具体的采样规范可查阅相关采样国家标准或行业标准，如《农药残留分析样本的采样方法（NY/T 789—2004）》《动物及动物产品兽药残留监控抽样规范(NY/T 1897—2010）》《水产品抽样规范(GB/T 30891—2014）》《饲料　采样（GB/T 14699. 1—2005）》《肉与肉制品　取样方法（GB/T 9695. 19—2008）》《蔬菜农药残留检测抽样规范（NY/T 762—2004）》《花生黄曲霉毒素检测抽样技术规程（NY/T 3106—2017）》。

第三节　农产品检验检测方法

农产品检验检测方法根据检测的性质不同可以分为快速检测和确证检测。快速检测是指采用简单的仪器和方法对农产品质量进行的一般性检测，具有成本低、易操作、快速简便的特点，但是分辨率低，易出现误判，检测范围窄，一般用来现场检测。确证检测也称实验室定量检测，是指使用大型分析仪器按照相对复杂的检测方法对农产品质量进行的检测分析，特点是分辨率高、检测种类多、定量准确，但对仪器设备和操作人员都有较高的专业要求。

一、样本的预处理

无论是快速检测还是确证检测，都需要先对样品进行前期处理。检测的要求不同，样品的处理过程也不相同。样本的预处理指的是样本分析测定前的一系列准备工作，包括样本的整理、清洗、匀化、缩分、粉碎、匀浆、提取、净化、浓缩、衍生化等一系列过程，有时为方便将样本的整理、清洗、匀化、缩分等步骤称为样本的制备，而将粉碎、匀浆、消化、提取、净化、浓缩等步骤称为样本前处理。

原始样本数量较大时，往往需要采用一定的方式进行取舍，一般采用四分法。具体做法是将采得的原始样本置于一大而洁净的平面上，用洁净的器具充分搅拌均匀后堆成一圆锥形，将锥顶压平，使厚度为 3cm 左右，然后等分 4 份，弃去对角线两份，将剩下的两份按上法再进行混合，分 4 份，重复上述操作直到剩余量为所需样本量为止。

经过缩分的样本，初步制备后，进行前处理。前处理一般有 4 个步骤。

（一）粉碎

用绞肉机、磨粉机、粉碎机等将大块或颗粒状的动植物样本细化的过程，目的是增大样本表面积，有利于待测组分的提取。

（二）提取

使待测组分与样品分离的过程。提取的方法很多，常用的是静置法、匀浆法、振荡提取法、索氏提取法等。近年来超临界流体萃取仪、超声波辅助提取等新科技方法也有很大发展。

（三）净化

经过提取的待测组分，提取物中通常含有与该组分结构相似的杂质，将杂质分离的过程，称为净化。净化是关系到检测结果真实性及检测方法可靠性的关键步骤。净化方法也有很多，目前最常用的是固相萃取法、液-液分配法。

（四）浓缩

由于净化过程而引入的溶剂，可能会降低待测组分的浓度或不适合直接进样检测，需要除去部分或全部溶剂，此过程称为浓缩或富集。浓缩用到的仪器设备主要有旋转蒸发器或氮吹仪。

二、农产品快速检测技术

快速检测具有快速抽样、快速出具结果的优点，能够满足食品生产经营者和监管部门快速发现问题并及时控制风险的要求。与实验室检验相比，快速检测的设施设备、样品运输和保存的成本比较低，能够克服基层检验检测能力和财政经费不足的难题；携带运输方便，技术操作要求简单，便于及时发现问题，迅速采取控制措施，可以实现监管执法和技术支撑的有效结合。同时，由于食用农产品种养殖区域范围分散、鲜活食用农产品销售周期短，利润较低，难以承受实验室检验的时间和检验费用成本，因此快速检测产品已得到广泛应用，快速检测技术已是进行风险控制和监督管理的有效手段，成为实验室仪器检测方法的有效补充。

我国现行的两部关于食品安全的法律《农产品质量安全法》和《食品安全法》中均提出，在农产品质量安全监督抽查、食品安全监管中可使用国家认定的快速检测方法。需要注意的是，部分市售国产农、兽药残留快速检测产品还存在稳定性差、准确性不足、最低检测限与其自身标识不符、质量参差不齐等问题。《农产品质量安全法》规定，被抽查人对检测结果有异议的，申请复检时，复检不得采取快速检测法。

（一）农药残留快速检测技术

农药残留快速检测技术通常是指利用酶抑制原理检测有机磷和氨基甲酸酯类农药的一种现场检测方法。目前我国国家标准推荐的农残快速分析方法是《蔬菜中有机磷和氨基甲酸酯类农药残留量的快速检测（GB/T 5009.199—2003）》和《蔬菜中有机磷和氨基甲酸酯类农药残留快速检测方法（NY/T 448—2001）》。

1. 检测原理

在一定条件下，有机磷和氨基甲酸酯类农药对胆碱酯酶正常功能有抑制作用，其抑制率与农药的浓度呈正相关。正常情况下，酶催化神经传导代谢产物（乙酰胆碱）水解，其水解产物与显色剂反应，产生黄色物质，用分光光度计测定412nm下吸光度随时间的变化值，计算出抑制率，通过抑制率可以判断出样品中是否含有有机磷或氨基甲酸酯类农药的残留，可以实现有机磷及氨基甲酸酯类农药残留量的现场快速检测。

2. 适用范围

本方法只适用于蔬菜中有机磷和氨基甲酸酯类农药残留量的快速检测。

不能用于有机氯、拟除虫菊酯及除草剂等类型的农药残留检测。

3. 简要检测过程

（1）样品处理。选取有代表性的蔬菜样品，剪成1cm左右见方碎片，取样品1g，放入烧杯中，加入5ml缓冲溶液，振荡1~2min，用移液器吸出上清液，静置3~5min，待用。

（2）空白对照。于试管中加入2.5ml缓冲溶液，再加入0.1ml酶液、0.1ml显色剂，摇匀后置于37℃水浴锅放置15min以上（每批样品的控制时间应一致）。而后加入0.1ml底物摇匀，此时检液开始显色反应，应立即放入仪器比色池中，记录3min反应时间的吸光度变化值。

（3）测试样品。于试管中加入2.5ml样品提取液，其他操作与空白对照相同，记录3min反应时间的吸光度变化值。

（4）结果判定。结果以抑制率表示。当抑制率≥50%时，表示蔬菜中有高剂量有机磷或氨基甲酸酯类农药存在，样品为阳性结果。对于结果为阳性的样品，可采用其他方法（气相色谱法）进一步确认农药的品种和含量。

4. 注意事项

（1）当温度低于37℃时，酶反应速度放慢，加入酶液和显色剂后反应时间应该延长。此时，空白对照测试吸光度变化值>0.3时方可进行下一步操作。

（2）使用前检查酶活性（3min吸光度变化值>0.3），酶反复解冻、室内温度太低均会影响酶活性。

（3）样品检测放置时间与空白的时间应一致。

（4）丁酰胆碱酯酶对乐果、甲基对硫磷、毒死蜱、二嗪磷等农药不太灵敏，会影响检测结果。

（二）兽药残留快速检测技术

目前，酶联免疫法和胶体金免疫层析法在兽药残留快速检测方法里应用较为成熟且已具有大量商品化产品。为加强兽药残留检测试剂（盒）的管理，规范商品化快速检测产品的使用，2005年，农业部率先启动实施兽药残留检测试剂（盒）备案管理工作。购买和使用兽药残留检测试剂（盒）时，首先要先查明购买的产品是否在兽药残留检测试剂盒目录里备案。

1. 酶联免疫吸附法（ELISA）检测原理

利用酶标记抗原或抗体以检测相应抗原或抗体的一种免疫学标记技术。其基本原理是使抗原或抗体结合到某种固相载体表面，并保持其免疫活性，而相对应的抗体或抗原与某种酶连接成酶标抗体或抗原，酶标抗体或抗原既保留了免疫活性可以与固相载体表面的抗原或抗体结合，又保留了酶活性能够以酶为检测信号，加入酶反应的底物后，底物被酶催化为有色产物，产物的量与受检抗体或抗原的量成比例，故可根据颜色深浅来定性或定量分析。

2. 胶体金免疫层析法检测原理

免疫胶体金标记技术是以胶体金作为示踪标志物，应用于抗原抗体反应中的一种新型免疫标记技术。胶体金是由氯金酸水溶液在还原剂作用下，聚合成特定大小的金颗粒，颗粒之间因静电作用形成一种稳定的胶体状态，也称金溶胶。胶体金由于具有胶体稳定性、蛋白质强吸附性和高电子密度等特性，在金标蛋白结合处，在显微镜下可见黑褐色颗粒，当这些标记物在相应的配体处大量聚集时，肉眼可见红色或粉红色斑点，因而可用于定性或半定量的快速免疫检测方法中。

3. 适用范围

适用于抗生素类药物残留检测、磺胺类药物残留检测、呋喃类药物残留检测、β-兴奋剂（瘦肉精）残留检测等。

4. 使用方法

以检测动物尿液中的莱克多巴胺为例。

（1）取尿液直接测试，若尿液浑浊，则需要先离心，再取上清液进行测试（尿液必须收集在洁净、干燥、不含有任何防腐剂的塑料尿杯或玻璃容器内）。

（2）将未开封的试纸卡和检测样品恢复至室温。

（3）将试纸卡水平放置，用滴管向试卡孔缓慢逐滴加入 3 滴不含气泡的检测液。

（4）5min 判断结果，30min 后的结果仅作参考。

值得注意的是：测试区（T）内的紫红色条带可显现出颜色深浅的现象。但是，在规定的观察时间内，不论该色带颜色深浅，即使只有非常弱的色带也应判定为阴性结果。此快速检测试纸为一次性产品，不得重复使用，应在试纸启封后 1h 内使用。此试纸不需要放入冰箱冷藏，室温保存即可。检测时请勿使用自来水、纯化水及蒸馏水作为阴性对照。使用此试剂的快速检测为筛选方法，任何可疑及阳性结果请用其他方法（气相色谱-质谱法）做进一步确认。

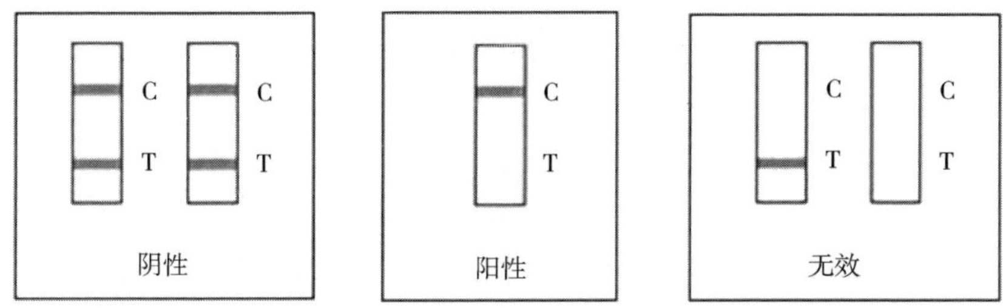

阴性（-）：两条紫红色条带出现。一条位于测试区（T）内，另一条位于质控区（C）内。

阳性（+）：仅质控区（C）出现一条紫红色条带。在测试区（T）内无紫红色条带出现。

无效：质控区（C）未出现紫红色条带，提示测试失败或试纸已失效。

（三）水产品中禁用药物快速检测技术

农业农村部组织开展水产品中禁用药物残留快速检测产品推荐和初审工作，针对水产品中违禁药物孔雀石绿及硝基呋喃类代谢物残留的快检产品进行现场验证，并将验证结果在农业农村部官方网站上公布，可作为各地在选用相关产品时的参考。

1. 检测原理

基于胶体金免疫层析技术。检测时，样品中的待测物质（孔雀石绿或硝基呋喃类代谢物）在流动过程中与胶体金标记的特异性抗体结合，抑制了抗体与固相载体膜上的待测物-BSA偶联物的结合，如果样品中的待测物含量大于灵敏度，检测线在规定时间内不显颜色，结果为阳性，反之，检测线显红色色带，结果为阴性。无论检测液中待测物浓度高低，C线均显红色色带。

2. 使用范围

用于快速筛查鱼肉、虾肉、鸡肉、猪肉中的孔雀石绿和呋喃唑酮代谢物。

三、农产品定量检测技术

农产品定量检测技术需要用到的大型检测仪器很多，操作技术也相对复杂，对操作人员的专业素质要求很高，对基层检测室来说，配备这些仪器设备和相应的技术人员有一定的难度，本节内容可做简单了解，有检测需求的可将样品送到有资质的省、市大型检测机构做相关检测。

（一）农、兽药残留检测

用于农、兽药残留量检测的方法很多，这些方法有的灵敏度不高，如分光光度法、薄层层析法、生物测定法；有的需要特殊的设备，如同位素标记法；有的需要昂贵的仪器，如质谱法、核磁共振波谱法等。目前采用最普遍的方法是气相色谱法、液相色谱法和色谱质谱联用法。它们具有简便、快速、灵敏以及稳定性和重现性好、线性范围宽、耗资低的优点。

1. 仪器设备

包括气相色谱仪（配备电子捕获检测器 ECD、火焰光度检测器 FPD、氮磷检测器 NPD）、液相色谱仪（配备紫外吸收检测器 UV、荧光检测器 FD）、气相-质谱联用仪、液相-质谱联用仪。

2. 试剂耗材

主要是有机试剂，如丙酮、乙腈、甲醇、正己烷等。

3. 检测的种类

范围非常广泛，农药检测包括有机磷、有机氯、拟除虫菊酯和氨基甲酸酯类杀虫剂、多菌灵、吡虫啉等杀菌剂、乙烯利等生长调节剂、乙草胺、百草枯等除草剂等；兽药检测包括金霉素、土霉素、磺胺类、硝基呋喃类等抗生素，盐酸克伦特罗、莱克多巴胺等激动剂等。

4. 方法依据

包括《蔬菜和水果中有机磷、有机氯、拟除虫菊酯和氨基甲酸酯类农药多残留的测定（NY/T 761—2008）》《食品安全国家标准　水果和蔬菜中阿维菌素残留量的测定　液相色谱法（GB 23200.19—2016）》《食品安全国家标准　水果和蔬菜中乙烯利残留量的测定　气相色谱法（GB 23200.16—2016）》《动物源性食品中氯霉素类药物残留量测定（GB/T 22338—2008）》《动物源性食品中四环素类兽药残留量检测方法　液相色谱-质谱/质谱法与高效液相色谱法（GB/T 21317—2007）》《动物源性食品中 14 种喹诺酮药物残留检测方法　液相色谱-质谱/质谱法（GB/T 21312—2007）》等。

（二）重金属残留检测

1. 常用方法

（1）原子吸收光谱法（AAS）。通过自由基态原子共振吸收特征辐射光，并由所测辐射光的吸光程度求得被测样品中待测元素的含量。

（2）紫外可见分光光度法（UV）。显色剂与待测重金属发生络合反应，生成有色分子团，产生有色分析液，在特定波长下，通过分析液颜色深浅比色检测得到对应元素含量。

（3）原子荧光法（AFS）。通过测量待测元素的原子蒸气在特定频率辐射能激发下所产生的荧光发射强度，以此来测定待测元素含量。原子荧光光谱法虽是一种发射光谱法，但它和原子吸收光谱法密切相关，兼有原子发射和原子吸收两种分析方法的优点，又克服了两种方法的不足。原子荧光光谱具有发射谱线简单、灵敏度高于原子吸收光谱法、线性范围较宽、干扰少的特点，能够进行多元素同时测定。

（4）X 射线荧光光谱法（XRF）。利用待测样品对 X 射线的吸收情况获得对应元素含量。

（5）电感耦合等离子体质谱法（ICP-MS）。具有线性范围广、分析速度快、灵敏度高等优点，可给出相关同位素的信息，并能进行同位素的示踪研究。

2. 仪器设备

主要有原子吸收分光光度计、原子荧光光度计、紫外可见光光度计等。

3. 检测种类

包括铅、铬、镉、汞、铜、锌、锰、硒等。

4. 方法依据

包括《食品安全国家标准　食品中总砷及无机砷的测定（GB 5009.11—2014）》《食品安全国家标准　食品中铅的测定（GB 5009.12—2017）》《食品安全国家标准　食品中铜的测定（GB 5009.13—2017）》《食品安全国家标准　食品中镉的测定（GB 5009.15—2014）》《食品安全国家标准　食品中总汞及有机汞的测定（GB 5009.17—2014）》《食品安全国家标准　食品中铬的测定（GB 5009.123—2014）》等。

（三）致病性微生物检测

近年来，致病性微生物污染引起的食品安全事件层出不穷，相较于药物残留，致病性微生物污染更是真正影响健康的、排第一位的问题。应加速完善微生物、致病菌现场、快速检测技术和仪器设备，以应对基层单位的急需。

1. 致病性微生物检验的内容

菌落总数：是判断农产品被污染程度的重要指标。

大肠菌群：因其主要来源于人和牲畜的粪便，所以用来评价农产品及食品的卫生质量。

致病菌：如金黄色葡萄球菌、沙门氏菌和志贺氏菌等。

2. 微生物检测方法

传统的微生物检测，通常采用琼脂平板培养法，共需 2~3 天才能完成。近几年，各国的许多机构和学者都致力于快速检测技术和方法的研究，已改进和开发了一些快速的检测技术和方法，提高了微生物检验的高效性、准确性和可靠性。例如电阻抗法用于霉菌、大肠杆菌等细菌的检测；采用快速酶触反应及代谢产物的检测，测定细菌总数、金黄色葡萄球菌；以及现代的分子生物学技术、免疫学方法、微生物自动检测系统等。

需要注意的是微生物检验要求严格遵守无菌操作规程，从样品采集、运输和保存到样品检测操作，都应在无菌操作下进行，样品采集工具和包装物以及检测设备和药品试剂满足灭菌要求，以防止样品受到外源性污染，减少人为因素带来的干扰。

3. 常用的检测方法

包括《食品安全国家标准　食品微生物学检验　总则（GB 4789.1—2016）》《食品安全国家标准　食品微生物学检验　菌落总数测定（GB 4789.2—2016）》《食品安全国家标准　食品微生物学检验　大肠菌群计数（GB 4789.3—2016）》《食品安全国家标准　食品微生物学检验　沙门氏菌检验（GB 4789.4—2016）》《食品安全国家标准　食品微生物学检验　金黄色葡萄球菌检验（GB 4789.10—2016）》等。

（四）真菌毒素检测

真菌毒素是一类由真菌产生的小分子次级代谢产物。农作物在生长、收获、贮存和运输等环节均易受到真菌毒素污染。现已发现 400 多种真菌毒素，大部分具有致癌、致畸和致突变作用，混合污染时毒性会显著增强。真菌毒素也可通过污染谷物和饲料或经动物源性食品进入食物链，对人类和动物健康造成严重伤害，近年来已成为食品安全领域的研究重点。

1. 涉及的农产品种类和真菌毒素种类

涉及的农产品种类包括谷物及其制品、豆类及其制品、坚果及籽类、动物组织（肝、肾、血及瘦肉）、蜂蜜、茶叶、乳等。

检测的真菌毒素主要有：黄曲霉毒素 B_1、B_2、G_1、G_2，脱氧雪腐镰刀菌烯醇，赭曲霉毒素 A，玉米赤霉烯酮等。

2. 分析检测方法

主要有生物鉴定法、化学分析法（以薄层色谱法为主）、仪器分析法（以高效液相色谱法、气相色谱-质谱联用技术与液相色谱联用技术为主）和免疫分析法（以酶联免疫吸附法最为经典、应用最普遍）等。这些检测方法各有优缺点，生物鉴定法靶标物单一；薄层色谱法、微柱层析法、酶联免疫法、荧光光度法成本低、对设备和检验人员要求不高，但精确度低，属于定性和半定量方法；仪器分析法灵敏度高，可准确定量，但样本前处理复杂、耗时长且检测仪器昂贵，难以在基层实验室推广使用。

3. 可依据的检测标准

包括《食品安全国家标准　食品微生物学检验　常见产毒霉菌的形态学鉴定（GB 4789.16—2016）》《粮油检验　粮食中黄曲霉毒素 B_1、B_2、G_1、G_2 的测定　超高效液相色谱法（LS/T 6128—2017）》《食品安全国家标准　食品中黄曲霉毒素 B 族和 G 族的测定（GB 5009.22—2016）》《食品安全国家标准　食品中脱氧雪腐镰刀菌烯醇及其乙酰化衍生物的测定（GB 5009.111—2016）》《饲料卫生标准（GB 13078—2017）》《饲料中黄曲霉毒素 B_1、B_2、G_1、G_2 的测定　免疫亲和柱净化-高效液相色谱法（GB/T 30955—2014）》等。

（五）添加剂和非法添加物的检测

为严厉打击食品生产经营中违法添加非食用物质、超出规定用量、超出规定范围、使用工业级代替食品级添加剂的滥用食品添加剂以及饲料、水产养殖中使用违禁药物的现象，国家卫生健康委员会、农业农村部等部门根据风险监测和监督检查中发现的问题，在分次分批公布的基础上不断汇总、更新非法使用物质名单，至今已公布 151 种食品和饲料中非法添加名单，包括 47 种可能在食品中“违法添加的非食用物质”、22 种“易滥用食品添加剂”和 82 种“禁止在饲料及动物饮用水和畜禽水产养殖过程中使用的药物和物质”的名单。其中在猪肉、牛羊肉及肝脏使用肾上腺素受体激动剂类（盐酸克伦特罗、莱克多巴胺等），在牛羊肉及肝脏、牛奶等乳制品上使用玉米赤霉醇，在鱼类等水产品上使用孔雀石绿等违禁物的检测已在前文提到，在此不再赘述。

一些非食用物质如苏丹红、三聚氰胺、蛋白精、甲醛的检测方法有《食品中苏丹红染料的检测方法高效液相色谱法（GB/T 19681—2005）》《水产品中甲醛的测定（SC/T 3025—2006）》《原料乳与乳制品中三聚氰胺检测方法（GB/T 22388—2008）》《原料乳中三聚氰胺快速检测　液相色谱法（GB/T 22400—2008）》等。

应该注意的是，各种检测技术标准方法更新较快，要确保使用的检测标准现行有效，需要及时在网站上查新变更。常用的网站有国家标准化管理委员会 http：//www.sac.gov.cn、食品伙伴网 http：//www.foodmate.net 等。

第四章　合格评定

党的十九大作出了我国进入新时代社会主要矛盾转变的重大论断，提出“实施食品安全战略，让人民吃得放心”。对农产品质量安全水平及其生产过程控制能力实施认证评价，是保障农产品质量的重要手段。我国农产品质量合格评定主要有政府主导的产品质量评定、市场主导的质量体系认证和生产主体合格证承诺三种形式。政府主导的无公害农产品、绿色食品认证始于20世纪90年代初，市场主导的良好农业规范（Good Agricultural Practice，GAP）、良好生产规范（Good Manufacturing Practice，GMP）、危害分析及关键控制点（Hazard Analysis and Critical Control Point，HACCP）、ISO22000等质量管理体系认证始于21世纪初，生产主体合格证承诺管理始于2016年。三种不同的合格评定形式，是在不同发展阶段提升农产品质量安全水平的重要举措，为保障绿色优质农产品供给、满足不同消费需求、促进农业增效农民增收发挥了积极作用。

第一节　政府主导型合格评定

确保食品安全是民生工程、民心工程，是各级党委、政府义不容辞之责，也是践行以人民为中心发展理念最现实最直接的体现。为有效解决我国农产品基本质量安全问题，确保广大群众吃得安全放心，经国务院批准，我国先后启动绿色食品和无公害农产品合格评定工作，对于提高农业主体生产与管理水平、从源头上确保农产品质量安全意义重大。

一、无公害农产品

无公害农产品属于农产品范畴，是农产品家族中的一部分。2002年4月，农业部、国家质量监督检验检疫总局第12号部长令公布的《无公害农产品管理办法》第二条规定：无公害农产品是指产地环境、生产过程和产品质量符合国家有关标准和规范的要求，经认定合格的未经加工或者初加工的食用农产品。无公害农产品标志图案由麦穗、对勾和“无公害农产品”字样组成，麦穗代表农产品，对勾表示合格，金色寓意成熟和丰收，绿色象征环保和安全。

无公害农产品标志

（一）无公害农产品产生背景

无公害农产品的产生有其深刻的历史背景和社会基础，是我国农业阶段性发展的客观要求，也是我国经济发展和现代化进程的必然产物。其产生背景主要有以下四个方面。

（1）当时的农产品的质量安全问题相当突出。20 世纪 90 年代，随着农业和农村经济进入新的发展阶段，农产品质量安全问题成为农业发展的主要矛盾之一。由于农药、兽药、渔药、饲料及添加剂等农业投入品的不合理使用，加上农产品的不科学收获、屠宰、捕捉和加工以及工业“三废”和城市生活垃圾的不合理排放等原因，导致农产品生产污染严重，农产品出口因质量安全问题被拒收、扣留、退货、销毁、索赔和中止合同的现象时有发生，许多传统的大宗出口创汇农产品被迫退出国际市场，形势严峻、问题突出。

（2）食用农产品中毒事件频繁发生，特别是蔬菜农药残留的群体性中毒事件和生猪“瘦肉精”污染群体性中毒事件接连发生。20 世纪 90 年代后期，农产品因有毒有害物质超标造成的餐桌污染和引发的中毒事件接连不断，社会反应十分强烈。

（3）人大代表、政协委员高度关注。从 1999 年开始，中央和地方各级两会代表、委员关于治理餐桌污染和加强农产品质量安全管理的建议、提案成倍增长，农产品质量安全问题成为两会代表、委员关注的焦点和热点。

（4）践行“执政为民”重要思想的客观需要。从政府部门来说，保证广大老百姓的菜篮子、米袋子的消费安全，是践行“以人民为中心”执政理念的具体体现。

（二）无公害农产品的发展历程

为适应新时期农业和农村经济结构战略性调整和加入 WTO 需要，全面提高我国农产品质量安全水平和市场竞争力，经国务院批准，农业部于

2001 年 4 月，启动了“无公害食品行动的计划”，并率先在北京、天津、上海、深圳 4 个城市进行试点。2002 年农业部提出《全面推进“无公害食品行动计划”的实施意见》，全国全面开展无公害农产品产地认定和产品认证工作。2003 年 3 月，农业部正式成立了农业部农产品质量安全中心，专门负责无公害农产品认证具体工作。2017 年，农业部对无公害农产品认证工作职能进行了调整，并决定对无公害农产品认证制度进行改革。2018 年 4 月，农业农村部办公厅下发了《关于做好无公害农产品认证制度改革过渡期间有关工作的通知》，中国绿色食品发展中心下发了《关于印发〈无公害农产品认定审核规范〉等制度的通知》，出台了《无公害农产品认定审核规范》等一系列规范、办法和规则，明确将无公害农产品的认定审核、专家评审、颁发证书和证后监管等工作全部权限下放到省工作机构，部工作机构不再负责；将原省工作机构颁发无公害农产品产地认定证书和部工作机构颁发无公害农产品产品认证证书合二为一，实行由省级统一颁发无公害农产品认定证书。多年来，无公害农产品坚持全程质量控制理念，推行标准化生产和可追溯管理要求，在保障农产品质量安全，规范市场秩序、增强消费者信心，提高农业生产和管理水平，树立安全优质农产品形象等方面发挥了重要的作用。

（三）无公害农产品申报要求及程序

1. 申报条件

（1）产品范围。申请无公害农产品认定的产品，必须在《实施无公害农产品认证的产品目录》内。

（2）申请主体资质。无公害农产品认定申请主体应当具备国家相关法律法规规定的资质条件，具有组织管理无公害农产品生产和承担责任追溯的能力（农业生产企业或农民专业合作经济组织）。

（3）生产规模。无公害农产品产地应集中连片、产品相对稳定，并具有一定规模。各地可依据当地的自然条件、生产组织程度以及生产技术条件实际情况自行核定基地规模。自然条件好、生产组织程度高、生产技术条件好的地区，可适当扩大产地规模。

（4）产地环境。农产品生产与产地环境密切相关，良好的产地环境是无公害农产品生产的先决条件和基本保证。产地的合理选择是防止农产品污染、切断环境中有毒有害物质进入食物链的关键措施。生产无公害农产品必须按照农业可持续发展的理念，对产地环境条件进行特别的规定和限制，从而建立起农产品安全生产保证体系。无公害农产品产地应选择在具有良好农业生态环境的区域，达到空气清新、水质清净、土壤未受污染。周围及水源上游或产地上风方向一定范围内应没有对产地环境可能造成污染的污染源，尽量避开工业区和交通要道，并与交通要道保持一定的距离，以防止农业环境遭受工业“三废”、农业废弃物、医疗废弃物、城市垃圾和生活污水等的污染。一般要求，产地周围 3km、上风方向 5km 范围内没有污染企业，蔬菜、茶叶、果品等产地应远离交通主干道 100m 以上。畜禽养殖距居民区 500m 以上。产地生产两种以上农产品且分别申报无公害农产品的，其产地环境条件应同时符合相应的无公害农产品产地环境条件要求。无公害农产品产地环境必须经有资质的检测机构检验，灌溉用水（畜禽饮用、加工用水）、土壤、大气等符合国家无公害农产品生产环境条件要求。

（5）生产过程。

①管理制度。无公害农产品生产主体应有能满足无公害农产品生产的组织管理机构和相应的技术、管理人员，并建立无公害农产品生产管理制度，明确岗位、职责。生产管理制度要上墙公布，并检查落实情况。

②生产规程。无公害农产品的生产过程控制应参照无公害食品相应标准，并结合本产地生产特点，制定详细的无公害农产品生产质量控制措施和生产技术操作规程。产品生产质量控制措施应包括组织措施、技术措施、投入品管理和产地环境保护措施等。

③农业投入品使用。按无公害农产品生产技术规程（规范、准则）要求使用农业投入品（农药、兽药、肥料、饲料、饲料添加剂和生物制剂等），实施农（兽）药停（休）药期制度。严禁使用“三证”不全和国家禁用、淘汰的农业投入品，控制限用农药的适用范围。

④动植物病虫害监测。无公害农产品生产主体应定期开展动植物病虫害监测，并建立动植物病虫害监测报告档案。

⑤生产记录档案。对生产过程及主要措施、产品收获、贮藏、运输、销售等建立档案记录，内容包括品种、规格、使用方式、时间、浓度和停（休）药期。

⑥生产管理培训。严格的内部管理和熟悉质量安全的内检人员，是无公害农产品质量安全最基础的保障。申请单位应当选派人员参加内检员培训，合格获证后方可组织申报。

（6）产品质量。生产的农产品质量必须符合《无公害农产品检测目录》

规定的要求。

2. 申报所需材料

认定申请材料由申请人材料、产地环境和产品质量证明材料、检查员现场检查资料等组成。

（1）申请人材料。

①《无公害农产品认定申请书》；

②资质证明文件复印件；

③产地环境质量现状说明；

④无公害农产品生产和管理技术制度体系文件；

⑤最近生产周期农业投入品使用记录复印件；

⑥专业技术和管理人员资质证明材料；

⑦保证执行无公害农产品标准和规范的声明。

（2）环境和产品质量证明材料。

①《产地环境现状评价报告》；

②《产地环境检验报告》；

③《产品检验报告》；

④《产品抽样单》。

（3）检查员现场检查材料。

①《无公害农产品认定现场检查报告》；

②省级工作机构认定审核报告。

3. 认定流程（申请—受理—现场检查—检测—审核—审批—认定）

（1）申请。申报企业向当地无公害农产品管理工作机构提出申请，并提供所需认定材料；县级农业农村部门在收到材料后应在规定时限内完成初审。符合要求的，出具初审意见，逐级上报到省级农业农村行政主管部门；不符合要求的，应当面通知申请人。省级农业农村行政主管部门收到申请材料后，应组织有资质的检查员对申请材料进行审查，材料符合要求的，在生产周期内，组织两名以上人员完成现场检查（其中至少包含一名具有相关专业资质的无公害农产品检查员）。经现场检查合格的，由申请人委托符合相应资质的检测机构对其申请产品和产地环境进行检测；检测机构接受委托后应及时安排抽样，并出具产地环境监测报告和产品检测报告。省级农业农村行政主管部门在收到产地环境监测报告和产品检测报告后，完成材料审核并组织专家评审，依据评审意见决定是否颁证。

(2) 收费依据及标准。无公害农产品认证工作由政府推动，不收取费用。

(3) 复查换证。无公害农产品认定证书有效期为三年。期满需要继续使用的，应当在有效期届满三个月前提出复查换证书面申请。

4. 农业农村部职能部门联系方式

中国绿色食品发展中心。地址：北京市海淀区学院南路59号；邮编：100081；电话：010-62122266。

二、绿色食品

2012年7月，中华人民共和国农业部第6号部长令公布的《绿色食品标志管理办法》第二条规定：绿色食品是指产自优良生态环境、按照绿色食品标准生产、实行全程质量控制并获得绿色食品标志使用权的安全、优质食用农产品及相关产品。绿色食品作为我国的第一例质量证明商标，经过二十多年的不断实践和发展，其市场影响力和知名度逐渐增强，现已成为我国优质安全农产品精品形象的代表。

绿色食品标志图形由三部分构成，上方的太阳、下方的叶片和中心的蓓蕾，象征自然生态；颜色为绿色，象征着生命、农业、环保；整个图形为正圆形，意为安全和保护。

绿色食品标志图形

(一) 绿色食品产生背景

绿色象征生命活力，食品维系人类健康。绿色食品是我国改革开放和新时期农业农村经济发展的必然产物。20世纪80年代末、90年代初，我国城乡人民生活在解决温饱问题的基础上开始向小康水平迈进，对农产品及加工食品的质量提出了新的要求，农业发展开始实现战略转型，向高产、优质、高效方向发展。同时，农业生态环境问题日益受到社会关注。根据这种形势，1989年，农业部在研究制定农业企业经济和社会发展“八五”规划和2000年设想时，根据农垦系统生态环境、组织管理和技术条件优势，提出开发绿色食品。

(二) 绿色食品发展历程

1991年，绿色食品标志经国家工商行政管理局核准注册，同时农业部向国务院呈报了《关于开发“绿色食品”的情况和几个问题的请示》。国务院对此作出重要批复，明确指出：“开发绿色食品对保护生态环境，提高产品品质量，促进食品工业发展，增进人民健康，增加农产品出口创汇，都具有现实意义和深远影响。要采取措施，坚持不懈地抓好这项开创性工作，各有关部门要给予大力支持”。1992 年，国务院在《关于发展高产优质高效农业的决定》中强调，“对绿色食品等经国家有关部门正式确定的质量标志要严格管理，依法使用和保护”，发展绿色食品由此成为一项国家战略；同年，农业部成立绿色食品办公室，并在国家有关部门的支持下组建了中国绿色食品发展中心，组织开展绿色食品开发和管理工作。1993 年，农业部颁布《绿色食品标志管理办法》，从此，我国绿色食品事业步入了规范有序、持续发展的轨道。2012 年 7 月，农业部对《绿色食品标志管理办法》进行修订，并以部长令形式发布。绿色食品经过 28 年的发展，取得了显著成效，创建了一套特色鲜明的农产品质量安全管理制度，打造了一个安全优质的农产品精品品牌，为推动农业标准化生产，提升农产品质量安全水平，保障绿色优质农产品供给，促进农业增效、农民增收和农业绿色发展发挥了积极作用。

（三）绿色食品标志许可要求

1. 绿色食品申报产品要求

申请使用绿色食品标志的产品，应当符合《中华人民共和国食品安全法》和《中华人民共和国农产品质量安全法》等法律法规规定，在国家工商总局商标局核定的范围内，并具备下列条件：

（1）产品或产品原料产地环境符合绿色食品产地环境质量标准。

（2）农药、肥料、饲料、兽药等投入品使用符合绿色食品投入品使用准则。

（3）产品质量符合绿色食品产品质量标准。

（4）包装贮运符合绿色食品包装贮运标准。

（5）应为现行《绿色食品产品标准适用目录》范围内产品。

2. 绿色食品申请人资质条件

申请使用绿色食品标志的生产单位（简称申请人），应当具备下列条件：

（1）能够独立承担民事责任，其资质应为企业法人、农民专业合作社、个人独资企业、合伙企业、家庭农场等，以及其他国有农场、国有林场和兵团团场等生产单位。

（2）具有稳定的生产基地。

（3）具有绿色食品生产的环境条件和生产技术。

（4）具有完善的质量管理体系，并至少稳定运行一年。

（5）具有与生产规模相适应的生产技术人员和质量控制人员。

（6）申请前三年内无质量安全事故和不良诚信记录。

（7）与绿色食品工作机构或检测机构不存在利益冲突。

3. 申请人需要提交的材料

（1）初次申请需要提交以下材料。

①《绿色食品标志使用申请书》及《调查表》；

②资质证明材料；

③质量控制规范；

④生产技术规程；

⑤基地图（三图）、加工厂平面图、基地清单、农户清单等；

⑥相关合同（协议），购销发票，生产、加工记录；

⑦含有绿色食品标志的包装标签或设计样张（非预包装食品不必提供）；

⑧《环境质量监测报告》《产品检验报告》《产品抽样单》；

⑨按规定提交的其他证明材料。

（2）续展申请需要提交以下材料。

①《绿色食品标志使用申请书》及《调查表》；

②资质证明材料；

③基地图（三图）、加工厂平面图、基地清单、农户清单等；

④相关合同（协议），购销发票，生产、加工记录；

⑤产品预包装设计样张（非预包装食品不必提供）；

⑥上一用标周期购买绿色食品原料使用凭证；

⑦上一用标周期绿色食品证书复印件；

⑧《环境质量监测报告》《产品检验报告》《产品抽样单》；

⑨如续展无变化，可不提供质量控制规范、生产技术规程。

4. 标志许可程序

5. 农业农村部职能部门联系方式

中国绿色食品发展中心。地址：北京市海淀区学院南路 59 号；邮编：100081；电话：010-62122266。

三、农产品地理标志

（一）农产品地理标志概念

《农产品地理标志管理办法》（农业部令 2007 第 11 号）规定，农产品

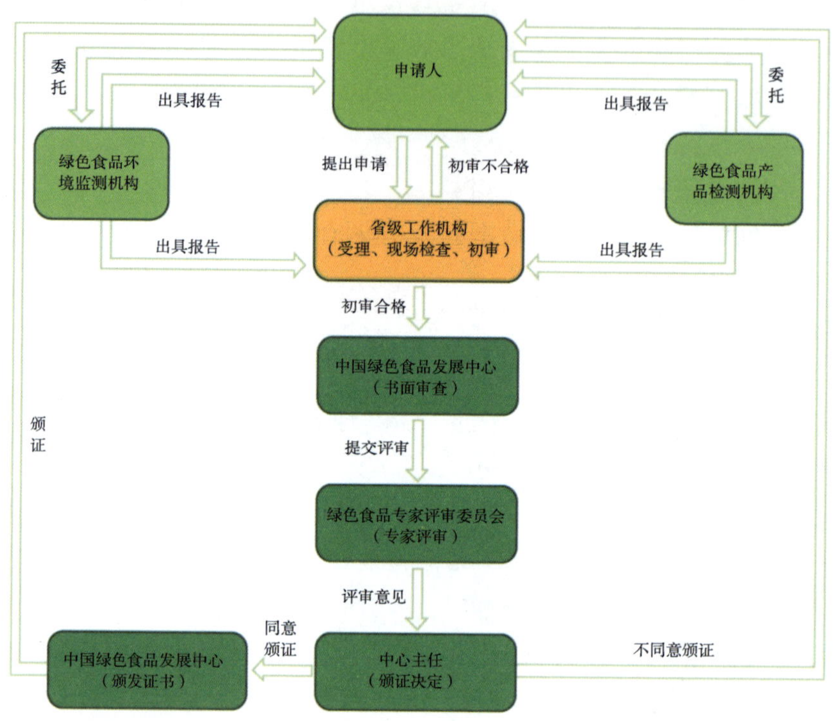

地理标志是指标示农产品来源于特定地域，产品品质和相关特征主要取决于自然生态环境和历史人文因素，并以地域名称冠名的特有农产品标志。国家对农产品地理标志实行登记制度，经登记的农产品地理标志受法律保护。

获得农产品地理标志使用权的主体可以在产品包装和市场营销活动中使用农产品地理标志。农产品地理标志公共标识图案由“中华人民共和国农业部”中英文字样、“农产品地理标志”中英文字样、麦穗、地球、日月等元素构成。公共标识的核心元素为麦穗、地球、日月相互辉映，体现了农业、自然、国际化的内涵。标识的颜色由绿色和橙色组成，绿色象征农业和环保，橙色寓意丰收和成熟。

农产品地理标志图形

（二）农产品地理标志发展历程

农产品地理标志概念起源于1883年《巴黎公约》中的“货源标记”和

“原产地名称”两个基础概念，在20世纪90年代关贸总协定（简称GATT）乌拉圭回合多边贸易谈判中，首次明确了农产品地理标志保护概念，并正式纳入了《与贸易有关的知识产权协议》（简称TRIPs协议），自此，农产品地理标志成为一种知识产权形式广泛存在于当今农产品贸易过程中。

1993年，全国人大审议通过的《中华人民共和国农业法》（2012年修订），正式将农产品地理标志概念进行了法定化。《农业法》第23条规定，国家支持依法建立健全优质农产品认证和标志制度，国家鼓励和扶持发展优质农产品生产，县级以上地方人民政府应当结合本地情况，按照国家有关规定采取措施，发展优质农产品生产。符合国家规定标准的优质农产品可以依照法律或者行政法规的规定申请使用有关的标志；符合规定产地及生产规范要求的农产品可以依照有关法律或者行政法规的规定申请使用农产品地理标志。《农业法》第49条规定，国家保护植物新品种、农产品地理标志等知识产权，鼓励和引导农业科研、教育单位加强农业科学技术的基础研究和应用研究，传播和普及农业科学技术知识，加速科技成果转化与产业化，促进农业科学技术进步。

2007年农业部发布《农产品地理标志管理办法》，自2008年2月1日起在全国范围内全面开展农产品地理标志登记保护。多年来，在各级政府和农业部门的积极推动下，农产品地理标志登记保护工作在保护农业资源和生物多样性、保护特色农业产业和地区区位优势、保护农产品特色品质和地域品牌价值、促进农业增效和农民增收等方面发挥了重要的示范带动作用。农产品地理标志已成为我国特色优质农产品的精品品牌，得到社会各界的普遍认可。

（三）农产品地理标志登记申请要求

1. 申报产品要求

农产品地理标志登记范围是来源于农业的初级产品，即在农业活动中获得的植物、动物、微生物及其产品。主要包括蔬菜、果品、粮食、食用菌、油料、糖料、茶及饮料植物、香料、药材、花卉、烟草、棉麻桑蚕、畜禽产品、水产品等。申请地理标志登记的农产品，应当符合下列条件：

（1）称谓由地理区域名称和农产品通用名称构成；

（2）产品有独特的品质特性或者特定的生产方式；

（3）产品品质和特色主要取决于独特的自然生态环境和人文历史因素；

（4）产品有限定的生产区域范围；

（5）产地环境、产品质量符合国家强制性技术规范要求。

2. 申请人资质条件

农产品地理标志登记申请人为县级以上地方人民政府根据下列条件择优确定的农民专业合作经济组织、行业协会等组织。

（1）具有监督和管理农产品地理标志及其产品的能力；

（2）具有为地理标志农产品生产、加工、营销提供指导服务的能力；

（3）具有独立承担民事责任的能力。

3. 申请人需要提交的材料

符合农产品地理标志登记条件的申请人，可以向省级人民政府农业行政主管部门提出登记申请，并提交下列申请材料：

（1）登记申请书；

（2）申请人资质证明；

（3）产品典型特征特性描述和相应产品品质鉴定报告；

（4）产地环境条件、生产技术规范和产品质量安全技术规范；

（5）地域范围确定性文件和生产地域分布图；

（6）产品实物样品或者样品图片；

（7）其他必要的说明性或者证明性材料。

4. 登记程序

（1）申请。符合农产品地理标志登记条件的申请人，可以向省级人民政府农业农村行政主管部门提出登记申请，并提交申请材料，包括：登记申请书；申请人资质证明；产品典型特征特性描述和相应产品品质鉴定报告；产地环境条件、生产技术规范和产品质量安全技术规范；地域范围确定性文件和生产地域分布图；产品实物样品或样品图片；其他必要的说明性或证明性材料。

（2）初审。省级人民政府农业农村行政主管部门自受理农产品地理标志登记申请之日起，在45个工作日内完成申请材料的初审和现场核查并提出初审意见。符合条件的，将申请材料和初审意见报送中国绿色食品发展中心；不符合条件的，在提出初审意见之日起10个工作日内将相关意见和建议通知申请人。

（3）审查和评审。中国绿色食品发展中心自收到申请材料和初审意见之日起20个工作日内，对申请材料进行审查，提出审查意见，并组织专家评审。经专家评审通过的，由中国绿色食品发展中心代表农业农村部对社会公示。有关单位和个人有异议的，可自公示之日起20日内向中国绿色食品发展中心提出。

(4) 颁证决定。公示无异议的，由中国绿色食品发展中心报农业农村部做出登记决定。

5. 农业农村部职能部门联系方式

中国绿色食品发展中心。地址：北京市海淀区学院南路59号；邮编：100081；电话：010-62122266。

第二节　市场主导型合格评定

进入21世纪，人们对农产品质量安全的关注，开始从终端产品的检验合格，转移到要求种养殖环节规范、安全、可靠，积极倡导和推行农产品质量安全“从农田到餐桌”全程控制，随之在农产品生产过程中相继出现了如GAP、GMP、HACCP、ISO 22000等生产管理和控制体系及相应的认证。这些质量管理体系认证均由市场拉动为主，在农产品质量安全管理、农产品生产过程控制、农产品出口等方面，发挥了极为重要的技术支撑作用。

一、GAP认证

良好农业规范（GAP）是应用现代农业知识，科学规范农业生产的各个环节，在保证农产品质量安全的同时，促进环境、经济和社会可持续发展，其核心和实质是农产品规范化管理、标准化生产。CHINAGAP意为中国良好农业操作规范，是我国针对作物、果蔬、肉牛、肉羊、奶牛、生猪和家禽的种植或养殖所进行的良好农业规范认证。

GAP认证于1997年起源于欧洲，是保证初级农产品生产安全的一套规范体系。中药材行业是我国最早引入GAP理念的行业，2002年4月国家药品监督管理局正式颁布《中药材生产质量管理规范》。2003年卫生部制订和发布了“中药材GAP生产试点认证检查评定办法”，作为中国官方对中药材生产组织的控制要求。2003年4月国家认证认可监督管理委员会首次提出在我国食品链源头建立“良好农业规范”体系。2005年12月31日，国家标准委批准

中国良好农业规范认证标志

发布了良好农业规范系列国家标准 GB/T 20014.1-11，2006 年 5 月 1 日起正式实施，同时国家认监委正式启动了中国良好农业规范（CHINAGAP）的认证工作。2009 年 2 月国家认监委和 FoodPLUS（GLOBALGAP 秘书处）完成了 CHINAGAP 与 GLOBALGAP 的基准比较，并签署《中华人民共和国国家认证认可监督管理委员会和 GLOBALGAP 关于良好农业规范认证体系基准比较的谅解备忘录》，标志着 CHINAGAP 获得了 EUREP 秘书处的认可，推动了我国 GAP 认证与认可的国际互认。多年来，CHINAGAP 标准的发布实施，有力地推动了我国农业生产的可持续发展，提升了我国农产品的安全水平和国际竞争力。

二、GMP 认证

良好操作规范（GMP）是为保障产品质量而制定的贯穿食品生产全过程的一系列措施、方法和技术要求，主要内容是制定企业标准的生产过程、设定生产设备的良好标准、规定正确的生产知识和严格的操作规范以及完善质量控制和产品管理，用以防止出现劣质产品，保证产品质量。食品 GMP 详细规定了食品加工、贮藏、流通等各个工序中所要求的操作和管理以及控制规范，对人员卫生健康、建筑设施、加工工艺等软硬件都作出了详细的要求和规定。

中国食品 GMP 的发展经历了三个阶段，即初级阶段、发展阶段和全面建设阶段。

（一）初级阶段（20 世纪 80 年代初至 90 年代）

GMP 于 20 世纪 60 年代诞生于美国。20 世纪 80 年代初，卫生部组织完成并颁布实施的一系列食品厂卫生规范，参考引用了 CAC 的《食品卫生通则》，成为中国食品 GMP 的雏形，为建立和发展食品 GMP 体系奠定了坚实基础。1994 年 11 月原国家进出口商品检验局发布了《出口食品厂、库卫生要求》，在此基础上，又陆续发布了多个专业卫生规范，共同构成了中国出口食品 GMP 体系的雏形。

（二）发展阶段（20 世纪 90 年代末）

1998 年，卫生部颁布实施了膨化食品良好生产规范、保健品食品良好生产规范，首次提出良好生产规范的概念。1999 年，农业部颁布了《水产品加工质量管理规范》。2003 年和 2004 年，卫生部又启动和颁布了《乳制品企业良好生产规范》《熟肉制品企业良好卫生规范》《定型包装饮用水企业生产卫生规范》。

（三）全面建设阶段（2001 年至今）

2003 年科技部启动食品安全重大专项科技行动计划，组织“主要食品安全标准的基础研究和技术措施”课题攻关，重点开展中国食品 GMP 体系的基础研究、食品通用 GMP 的研究与制定、水产品加工食品 GMP 的研究与制定、啤酒生产 GMP 的研究与制定、罐装食品 GMP 的研究与制定、畜禽屠宰 GMP 的研究与制定、肉制品加工 GMP 的研究与制定。从此，中国食品 GMP 体系进入系统研究和全面建设阶段。

GMP认证标志

GMP 作为国际上普遍采用的食品生产先进管理系统，对于提高企业生产管理水平、品牌信誉与市场竞争力等具有十分重要的意义。

三、HACCP 认证

危害分析与关键控制点（HACCP）是国际上共同认可和接受的食品安全保证体系，主要是对食品中微生物、化学和物理危害进行安全控制。国际标准《食品卫生通则（1997 修订 3 版）》（CAC/RCP-1）对 HACCP 的定义为：鉴别、评价和控制对食品安全至关重要的危害的一种体系。

HACCP 最早是美国公司用于宇航食品开发，保证宇航员食品安全的绝对可靠，FDA 于 1973 年将 HACCP 原理引入低酸罐头食品加工的 GMP 规范之中。危害分析关键控制点英文简称 HACCP，即危害分析（HA）和关键控制点监控（CCP），是以良好操作规范（GMP）和卫生标准操作程序（SSOP）为前提条件，从农田到餐桌的全过程对食品状况进行全面分析，预防食品安全问题的控制体系。HA 指的是对食品生产过程每个步骤进行分析，哪些因素可能对食品产生危害以及程度大小；而 CCP 指的是为了保障食品安全，将可能危害降到最低程度，有必要对食品生产中哪个步骤进行监控。该体系包括七个原理，即危害分析及风险评估、关键控制点确定、关键限值、关键控制点监控体系、纠正措施、记录体系、验证程序。HACCP 体系在欧盟、加拿大、澳大利亚和国际食品法典委员会（CAC）得到了广泛的认可和推行。我国 HACCP 认证始于 1990 年，最早应用于出口水产品企业，2001 年开始由国家认证认可监督管理委员会负责统一监督管理和协调。

HACCP认证标志

四、ISO 22000 认证

ISO 22000 即食品安全管理体系，2005 年 9 月 1 日由国际标准化组织（ISO）正式发布，目的是协调和统一不同国家在应用 HACCP 进行认证上产生了一些分歧和差异化，形成统一的国际食品安全管理体系标准，便于食品国际贸易顺利进行。

ISO 22000 是一个整合了 HACCP、GMP 等众多先进体系而形成的一个完整的体系标准，具体包含了 4 个关键要素：相互沟通、体系管理、前提方案和 HACCP 原理，并涉及食品的可追溯性和召回制度。ISO 22000 体系与 HACCP 体系都遵循了 HACCP 的七大原理，但 ISO 22000 的步骤更加复杂，更加强调食品各组织间沟通的重要性，最重要的是其提出了 HACCP 体系所没有的追溯系统以及召回要求，对于企业管理能力要求更高。ISO 22000 被业界看作是“HACCP 体系的升级版”。

ISO 22000认证标志

ISO 22000：2005 是 2005 年 9 月由 ISO 农产食品技术委员会制定的一套专用于食品链内食品安全管理体系认证的标准。中国参照此标准等同采用的《食品安全管理体系　食品链中各类组织的要求（GB/T 22000—2006）》，于 2006 年 3 月 1 日由国家标准化管理委员会发布，2006 年 7 月 1 日起实施。2007 年 1 月 15 日，中国国家认证认可监督管理委员会于发布了《食品安全管理体系认证实施规则》，此规则发布以后，以 GB/T 22000—2006 为基础，结合一些专项技术要求，我国“ISO 22000 认证”正式实施。

第三节　食用农产品合格证

食品生产经营者是食品安全第一责任人。为有效落实生产经营主体第一责任，加快建立以食用农产品质量合格为核心内容的产地准出管理与市场准入管理衔接机制，2016 年 7 月 22 日，农业部出台《关于开展食用农产品合格证管理试点工作的通知》和《食用农产品合格证管理办法（试行）》，决定在具有一定工作基础、农产品生产供应量较大的河北、黑龙江、浙江、山东、湖南、陕西等省先行开展主要食用农产品合格证管理试点工作。

一、背景与意义

当前，我国农产品生产经营主体数量庞大，主体责任意识淡薄，基层监管力量薄弱，食用农产品生产经营不规范等问题尚未得到根本解决。建立与市场准入制度相衔接的食用农产品合格证管理制度，推动生产经营者采取一系列质量控制措施，确保其生产经营的农产品质量安全，并以合格证的形式做出明示保证，有利于规范食用农产品生产经营行为，有利于形成有效的倒逼机制，这既是落实生产经营主体责任的迫切需要，也是构建农产品质量安全长效监管机制的现实需求，更是落实《农产品质量安全法》的必然选择，对于促进农业产业健康发展、确保农产品消费安全具有重大意义。食用农产品合格证管理制度是农产品质量安全监管机制的重大创新，是推进农业供给侧结构性改革，建立“农田到餐桌”全过程监管机制，落实生产经营主体第一责任，完善社会共治体系的有效举措。2016 年 12 月，浙江率先将农产品合格证管理写入《浙江省农产品质量安全规定》，要求规模农产品生产者应当出具农产品合格证，农产品批发、零售市场举办者、经营者、采购者应当查验合格证，为全面推行合格证管理提供了法律依据。

二、食用农产品合格证定义

《食用农产品合格证管理办法（试行）》第二条规定：食用农产品合格证是指食用农产品生产经营者对所生产经营食用农产品自行开具的质量安全合格标识。食用农产品合格证视同于产地证明、购货凭证和合格证明文件。

三、食用农产品合格证管理

（一）开具主体与方式

食用农产品生产经营者对其生产经营的食用农产品的质量安全负责，食用农产品交易后，持有者对其持有的食用农产品的质量安全负责。食用农产品生产经营者应根据实际情况采取自检合格、委托检测合格、内部质量控制合格、自我承诺合格四种方式之一作为开具合格证的依据，确保其生产经营食用农产品的质量安全，对合格证的真实性负责。

（二）样式与内容

在先期试点的基础上，探索出了“证码合一”便捷有效的合格证样式，即食用农产品合格证内容与追溯二维码印制在同一张标签上，实现合格保证和电子追溯双重功能。《食用农产品合格证管理办法（试行）》规定，食用农产品合格证应至少包括产品名称和重量、食用农产品生产经营者信息（名称、地址、联系方式）、确保合格的方式、食用农产品生产经营者盖章或签名、开具日期等五项内容，食用农产品生产经营者可根据产品、包装的实际情况调整合格证大小尺寸。

食用农产品合格证样例

（三）合格证视同证明

食用农产品生产经营者销售食用农产品时应当附合格证。以下几种证明材料可视同合格证，不必重复开具。

（1）无公害农产品、绿色食品、有机农产品及地理标志农产品有效期内的认证证书或登记证书复印件。

（2）有效的食用农产品质量安全追溯标签。

（3）肉品品质检验合格证章。

第四节　名特优新农产品

为贯彻落实质量兴农、绿色兴农和品牌强农战略，持续推进农产品质量提升，培育地方特色农产品品牌，促进区域优势农业产业发展，实时了解地域特色农产品信息，促进农产品产销对接，及时指导生产和引导消费，满足公众对安全优质营养健康农产品需求，农业农村部定期收集每季度公布一次全国名特优新农产品目录。

名特优新农产品，是指在特定区域（以县域为单元）内生产、具备一定生产规模和商品量、具有显著地域特征和独特营养品质特色、有稳定的供应量和消费市场、公众认知度和美誉度高的农产品，包括种植业和养殖业产品及其产地初加工产品。全国名特优新农产品名录收集登录坚持“自愿申请、自主评价、自我管理”和公益服务原则，收集登录的申请随时受理。

一、申请条件

申请登录全国名特优新农产品名录的农产品，应当符合下列条件：

（1）符合全国名特优新农产品名录收集登录的基本特征。

（2）有稳定的生产规模和商品量（具体要求详见附表1）。

（3）实施全程质量控制和依托龙头骨干生产经营主体引领带动。

（4）产地环境符合国家相关技术标准规范要求，产品符合食品安全相关标准要求，近三年来未出现过重大农产品质量安全问题。

二、申请材料

申请登录全国名特优新农产品名录，提交下列材料：

（1）全国名特优新农产品名录申请表。

（2）自行委托全国名特优新农产品营养品质评价鉴定机构出具的名特优新农产品营养品质评价鉴定报告。

（3）主要生产经营主体的营业证照、相关获奖及认证证书复印件。

（4）其他证明申请产品具有名特优新特征特性的材料。

（5）申请产品数码照片 3~5 张，包括产品不同生长期、生产环境、产品包装标识等内容（图片大小 3MB 至 5MB）。

三、申请流程

（1）全国名特优新农产品名录以县域为单元申请，由经县级人民政府确认的县级名特优新农产品产业主管部门作为名录登录申请主体。申请工作实行网上电子信息和纸质材料并行。具体申请登录中国农产品质量安全网（http：//www. aqsc. agri. cn）全国名特优新农产品申报系统。申请主体提交网上电子申请信息后，自行打印申请材料 4 份，经签字盖章后逐级确认上报。

（2）地市级农业农村部门农产品质量安全（优质农产品开发服务）工作机构负责对本地区、本行业申请产品和推荐的主要生产经营主体的真实性和可靠性进行确认，提出确认意见，同时在申请信息系统填写确认意见。

（3）省级农业农村部门农产品质量安全（优质农产品开发服务）工作机构负责对本地区、本行业、本系统申请产品和推荐的主要生产经营主体的符合性和代表性进行确认，提出确认意见，同时在申请信息系统填写确认意见。省级农产品质量安全（优质农产品开发服务）工作机构按月向农业农村部农产品质量安全中心报送《全国名特优新农产品名录推荐汇总表》。

（4）农业农村部农产品质量安全中心负责对全国名特优新农产品名录申请材料完整性和产品地域独特性进行审查，组织专家进行技术确认，提出确认意见。通过技术确认拟纳入全国名特优新农产品名录的产品，在中国农产品质量安全网（国家农产品质量安全公共信息平台）公示，公示期为 7 个工作日。公示无异议的，正式纳入全国名特优新农产品名录，由农业农村部农产品质量安全中心公布，核发全国统一的名特优新农产品名录证书。

（5）全国名特优新农产品名录证书长期有效，并实行年度确认制度。名录证书持有人在年度有效期满30日前，采集收齐名录产品当年的生产地域、生产规模、营养品质特征、生产单位等年度信息，自行登录全国名特优新农产品申请信息系统进行年度申请确认。经逐级确认后，申请信息系统自动生成全国名特优新农产品名录证书年度确认文件，证书持有人下载打印。

（6）全国名特优新农产品名录证书原件与年检确认文件共同作为全国名特优新农产品名录证明材料。在名录证书有效期内的全国名特优新农产品，经证书持有人授权，可按照相关技术规范要求在产品或产品包装上使用“全国名特优新农产品”称号和全国农产品质量安全工作系统（农产品质量安全）专用公共标识。

四、农业农村部职能部门联系方式

农业农村部农产品质量安全中心。地址：北京市朝阳区朝外大街223号；邮编：100020。

附表1　全国名特优新农产品名录收集登录生产规模要求

行业类别	产品类别	生产规模要求
种植业	粮油作物	650公顷以上
	露地蔬菜	100公顷以上
	设施蔬菜	50公顷以上
	茶叶	500公顷以上
	大宗果品	200公顷以上
	特色果品	100公顷以上
	食用菌	50公顷以上
	中药材	100公顷以上
	其他小品种	50公顷以上

（续表）

行业类别	产品类别	生产规模要求
畜牧业	蛋鸡、蛋鸭（年存栏）	30 000 羽以上
	肉鸡、肉鸭（年出栏）	100 000 羽以上
	生猪（年出栏）	10 000 头以上
	肉牛（年出栏）	2 000 头以上
	肉羊（出栏）	10 000 只以上
	奶牛、奶羊（存栏）	2 000 头以上
	其他奶畜（存栏）	600 头以上
	蜂产品	10 000 群以上
	其他小品种	禽类 10 000 羽以上
		畜类 1 000 头以上
渔业	鱼、虾、蟹、贝类、藻类	10 吨以上
	其他小品种	5 吨以上

第五章　执法监管

农产品质量安全执法监管是指农业农村部门依据《农产品质量安全法》《食品安全法》《农药管理条例》《兽药管理条例》《饲料管理条例》等法律法规及相关配套规章，对农业投入品及农产品的生产、经营等环节进行监督检查，同时采取调查询问、查封扣押等执法手段，对在监督检查中发现的违法行为予以制止，对涉案财物进行处置，对当事人予以处罚的具体行政行为。农产品质量安全执法监管是农业农村部门保障农产品质量安全不可或缺的工作手段，通过执法可以打击违法行为，维护良好秩序，重塑职业道德。

第一节　执法监管基本要求

面对着当前农村千家万户的分散经营方式和丰富多彩的初级农产品，农产品质量安全执法监管的难度很大，任务也十分艰巨。从产业基础来看，农村生产经营方式分散，生产规模小，农业产业化经营水平较低，导致农产品质量安全隐患多、监管难度大。从工作基础来看，大多数乡镇仍处于“缺机构、缺人员、缺手段、缺经费”的状况，监管力量薄弱，“上热下冷”“上紧下松”的现象十分突出，严重制约了农产品质量安全监管服务工作的正常开展。把农产品质量安全监管工作向乡镇、村延伸，抓基层、打基础，建立健全基层农产品质量安全监管体系，实现监管全覆盖，是解决这一难题的有效途径。建设农产品质量安全监管体系要按照“八有”标准进行建设，即有机构、有编制、有职能、有人员、有场所、有制度、有设备、有经费。工作实行“五个统一”，即统一持证上岗、统一工作制度、统一专业培训、统一工作台账、统一检测方法。实现农产品质量安全监管体系“机构专业化、人员稳定化、经费预算化、手段现代化”，真正发挥好基层在农产品质量安全监管中的作用。

一、工作体系

（一）机构人员

在乡镇事业单位机构限额内科学调整和合理设置机构，农产品质量安全乡镇监管机构可以采取多种方式由县编制部门批准成立。一是依托现有农业（畜牧、水产）技术推广机构、动植物疫病防控机构或者是乡镇农业综合服务站，增挂农产品质量安全监管站的牌子，通过加挂牌子、赋予职能、充实人员、完善条件，实施联合建设。二是在产业集中度较高的乡镇，也可以单独设置农产品质量安全监管站。三是可以跨乡镇建立区域性的农产品质量安全监管站。同时，要按照精简、统一、效能的原则，确定 2 名以上人员承担农产品质量安全监管工作，实行定人、定岗，实名制管理。

履行好乡镇农产品质量安全监管职责，关键要有一支高素质的监管队伍。可以采取公开招聘、竞争上岗、择优录用等多种手段，选拔政策水平高、业务能力强、有管理经验的专业人员，充实到乡镇农产品质量安全监管队伍。县级农业行政主管部门应制订培训方案，把乡镇农产品质量安全监管站人员、村协管员、企业内检员纳入新型农民培训工程或其他农业项目培训内容，采取不同形式，对他们进行经常性培训。培训内容重点是涉及农产品质量安全的法律法规、政策文件、农业技术、检测技术、监管制度、案件调查等，以提高基层农产品质量安全监管人员的专业水平和依法行政水平，建设一支“懂法律、懂政策、懂技术、懂管理”的复合型监管服务队伍，做到业务精通、服务有效、指导有方、监管有力。县政府应将基层农产品质量安全监管、检测、执法的工作经费列入当地财政预算，且能够满足基层农产品质量安全执法监管的工作经费列入。

鼓励建立村级农产品质量安全监管服务站点，作为乡镇农产品质量安全监管站的延伸和有效补充。同时，建立村级农产品质量安全监管责任制，将农产品质量安全监管列入村（居）委会工作职责，确定 1~2 名村委会干部或农民技术员兼任农产品质量安全协管员，协管员业务上接受乡镇监管站指导。村级服务站点应由乡镇（街道办事处）人民政府批准成立，业务上受乡镇监管站指导。村级服务站点应有开展工作所需的经费和协管员的工作补贴。

在农产品生产企业和农民专业合作社实行内检员制度。通过培训，在每个企业配备 1~2 名内检员，负责本企业质量安全管理。在乡镇辖区内基本形成统一的农产品质量安全监管体系。

（二）办公场所

1. 办公室

基层农产品质量安全监管站应当配备用于日常办公、召开例会、应急处置等工作的办公场，应配备电脑（连接互联网）、打印机、照相（录像）机、巡查和抽样所必需的交通工具，村级监管服务站点要有办公场所，并配备必要的办公设施设备。

2. 快速检测室

每个乡镇应建设 1 个农产品质量安全快速检测室，面积不少于 $20m^2$，承担本乡镇农产品质量安全定性检测任务，配备药物残留速测仪及农药残留快速检测仪、兽药残留快速检测仪、水产品药物快速检测仪以及配套冰箱、空调、振荡器、恒温箱、操作平台及其他辅助设备和无害化处理设备。

（三）职能定位

执法监管的目的是提高农产品生产经营主体质量安全意识和农产品标准化生产水平，努力构建政府监管、企业自律、农民自觉的长效机制，确保不发生重大农产品质量安全事件，全面提升农产品质量安全水平。

1. 乡镇农产品质量安全监管机构

乡镇农产品质量安全监管站属公益性、非营利性公共服务机构，是基层农业社会化服务体系的重要组成部分，是县农业行政主管部门的派出机构，隶属于县级农业行政主管部门领导和管理。主要承担本区域内农产品质量安全日常性检测、巡查调查、配合上级抽样，以及对乡镇监管站、生产基地和生产者技术指导和咨询服务等工作。具体承担四大公益服务性职责任务：一是定期组织农产品质量安全法律法规知识宣传、教育和培训，提高生产经营者质量安全意识和诚信守法意识。二是组织开展技术示范，推广农民群众看得懂、会使用的农产品安全生产技术要求和操作规程，普及科学种养知识和安全生产技术。三是承担对种植、养殖过程的督导巡查工作，重点对农药、兽药、肥料、饲料和饲料添加剂等投入品使用情况进行检查，严防禁用药物和有毒有害物质流入生产环节，督促指导生产经营企业和农民专业合作社建立生产经营档案记录。四是对产地农产品进行快速检验监测，协助开展农产品质量安全认证、产地准出和质量追溯等工作。收集、报送农产品质量安全信息，配合开展农产品质量安全事故的应急处置。指导农资经营门店建立进货查验和销售档案记录，受理假劣农资投诉举报。完成县级以上农业行政主管部门和乡镇人民政府交办的农产品质量安全相关工作。

2. 村级协管员

一是承担农产品质量安全的宣传任务，发放农产品质量安全宣传资料，接受群众咨询，推广农产品标准化生产技术；二是全面掌握对农药、肥料等投入品的经营和使用情况，监督无证无照农资小商小贩流动经营；三是及时反馈信息，防止禁限用农药进入市场和流入生产环节；四是协助县乡两级监管机构开展快速检测的抽样工作；五是收集报送农产品质量安全信息。

3. 企业内检员

内检员负责收集农畜产品质量安全方面政策规定；组织制（修）订本单位无公害农畜产品质量安全管理文件、生产技术规程、安全管理制度和生产记录档案；组织开展内部质量安全情况的检查并督促整改；配合监管机构做好日常监督检查。

4. 县级农业行政主管部门

县级农业行政主管部门要加强乡镇农产品质量安全监管站的指导、监督和管理，建立健全乡镇监管人员和检测人员工作制度、学习培训制度、监督检查制度、日常巡查制度等，并加强督促检查，确保各项制度得到落实。

县级农业行政主管部门应指导监督乡镇农产品质量安全站用张贴上墙等形式向社会公布其主要职能、工作职责、规章制度、工作目标、检测流程图、监管人员名单、监管范围和基地分布图、监管网格图等。

二、工作机制

（一）检打联动

农产品质量安全“检打联动”是指做好农产品质量检测与案件查处的衔接，组织抽检的部门要及时将检测结果告知执法机构，以便执法机构尽早启动执法程序，及时固定证据，纠正和查处违法行为。在“检打联动”中，监管部门负责农产品质量安全监督管理，组织开展农产品例行监测，农产品检测机构负责农产品质量检验检测，出具法定的检测报告，确保检测工作科学公正有效；农业综合执法机构负责农产品质量安全违法案件查处，发现涉嫌违法行为的，农业综合执法机构要及时收集证据，依法查处。对执法查处过程中涉及其他监管部门职责的，要及时通报和移交，形成齐抓共管的监管格局，实现各行业信息的互联互通、联动响应，形成分工明确、沟通顺畅、齐抓共管的格局。

（二）部门协作

加强与市场监管、公安等部门的沟通与协作，建立合作会商机制。建立食用农产品质量安全监管信息共享制度，定期和不定期互换食用农产品质量安全监管中的相关信息；建立违法案件信息相互通报制度，密切行政执法的协调与协作。加强应急管理方面的合作，开展食用农产品质量安全突发事件应急处置合作和经验交流。共同建立、完善食用农产品质量安全监管统计制度，强化统计数据共享。实施产地准出和市场准入衔接机制，确保源头可查、过程可控，提高监管整体效果。

第二节　执法监管主要内容

用最严格的监管确保优质安全农产品“管出来”，督促落实生产经营者主体责任是基础，强化档案台账管理是手段，加强产品质量监管是保障，开展突出问题整治是途径，要持续强化《农产品质量安全法》《食品安全法》《农药管理条例》《兽药管理条例》《饲料管理条例》等法律法规及相关配套规章有效落实，提高农产品质量安全执法的针对性，强化问题治理，树立农产品质量安全法律权威，规范农产品生产经营行为，从源头上为食品安全构筑坚固防线。

一、生产经营者主体管理

（一）行政许可（农业投入品）

1. 农药经营

依据《农药管理条例》：

第二十四条　国家实行农药经营许可制度，但经营卫生用农药的除外。农药经营者应当具备下列条件，并按照国务院农业主管部门的规定向县级以上地方人民政府农业主管部门申请农药经营许可证：有具备农药和病虫害防治专业知识，熟悉农药管理规定，能够指导安全合理使用农药的经营人员；有与其他商品以及饮用水水源、生活区域等有效隔离的营业场所和仓储场所，并配备与所申请经营农药相适应的防护设施；有与所申请经营农药相适应的质量管理、台账记录、安全防护、应急处置、仓储管理等制度。

经营限制使用农药的，还应当配备相应的用药指导和病虫害防治专业技术人员，并按照所在地省、自治区、直辖市人民政府农业主管部门的规定实行定点经营。

县级以上地方人民政府农业主管部门应当自受理申请之日起 20 个工作日内作出审批决定。符合条件的，核发农药经营许可证；不符合条件的，书面通知申请人并说明理由。

第二十五条　农药经营许可证应当载明农药经营者名称、住所、负责人、经营范围以及有效期等事项。

农药经营许可证有效期为 5 年。有效期届满，需要继续经营农药的，农药经营者应当在有效期届满 90 日前向发证机关申请延续。

农药经营许可证载明事项发生变化的，农药经营者应当按照国务院农业主管部门的规定申请变更农药经营许可证。

2. 兽药经营

依据《兽药管理条例》：

第二十二条　经营兽药的企业，应当具备下列条件：与所经营的兽药相适应的兽药技术人员；与所经营的兽药相适应的营业场所、设备、仓库设施；与所经营的兽药相适应的质量管理机构或者人员；兽药经营质量管理规范规定的其他经营条件。

符合前款规定条件的，申请人方可向市、县人民政府兽医行政管理部门提出申请，并附具符合前款规定条件的证明材料；经营兽用生物制品的，应当向省、自治区、直辖市人民政府兽医行政管理部门提出申请，并附具符合前款规定条件的证明材料。

县级以上地方人民政府兽医行政管理部门，应当自收到申请之日起 30 个工作日内完成审查。审查合格的，发给兽药经营许可证；不合格的，应当书面通知申请人。

第二十三条　兽药经营许可证应当载明经营范围、经营地点、有效期和法定代表人姓名、住址等事项。

兽药经营许可证有效期为 5 年。有效期届满，需要继续经营兽药的，应当在许可证有效期届满前 6 个月到发证机关申请换发兽药经营许可证。

第五十六条　违反本条例规定，无兽药生产许可证、兽药经营许可证生产、经营兽药的，或者虽有兽药生产许可证、兽药经营许可证，生产、经营假、劣兽药的，或者兽药经营企业经营人用药品的，责令其停止生产、经营，没收用于违法生产的原料、辅料、包装材料及生产、经营的兽药和违法所得，并处违法生产、经营的兽药（包括已出售的和未出售的兽药，下同）货值金额2倍以上5倍以下罚款，货值金额无法查证核实的，处10万元以上20万元以下罚款；无兽药生产许可证生产兽药，情节严重的，没收其生产设备；生产、经营假、劣兽药，情节严重的，吊销兽药生产许可证、兽药经营许可证；构成犯罪的，依法追究刑事责任；给他人造成损失的，依法承担赔偿责任。生产、经营企业的主要负责人和直接负责的主管人员终身不得从事兽药的生产、经营活动。

擅自生产强制免疫所需兽用生物制品的，按照无兽药生产许可证生产兽药处罚。

第五十七条　违反本条例规定，提供虚假的资料、样品或者采取其他欺骗手段取得兽药生产许可证、兽药经营许可证或者兽药批准证明文件的，吊销兽药生产许可证、兽药经营许可证或者撤销兽药批准证明文件，并处5万元以上10万元以下罚款；给他人造成损失的，依法承担赔偿责任。其主要负责人和直接负责的主管人员终身不得从事兽药的生产、经营和进出口活动。

第五十八条　买卖、出租、出借兽药生产许可证、兽药经营许可证和兽药批准证明文件的，没收违法所得，并处1万元以上10万元以下罚款；情节严重的，吊销兽药生产许可证、兽药经营许可证或者撤销兽药批准证明文件；构成犯罪的，依法追究刑事责任；给他人造成损失的，依法承担赔偿责任。

3. 饲料、饲料添加剂经营

依据《饲料管理条例》：

第二十二条　饲料、饲料添加剂经营者应当符合下列条件：有与经营饲料、饲料添加剂相适应的经营场所和仓储设施；有具备饲料、饲料添加剂使用、贮存等知识的技术人员；有必要的产品质量管理和安全管理制度。

（二）信用管理（农产品生产经营及投入品生产经营）

按照《社会信用体系建设规划纲要（2014—2020）》的要求，以信息系统建设和信息记录共享为基础，以农业投入品生产经营企业、农产品生产企业、农民合作社、种养殖大户为重点，以建立守信激励和失信惩戒机制为核心，强化生产经营主体诚信自律，营造诚信守法的良好社会氛围，全面提升农产品质量安全诚信意识和信用水平。

1. 重点领域

农产品质量安全信用体系建设的重点是农业投入品和农产品两个领域，农业投入品领域的重点是种子、农药、肥料、兽药、饲料等生产经营单位，农产品领域的重点是农产品生产企业、农民合作社、种养殖大户、收购贮运企业、屠宰企业等生产经营单位。

2. 信用信息

农业行政主管部门要把行政处罚、行政许可和监管情况作为信用信息的重点内容，实行信用信息动态管理、专人记录、及时更新，保证所采集信用信息的真实性和及时性，提升信息的严肃性和权威性。要依法做好农产品质量安全领域的征信工作，及时公布农资生产经营主体及产品的审批、撤销、注销、吊销等有关信息。鼓励和指导第三方征信机构、行业协会依法开展征信工作。要在保护商业秘密和数据及时准确的前提下，加强与食品药品、工商、质监、税务、知识产权、商务流通等行业信用信息的交换共享，实现多部门信息联享、信用联评、奖惩联动，逐步形成主体全覆盖的信用信息网络。

3. 诚信责任

农业行政主管部门要督促生产经营主体落实诚信责任，强化自律意识，实行质量安全承诺制度，严格遵守农产品质量安全相关法律法规，依法建立生产记录和进销货台账，实行索证索票制度，规范生产经营行为，提高自我约束能力，杜绝使用禁用农兽药和非法添加物，严格执行农兽药休药间隔期，建立内部职工诚信考核与评价制度。坚决打击失信行为，积极树立诚信风尚。要引导农资和农产品生产经营主体成立行业协会，健全组织体系和治理结构。要督促行业协会加强自律，进一步完善组织章程，制定行业自律规则并监督会员遵守，加强会员诚信宣传教育和培训，在自愿基础上，通过各种方式征集会员的信用信息，积极开展非营利性信用等级评价。

4. 运行机制

农业行政主管部门要围绕信用信息采集、动态管理、失信黑名单披露、市场禁入和退出、失信行为有奖举报、跨部门跨地区信用联合奖惩等内容，健全完善规章制度，推进信用信息在采集、共享、使用、公开等环节的规范管理，保障农产品质量安全信用体系有效运行。

5. 监督机制

农业行政主管部门要采取多种方式，强化信用监督，推进社会共治。邀请各级人大代表、政协委员深入生产经营单位进行明察暗访，提出指导意见，督促整改存在的问题。鼓励广大群众通过政务微博、“12316”举报电话、电子信箱等渠道，监督举报失信违规行为。对媒体曝光的失信违规行为，各地农业行政主管部门要及时调查处理。

二、档案台账管理

（一）生产记录

依据《农产品质量安全法》：

第二十四条　农产品生产企业和农民专业合作经济组织应当建立农产品生产记录，如实记载下列事项：使用农业投入品的名称、来源、用法、用量和使用、停用的日期；动物疫病、植物病虫草害的发生和防治情况；收获、屠宰或者捕捞的日期。

农产品生产记录应当保存 2 年。禁止伪造农产品生产记录。

国家鼓励其他农产品生产者建立农产品生产记录。

第四十七条　农产品生产企业、农民专业合作经济组织未建立或者未按照规定保存农产品生产记录的，或者伪造农产品生产记录的，责令限期改正；逾期不改正的，可以处二千元以下罚款。

（二）购销台账

依据《农产品质量安全法》：

第二十六条　农药经营者采购农药应当查验产品包装、标签、产品质量检验合格证以及有关许可证明文件，不得向未取得农药生产许可证的农药生产企业或者未取得农药经营许可证的其他农药经营者采购农药。

农药经营者应当建立采购台账，如实记录农药的名称、有关许可证明文件编号、规格、数量、生产企业和供货人名称及其联系方式、进货日期等内容。采购台账应当保存 2 年以上。

第二十七条　农药经营者应当建立销售台账，如实记录销售农药的名称、规格、数量、生产企业、购买人、销售日期等内容。销售台账应当保存 2 年以上。

第二十八条　兽药经营企业购销兽药，应当建立购销记录。购销记录应当载明兽药的商品名称、通用名称、剂型、规格、批号、有效期、生产厂商、购销单位、购销数量、购销日期和国务院兽医行政管理部门规定的其他事项。

第二十九条　兽药经营企业，应当建立兽药保管制度，采取必要的冷藏、防冻、防潮、防虫、防鼠等措施，保持所经营兽药的质量。

兽药入库、出库，应当执行检查验收制度，并有准确记录。

饲料、饲料添加剂经营者应当建立产品购销台账，如实记录购销产品的名称、许可证明文件编号、规格、数量、保质期、生产企业名称或者供货者名称及其联系方式、购销时间等。购销台账保存期限不得少于 2 年。

三、产品质量安全监管

（一）禁限用农业投入品

依据《农产品质量安全法》：

第二十条　国务院农业行政主管部门和省、自治区、直辖市人民政府农业行政主管部门应当制定保障农产品质量安全的生产技术要求和操作规程。县级以上人民政府农业行政主管部门应当加强对农产品生产的指导。

第二十一条　对可能影响农产品质量安全的农药、兽药、饲料和饲料添加剂、肥料、兽医器械，依照有关法律、行政法规的规定实行许可制度。

国务院农业行政主管部门和省、自治区、直辖市人民政府农业行政主管部门应当定期对可能危及农产品质量安全的农药、兽药、饲料和饲料添加剂、肥料等农业投入品进行监督抽查，并公布抽查结果。

第二十二条　县级以上人民政府农业行政主管部门应当加强对农业投入品使用的管理和指导，建立健全农业投入品的安全使用制度。

第二十三条　农业科研教育机构和农业技术推广机构应当加强对农产品生产者质量安全知识和技能的培训。

第二十四条　农产品生产企业和农民专业合作经济组织应当建立农产品生产记录，如实记载下列事项：使用农业投入品的名称、来源、用法、用量和使用、停用的日期；动物疫病、植物病虫草害的发生和防治情况；收获、屠宰或者捕捞的日期。

农产品生产记录应当保存二年。禁止伪造农产品生产记录。

国家鼓励其他农产品生产者建立农产品生产记录。

第二十五条　农产品生产者应当按照法律、行政法规和国务院农业行政主管部门的规定，合理使用农业投入品，严格执行农业投入品使用安全间隔期或者休药期的规定，防止危及农产品质量安全。

禁止在农产品生产过程中使用国家明令禁止使用的农业投入品。

第二十六条　农产品生产企业和农民专业合作经济组织，应当自行或者委托检测机构对农产品质量安全状况进行检测；经检测不符合农产品质量安全标准的农产品，不得销售。

第二十七条　农民专业合作经济组织和农产品行业协会对其成员应当及时提供生产技术服务，建立农产品质量安全管理制度，健全农产品质量安全控制体系，加强自律管理。

（二）快速检测

（1）制订辖区内主要农产品快速检测计划，检测范围要覆盖辖区内所有的农畜产品销售企业、农牧民专业合作社、生产基地、种养殖大户和收购储运企业。检测品种应选择当地生产量和消费量较大，能够代表当地农畜水产品消费基本情况的产品全年速测覆盖率不低于当地农牧业生产经营主体的60%。

（2）采用国家规定的快速检测方法对食用农畜产品进行抽查检测，抽样、检测及数据要全程记录，抽样单要与检测小票一致，抽检情况以信息的形式按季度报送当地农牧业主管部门。

（3）被抽查人对检测结果有异议的，可以自收到检测结果时起4小时内申请复检，复检不得采用快速检测方法。

（4）当检测出疑似阳性的样品时，立即同时向本级人民政府及上级农牧业主管部门报告，于24小时内将疑似阳性的样品送有资质的检测机构进行确证检验，一经确认，及时上报并核查企业生产记录，责令企业推迟产品上市时间，将该企业作为重点监管对象，增加巡查频次。

四、突出问题专项治理

严格按照《农产品质量安全法》等有关法律法规和相关司法解释，聚焦农兽药残留、非法添加、违禁使用、私屠滥宰及注水和注入其他物质、制假售假等突出问题，开展专项治理行动。针对重点时段、重点区域、重点产品和薄弱环节，坚持问题导向，加大巡查检查和监督抽查力度，实行最严格的监管、最严厉的处罚，严厉打击农产品质量安全领域的违法违规行为，严防、严管、严控农产品质量安全风险，切实解决面上存在的风险隐患。推动农产品质量安全水平稳中有升，努力确保不发生重大农产品质量安全事件，为增加绿色优质农产品供给提供有力保障。

（一）农药

1. 整治重点

以蔬菜、水果、茶叶、中草药材主产县为重点，聚焦豇豆、芹菜、韭菜、菜心等高风险产品，加强农药管理，规范农药使用，重点管控克百威、氧乐果等禁限用农药残留超标问题。

2. 具体措施

围绕贯彻实施新修订的《农药管理条例》，一是实施农药经营许可，规范经营行为，整顿市场秩序。二是加强农药市场监管，加大监督抽查力度，确保产品质量，严厉打击制售假劣农药和非法添加隐性成分农药，特别是添加高毒农药成分行为。三是推行高毒农药定点经营、实名购买、台账记录、溯源管理。四是加强科学用药培训，尤其是对农业新型经营主体和病虫害防治组织技术骨干的培训，严格按照安全间隔期施药，依法打击违规使用禁限用农药，特别是在蔬菜、水果、茶叶、中草药材等农作物上使用高毒农药行为。

（二）“瘦肉精”

1. 整治重点

突出肉牛肉羊养殖重点地区和外调活畜问题多发地区、生猪养殖大县、屠宰场，以打击违法使用“瘦肉精”等禁用物质为重点，进一步强化饲料、养殖、收购贩运、屠宰等各环节“瘦肉精”监管工作。

2. 主要措施

一是组织实施养殖环节“瘦肉精”监测计划，增加牛羊养殖场户抽检数量，异地拉网监测向牛羊养殖重点地区集中。二是组织实施屠宰环节“瘦肉精”监督检测和风险监测计划，加大牛羊屠宰场监督检测力度，严厉查处屠宰环节注射、饲喂“瘦肉精”违法行为。三是健全上下联动、区域联动、部门联动的案件查处机制，加大工作薄弱地区督查力度。四是加大突出问题溯源督办力度，建立屠宰与养殖环节“瘦肉精”溯源信息通报机制，对外调活畜问题多发地区进行案件专项督办，督促产地追根溯源，消除问题死角。五是组织开展“瘦肉精”速测产品质量评价，强化对基层监管的技术支持。

（三）生鲜乳

1. 整治重点

突出奶牛主产省、奶牛养殖大县和奶牛养殖重点区域，以婴幼儿配方乳粉奶源安全为重点，严厉打击生鲜乳生产、收购和运输过程中各类违法添加行为，重点治理非法收购生鲜乳、倒买倒卖不合格生鲜乳、恶意争抢奶源的行为，严打非法收购运输“黑窝点”。

2. 主要措施

一是严格审查奶站和运输车资质条件。重点对婴幼儿配方乳粉企业奶源的奶站和运输车的资质进行重新审核，建档立案，重点监管。二是强化奶站和运输车日常监管。重点对奶站和运输车标准化管理、生鲜乳质量检验、不合格生鲜乳处理、安全制度落实等方面进行监督检查，对不符合条件的要停业整顿，经整顿仍不合格的，坚决予以取缔。三是加大生鲜乳质量安全抽检力度。监测指标覆盖国家公布的所有违禁添加物。组织开展婴幼儿配方乳粉奶源质量安全专项监测，加大抽检密度，增加抽检频次。四是严厉打击违法违规行为。监测与执法联动，行政与司法衔接，对生鲜乳生产、收购和运输过程中的违法违规行为，发现一起，查处一起，绝不手软。五是强化主体责任。督促奶站和运输车经营主体落实质量安全首负责任制，加强监督检查。

（四）兽用抗生素

1. 整治重点

以畜禽规模养殖场（小区）、畜禽养殖大县和问题多发领域为重点，严厉打击兽药中非法添加、标签说明书增加主要成分或夸大适应症、不按规定标注兽用处方药标识，强化养殖者主体责任意识，提高安全用药水平。

2. 主要措施

一是切实规范兽用化学药品生产经营行为。以兽用抗生素生产经营企业为重点，严格核查兽用抗生素原料和质量检验情况，严格核对批准生产产品与原料药品种对应情况，严肃查处非法添加等严重违法行为。二是切实规范兽用抗生素使用行为。以规模养殖场（小区）和养殖大县为重点，强化养殖者质量安全主体责任意识，严格落实兽药安全使用规定，严格督导落实安全用药管理制度，严格核查用药记录，采取多种形式，主动宣教兽用抗生素安全、规范使用知识和用药原则，提高养殖者对抗生素耐药性危害的认识以及安全用药能力和水平，严肃查处使用原料药、假劣兽药、超范围超剂量使用兽药等违法行为。三是切实规范线上发布兽药信息和销售兽药活动。逐步摸清利用互联网发布兽药信息、销售兽药特别是抗生素的基本情况，调查、收集、整理、汇总假冒兽药企业信息、假劣兽药信息以及无证经营信息的网站、电商和第三方交易平台，联合通信管理部门依法严肃处置发布假劣兽药信息、销售假劣兽药的违法违规网站。

（五）生猪屠宰监管“扫雷行动”

1. 整治重点

以城乡结合部、私宰专业村（户）和肉食品加工集中区等私宰易发区和多发区为重点，严厉打击私屠滥宰、屠宰病死猪、屠宰环节添加“瘦肉精”、注水或注入其他物质等违法违规行为，促进生猪屠宰行业健康有序发展，切实保障猪肉产品质量安全。

2. 主要措施

一是严厉打击屠宰违法行为。加强部门间协调合作，开展多部门联合执法，加大对生猪屠宰违法行为打击力度。二是严格落实屠宰企业主体责任。督促屠宰企业严格执行屠宰操作规程，全面落实生猪入场查验登记、待宰静养、肉品品质检验、“瘦肉精”自检、病害猪无害化处理等制度。严格落实检疫检验出证制度，检疫检验合格的生猪胴体及生猪产品，要附具动物检疫合格证明和肉品品质检验合格证。

（六）“三鱼两药”

1. 整治重点

以大菱鲆、鳜鱼、乌鳢等养殖水产品为重点品种，以硝基呋喃类、孔雀石绿等禁用兽药及其他化合物为重点药物开展专项整治。

2. 主要措施

一是督促“三鱼”养殖企业（场、户）强化内部质量控制，采取标准化、自检等质量控制措施，确保养殖水产品的质量安全。二是加强水产养殖安全用药技术指导，引导养殖场（户）科学、合理、安全用药。三是开展健康养殖模式试验示范。引导养殖户适当降低养殖密度，提高养殖动物抵抗力，控制或减少病害发生。

（七）农资打假专项治理行动

1. 整治重点

以种子、农药、肥料、兽药、饲料和饲料添加剂等产品为重点，围绕春耕、三夏、秋冬种等重点农时，在农村和城乡结合部，重点打击农村和城乡、省际、县际等区域结合部门店不规范经营，流动商贩无证无照经营。

2. 主要措施

一是严格源头监管。严格农资生产经营许可条件和标准，从风险评估、绿色环保和持续存限等方面建立行业准入机制。加强证后跟踪检查，对不符合法定资质条件或者有严重违法失信行为的生产经营单位，坚决依法予以清理、吊销、取缔。二是狠抓案件查处。把查办案件作为农资打假的重要抓手，严厉查处生产经营假劣农资行为。加大对涉案不合格投入品的调查力度，做到追根溯源、一案双查。三是实施检打联动。完善投入品质量监督抽检制度，明确行政、执法、检测三方机构职能与工作机制。大力宣传和利用好“12316”农资打假投诉举报渠道，发挥举报电话、网络举报信箱作用，完善举报奖励办法。四是开展放心农资下乡进村活动，普及识假辨假和维权知识，进村入户为农民提供面对面技术咨询和检测鉴定服务。

第三节 实用技术手段

提升监管实用技术手段是有效实施农产品质量监管、确保农产品质量安全的重要保障，要持续运用好风险监测、监督抽查、专项整治、追溯管理、执法监管、应急处置等有效的监管手段，融合大数据、物联网等现代信息技术，探索"互联网+"监管新模式，不断优化工作路径、提升工作能力，摸清监管底数，建立健全监管名录，梳理风险隐患目录，积极主动发现问题。

一、技术手段

（一）风险监测

农产品质量安全风险监测是指为了掌握农产品质量安全状况，开展农产品质量安全风险评估，系统和持续地对影响农产品质量安全的有害因素进行检验、分析和评价的活动，包括农产品质量安全例行监测、普查和专项监测等内容。

县级农业行政主管部门要定期开展监测计划，制定本级农产品质量安全监测计划并组织实施，管理本行政区域内的农产品质量安全监测数据和信息，建立本行政区域的农产品质量安全监测数据库。

从事农产品质量安全检测的机构，必须具备相应的检测条件和能力，由省级以上人民政府农业行政主管部门或者其授权的部门考核合格，且依法经计量认证合格。

接受任务的检测机构应当根据农产品质量安全监测计划编制工作方案，包括监测任务分工、监测内容、样品的封装传递及保存条件、抽样方法、检测方法及判定依据、监测完成及结果报送日期等内容。按要求向下达任务的农业行政主管部门报送监测计划、监测数据和分析结果。

（二）监督抽查

监督抽查是指农业农村部依法组织农产品质量安全检测机构对生产和销售的农产品、可能危及农产品质量安全的农业投入品进行抽样、检验，并对抽查结果进行处理和发布信息的活动。

监督抽查包括定期的监督抽查和不定期的监督抽查。监督抽查按照抽样机构和检测机构分离的原则实施。抽样工作由当地农业行政主管部门或其执法机构负责，检测工作由农产品质量安全检测机构负责。检测机构根据需要可以协助实施抽样和样品预处理等工作。

抽样人员在抽样前应当向被抽查人出示执法证件或工作证件。具有执法证件的抽样人员不得少于两名。

抽样人员应当准确、客观、完整地填写抽样单。抽样单应当加盖抽样单位印章，并由抽样人员和被抽查人签字或捺印；被抽查人为单位的，应当加盖被抽查人印章或者由其工作人员签字或捺印。

抽样单一式四份，分别留存抽样单位、被抽查人、检测单位和下达任务的农业行政主管部门。

抽取的样品应当经抽样人员和被抽查人签字或捺印确认后现场封样。

检测机构接收样品，应当检查、记录样品的外观、状态、封条有无破损及其他可能对检测结果或者综合判定产生影响的情况，并确认样品与抽样单的记录是否相符，对检测和备份样品分别加贴相应标识后入库。必要时，在不影响样品检测结果的情况下，可以对检测样品分装或者重新包装编号。

二、行政手段

加大专业队伍业务培训力度，制订年度培训计划、建立人员培训档案，全面完成监管、检测、执法人员和村组监协管员的轮训，整体提升监管队伍能力素质。建立健全覆盖全程的农产品质量安全制度，完善监管、检测、执法会商机制，有效形成监管合力。

加大农产品质量法律法规宣传力度，强化农产品安全意识。充分利用广播、电视、网络等宣传媒介，加大对农产品质量安全法律法规的宣传普及，通过广泛宣传，把农产品质量安全责任落实到各级政府，落实到每个监管人员，每个农产品生产经营者，营造从上至下、从干部到群众、从生产者到消费者人人重视农产品质量安全工作的良好氛围。

组织辖区内监管员、协管员、农牧业生产经营主体负责人、企业内检员、企业信息员等，开展农畜产品质量安全法律法规，“三品一标”、标准化生产、质量安全控制等知识的宣传和培训。

建立咨询台和宣传专栏，悬挂横幅、挂图，发放宣传资料，内容应包含农畜产品质量安全相关法律法规、购买和使用农资注意事项等。

三、“互联网+”助力农产品质量安全执法监管

以“互联网+”为抓手，充分利用大数据、物联网等现代信息技术，推

动农产品质量安全信用建设，构建全国农产品质量安全监测信息系统、质量安全追溯信息系统、风险预警评估信息系统以及农产品质量安全合作信息系统；构建农产品质量安全网格化监管，保障农产品质量安全“横向到边，纵向到底”的监管模式；构建农产品质量安全“痕迹化管理”，提高执法监管的效能，保障农产品质量安全。

（一）构建农产品质量安全追溯管理

追溯管理是加强农产品质量安全的重要手段，针对当前我国农业生产小而分散、上市食用农产品身份不明等问题，积极开展农产品全程追溯管理，强化线上监控和线下监管，快速追查责任主体、产品流向、监管检测等追溯信息，提升综合监管效能。用可追溯制度倒逼生产经营主体强化质量安全意识，加强内部质量控制，落实好第一责任。畅通公众查询、投诉渠道，提高农产品生产经营过程透明度，解决农产品生产经营信息不对称问题，提振公众消费信心。通过追溯管理，可以提高监管效率。出现问题能及时锁定源头，界定主体责任，防止不合格农产品流入市场；促进产业进步。倒逼生产经营主体建立自律意识，提高科学生产、绿色生产、合法合规生产的自觉性。

（二）支撑农产品质量安全网格化监管

网格化管理是一种借用计算机网格管理思想的数字化管理模式，是根据属地管理、地理布局、现状管理等原则，将管理对象按照一定的标准划分成若干网格单元，利用现代信息技术和各网格单元间的协调机制，在网格单元之间实现有效的信息交流，透明地共享组织的资源，对每一个单元实施动态、全方位管理，最终达到整合组织资源、提高管理效率的现代化管理思想。农产品质量安全网格化管理，就是将管辖范围内所涉及的农产品质量安全监管工作任务实行网格化划分，建立“横向到边、纵向到底，上下贯通、立体覆盖”的农产品质量安全监管新格局。

实施农产品质量安全网格化管理可以起到“快速发现、精确定位、及时处置”的作用，可以大大提升监管时效；是强力推进部门整体联动，着力营造齐抓共管的举措；可以充分发挥各部门监管工作的原有优势，整合监管资源，推动综合监管合力的形成；可以加大农产品质量安全网格巡查密度和频次，督促生产经营主体落实第一责任人的责任。

网格化管理的具体要求包括 3 个方面：一是科学划分农产品质量安全监管网格。以监管和执法人员为主体，辅以相关农业部门技术人员组成农产品质量安全网格化管理队伍，按照集中连片、方便管理的原则，将区域内农产品生产企业、农资经营点等监管对象，划分为若干个农产品质量安全监管网格，毗邻的4~6个监管对象组成1个农产品质量安全监管网格，每个网格配置2~3名网格监管员，每个监管员负责1个监管对象，实行定网格、定责任单位、定监管人员，并量化考核。二是明确监管权力，保障依法履职。网格监管员依法对监管对象开展现场检查。三是发挥协管员作用，实现监管对接。农产品质量安全网格监管员要掌握所辖区域基本情况，积极与协管员加强联系，开展日常巡查工作，拓宽信息渠道，加快事件处理速度。

（三）开展农产品质量安全痕迹化管理

痕迹化管理是指在日常工作和各种管理中通过纸质、电子文档、图片影像等资料进行记录，保留工作和管理的痕迹，从而为今后的各类工作提供基础资料的管理方法。痕迹化管理一方面是量化考核的重要措施，通过记录事件的整体发展过程，可以从中总结分析出有利于今后工作的经验，并且能够为个人及部门的发展提供真实可靠的数据支撑；另一方面，痕迹化管理是向管理层提供追究责任的证据。

在履行岗位职责的过程中留下痕迹，管理者可以通过痕迹内容纠正错误、弥补不足、改进方法，确保管理成效。痕迹化管理运用得好，既能明确权力和责任的关系，对日常工作起到约束、监督的作用，提高责任感，也能通过信息整合找出管理工作中存在的漏洞，实现工作流程的优化；运用得不好，既增加工作量，影响工作效率，也会滋生形式主义。痕迹化管理要注意至少两个方面，一是对痕迹内容真假的辨别能力。随时对重点工作进行实实在在地记录，留下真实信息和数据，可以为管理者留下可供考察、评估、佐证的材料，也便于接下来接手的员工明确工作进度和注意事项。但是如果日常工作中不重视痕迹化管理，等到上级考核时，才凭借记忆“再创造”痕迹或者干脆编造记录。对于这样的假痕迹，管理者需要有一双辨别真假的“火眼金睛”。对痕迹化管理做到“一查二看三访”，让虚假的“痕迹”难逃管理者的慧眼。二是对痕迹管理效果的鉴别能力。随着管理方法的多样化，工作任务的分解越来越精细。如果不顾效果，时时有痕迹、事事有痕迹，铺天盖地开展痕迹化管理，除了带来很大的工作量，加重工作负担、降低工作效率，还会造成“眉毛胡子一把抓”、失去工作重点的后果。所以要结合日常工作具体开展情况，从宏观上对痕迹化管理进行调控，实现管理的科学化。

第六章　科普工作

近年来的网络舆情监测分析结果显示，社交媒体中的有关农产品质量安全问题事件的网络舆情，近一半是谣言。在有关谣言形成的网络舆情中，不少是网民及媒体人缺乏农产品质量安全生产、安全消费的知识，也存在相关生产企业之间的恶性竞争相互攻讦的情况，不排除一些别有用心的人或一些利益集团故意散布谣言，刻意毁损我国农产品品牌形象，破坏民族产业做大做强。而不少的普通消费者本身对农产品质量安全生产认知水平及科学消费素养不高，在一些媒体的强势、反复误导下，更难以对农产品质量安全问题形成清醒客观的认识，一旦出现农产品质量安全负面信息，极易形成“有罪推定”的思维定式，引发非理性的共鸣。由此可见，基层农产品质量安全工作人员积极开展具有高度针对性的科学普及和风险交流十分重要，需要科学地普及农产品质量安全政策法规措施标准，普及农产品质量安全生产、安全消费科学技术知识常识，提高公众认知水平和辨识能力，引导公众形成正确的情绪、态度和意见，为我国农产品质量安全事业营造一个宽松和谐的生态环境。

第一节　农产品质量安全科普方法

采取各种通俗易懂的方式向公众普及农产品质量安全生产、安全消费知识并能入脑入心，及时回应社会关切，尽快化解公众疑虑，尽力消除农产品质量安全舆情风险隐患，引导科学消费、安全消费，保护产业健康稳定发展，维护和提高政府公信力，是基层农产品质量安全公共服务机构的基本职责、重要使命，也是我国农产品质量安全工作的重要内容和重要抓手。舆情监测及风险评估结果表明，在当前和今后一个时期，做好农产品质量安全科学普及工作，一要弄清科普对象、讲究科普方法，二要有效针对社会关切、精准开展科学普及。简单来说，就是要科学地普及科学知识，精准回应社会关切。

一、科普对象

农产品质量安全科普对象，也可以称之为科普客体，即接受科普的人。根据近年来我国农产品质量安全问题事件报道曝光、发生发展的情况来看，农产品质量安全科普对象应包括管理者、生产经营者、传媒参与者和一般消费者等。不同的科普对象拥有不同的人群属性特征，在农产品质量安全风险形成及管控过程中所扮演的角色也不尽相同。因此，应当针对不同的科普对象选择投放不同的科普内容。

（一）管理者

各级管理者，包括各级人大代表、政协委员、专家学者、荣誉大咖等常常并不是直接管理农产品质量安全工作的，也不是农产品质量安全方面的专家，他们对农产品质量安全问题缺乏深入了解，但在有关大政方针决策的时候，或者是在农产品质量安全突发问题事件中有表决权、话语权，一定程度上代表着网络民意，在现实或虚拟空间都有相当程度的号召力，他们的态度和意见在决策及舆情发酵过程中常常产生导向性影响，这些管理者便是科普对象之一。基层农产品质量安全公共服务机构管理者，既是农产品质量安全科普的组织者、实施者，又是科普知识的接受者。对管理者的科普主要包括3个方面：一是现阶段我国农产品质量安全形势的认识，明了农产品数量安全与质量安全的关系；二是农产品质量安全监管方面的法律法规、政策措施、科学研究、成果成效等；三是农产品安全生产基础知识、农产品生长发育的基本常识、标准限量及安全消费知识等。基层农产品质量安全公共服务机构管理者除掌握上述3个方面的知识外，还要具备大量农产品质量安全生产、安全消费应知应会的知识、常识，掌握农产品全产业链各环节质量安全控制的相关技术、知识，包括安全生产、收获、加工、贮存、保鲜、包装、运输等知识，尤其应掌握普通公众比较关注的产地环境、投入品残留、非法添加等知识，熟悉农产品质量安全科普的基本方法和媒体应对技巧，掌握应急处置工作方式方法，妥善处置突发问题事件。

（二）生产经营者

质量安全的农产品最终靠生产者生产出来，生产经营者是农产品质量安全问题的第一责任人。对生产经营者的科普，要注重提高生产经营者的质量安全生产意识、知识和技能，农产品安全生产相关法律法规素养，加强安全生产、收获、加工、贮存、保鲜、运输等技术指导，以及面对及应用媒介时客观宣传、正确表述农产品安全属性的能力等。生产经营者应知应会的能力素养，是基层科普的重点内容。

（三）传播参与者

传播参与者包括各种媒介及媒体人、网络大V、发帖转帖跟帖的普通网民等。对于这类对象，要加强农产品质量安全生产、安全消费知识的科普和自律教育，普及相关的法律法规知识，引导媒体人能够科学、真实、准确、客观地报道、爆料相关问题事件，网络大V和普通网民能理性认知农产品质量安全问题的真实性和客观性。

（四）普通消费者

普通消费者对农产品质量安全重点关注的是农兽药残留、添加剂及生长调节剂应用、农产品品牌识别、谣言甄别、农产品生长发育规律及其基本属性等。对普通消费者的科普，主要是普及农产品质量安全生产、安全消费知识，以提高消费者的农产品质量安全认知水平，帮助树立正确的消费观念，养成正确的消费习惯，不造谣、不信谣、不传谣。如能正确地看待农兽渔药和添加剂的作用与残留，不过度追求零农药、零兽药、零添加剂等；不过分注重农产品的外观；如何选择安全优质的农产品，以及正确的消费方法等。

二、科普特点

要做好农产品质量安全科学普及工作，还要了解农产品质量安全科普的自身特点，增强科普工作的针对性。根据农产品生产上市的周期性规律和新媒体环境下的不同受众群体，农产品质量安全科普工作至少具备3个典型特征，即周期性、多向性和社交性。

（一）周期性

农产品都是生物体，有其自身的、固有的生长发育成熟过程，依赖于大自然的水、土、气和光、温、热，依赖于独特的产地条件和环境因子，形成了独具特色的品质特性和质量安全要素，生产周期性明显。研究发现，农产品质量安全问题事件的曝光在时间上也呈现出明显周期性特征。在一年中，夏秋季节是相关问题事件曝光的重点时节，冬春季则是曝光的淡季，尤其在2月前后，一般是全年相关问题事件曝光量的最低点。此外，在时间节点上，如两会期间、3·15、节假日前后是农产品质量安全问题事件容易曝光的重要时节。因而农产品质量安全科普工作也具有明显周期性特征，如在相关农产品集中上市的时节，适时开展相关产品谣言类问题的科普辟谣活动效果就比较明显。

（二）多向性

农产品质量安全科普是将现在已经掌握和获得的农产品质量安全知识进行传播的过程。伴随现代网络通信技术的快速发展，社会进入了“大众麦克风时代”，人人都可以借助各种媒体相对自由地向他人发布、传播、互动相关信息及意见，公众的角色也逐渐从信息获取者向信息制造者转变。全媒体环境下的农产品质量安全科普活动，自带信息交互属性。一遇热点事件，网络中各种专家、评论家、侠客义士很多，声音多元，真假难辨；网民根据个人兴趣而上网查找、了解和发布科普知识；针对专家和媒体发布的科普解读，网民也通过留言、转发等形式发表自己的观点，即使权威专家的发言也会受到网民的严格检验。

（三）社交性

公众参与程度决定科普效果。科普方式社交化是化解舆论戾气，建立科普统一战线的有力举措，是当前科普工作变革的重要方向。目前不少新兴科普传播平台在兼顾传统科普媒介优势的基础上，引入社交化元素，放低姿态和调门，力求得到更多网民的认可，力求吸引公众的积极参与。众多食品农产品质量安全研究机构和报刊等传统媒体，在兼顾传统科普优势的基础上，也纷纷开发自己的微信公众号，走亲民路线。这些机构或单位长期以来积累了丰富的专业资源，具有权威的科普地位，在社交平台上很容易得到原有读者族群的认可和关注，又充分吸纳更多网民的参与，关注度和信息的转发量上具有优势。

三、科普方式

根据科普的目的和时效，农产品质量安全科普分为长期科普、短期科普和应急科普。

（一）长期科普

长期科普，即教学，就是将农产品质量安全科普教育切实纳入正规的教学体系之中，无论是幼儿园、小学、中学还是大学，开设食品农产品质量安全教学课程。普及食品农产品质量安全知识，从娃娃抓起，让人们从小就知道不安全生产、不安全消费的危害，从小养成安全生产、安全消费的良好习惯、素养，从小就能客观、理性地看待质量安全问题。

（二）短期科普

短期科普，即培训，是指为了解决某一个问题或某一类问题而进行一段时间的集中科普宣传培训活动。通过举办短期培训活动，让公众对农产品质量安全生产、安全消费有更深层次的了解。比如相关法律法规和标准出台后，开展的宣贯培训普及；各级农业部门举办的农产品质量安全监管培训班；基层农业部门针对农兽渔药安全使用等问题举办的各类科普培训；各级农业部门经常组织的进社区、进学校、进基地开展科技讲座、展览、咨询和“农产品质量安全宣传周”活动等。

（三）应急科普

突发问题事件舆情发生后，相关部门为了及时回应社会关切，化解公众疑虑，引导舆情发展方向，消除负面影响，在第一时间开展的具有高度针对性的法律法规宣贯、专家科学解读、科学常识普及。应急科普常常通过传统媒体（如报纸、电视、广播等）或新媒体（如微博、微信、微视频和客户端等）等多媒介平台，实时权威发布有关法律法规标准，专家科学解读、普及问题所涉及的基本科学常识。

四、科普媒介

除坊间的口耳相传外，农产品质量安全科学普及工作的媒介还可分为传统媒体、网络媒体及新兴媒体等。

（一）传统媒体

报纸、电视、广播、书刊等传统媒体是公众获取信息的主要渠道，其权威性和可信度比较高。在农产品质量安全科普中，要重视和发挥报纸、电视、广播等传统媒体的作用，要坚守报纸、电视等传统媒体的舆论阵地，充分利用传统媒体宣传平台进行科学普及，推进科学生产，引导安全消费。此外，科普讲座、科普展览、知识竞赛、科技咨询、科技活动周、科普活动月以及公共场所的科普展板、宣传栏、电子屏等科普宣传载体，仍然是有效的农产品质量安全科普方式。

（二）网络媒体

在“互联网+”背景下，信息传播形式和载体更加多元，社会舆论的议程设置越来越多地来自互联网。人们也发展了基于互联网的各种新媒体舆情科普平台，比如农产品质量安全科普资源共享服务平台、官方科普社交平台、农业科技手机报、主题科普宣传网站（网页）、科普微博、科普微信公众号、科普微视频、科普 App 等大量涌现，以微博、微信、微视频和手机客户端为代表的“三微一端”对农产品质量安全舆论议程设置的主导作用日益凸显，利用新媒体开展农产品质量安全科普，势在必然。农业农村部组织农产品质量安全风险评估专家利用新华网、中国食品辟谣联盟、农产品质量安全微信公众号等主流媒体和自媒体发表各类针对性的科普辟谣文章，科普作用十分明显。

（三）融媒体

以互联网和手机等为代表的新兴媒体，具有融合多种媒体的信息整合功能，新媒体与传统媒体多重立体组合，表现出信息传播形式的多样性与传播内容的多元化，具有更好的传播效果。近年来，以@人民日报、@央视新闻、@新华社发布、@澎湃新闻、@凤凰资讯等为代表的众多传统媒体进军新媒体，能把报纸、电视、电台等传统媒体与互联网、手机、手持智能终端等新兴媒体传播渠道有效结合起来，使得原本单一的文字、音频、视频节目有了更为丰富多彩的文字、图片、音频、视频乃至动漫等融合表现形式，公众可以打破时间、空间限制，随时随地接受科学知识，随心所欲搜看自己喜欢的视频资料。此外，手机等智能终端还可以通过后台云计算、大数据和个性化的分析，了解用户兴趣点，进行有针对性的科普知识推送。要重视和加强融媒体科普在农产品质量安全科普方面的作用，打造基于融媒体矩阵的农产品质量安全科普产品。

五、科普形式

在农产品质量安全科普活动中，不断优化科普形式，适当选择科普手段，丰富公众的内容选择空间，就能减缓公众的视觉疲劳，不断加大科普的渗透力，实时刷新科普的效果。

（一）平面科普

以平面化的文字、图片（包括图表、照片和漫画等）为主要内容，通过图书、报纸、期刊、展板、宣传栏、电子屏、网站（网页）、博客、微博、微信公众号等发表农产品质量安全科普文章，介绍安全生产、安全消费科普常识，是基层农产品质量安全科普的主要形式。要有针对性地贴合公众的关注点和认知水平，内容简洁、通俗易懂，增加趣味性，还可以对科普内容进行文学加工，如科学童话、科普故事、科普诗歌、科普小品、科普歌曲，特别是科普段子（顺口溜）等。

（二）音频科普

将农产品质量安全知识制作成音频在电台、社区广播、网络、手机、电脑中播放，也是一种适用的科普形式。公众在闲暇之余就能通过电台、手机或车载音响等聆听专业人士讲述妙趣横生的科普故事，既不占用额外的时间，又能轻松地获得科技知识。

（三）视频科普

电视（网络电视）、网络直播、微视频、动漫视频等形式的科普，直观形象，变静态科普为动态科普，专家现身说法，或者生动形象的动漫主角的台词代言，更容易让公众接受，如农业农村部农产品质量安全专家编导的“空心草莓”“避孕药黄瓜”“甲醛白菜”等科普视频，“塑料紫菜”和“塑料粉丝”事件辟谣视频等。

（四）互动科普

公众在互动中获取科普知识，是未来科普的重要发展方向。比如可通过扫二维码，在电视、网络、手机中以及现场游戏互动中开展科普，通过问答互动、转发集赞、看视频学食安、食安 Rap、街舞、拉丁舞、武术、歌曲等形式开展科普，通过组织公众参与电视或网络直播的农产品质量安全知识竞赛开展科普等，在互动中让公众享受科学的滋润、与科学互粉。

六、科普管理

农产品质量安全科普工作是一个长期的、艰巨的、复杂的系统工程，需要科学的顶层设计、有效的管理手段、严密的体系队伍、全新的媒介平台和给力的保障支撑，以稳定提高科普的成效。

（一）队伍建设

基层农产品质量安全工作机构是农产品质量安全工作体系面向普通公众开展农产品质量安全科普的重要力量，应树立人人都是科普员的理念，组建科普专员队伍，明确工作职责，制定科普计划，开展科普活动。科普专员队伍由基层农产品质量安全工作机构工作人员、辖区内农产品质量安全村级协管员、企业内检员、超市生鲜食品质量管理员组成。科普专员负责策划并组织实施管理范围的农产品质量安全科普活动；设计科普实施方案；编撰科普宣传资料；协调落实上级安排的其他科普活动；开展业务培训。分梯次组织科普专员参加上级业务部门组织的科普技能培训或科普活动观摩，为基层农产品质量安全科普提供智力支持和基本的人才储备。考核评价激励，将科普工作作为基层农产品质量安全工作机构工作人员年度考核重要内容、村级协管员年度工作绩效重要指标、企业内检员履行职责重要凭证、超市生鲜食品质量管理员有效协作重要依据。通过考核评比，不断激发科普专员的工作热情。

（二）阵地管理

农产品质量安全科普阵地是提升全民科学素质的重要载体，是公众了解农产品质量安全知识的有效平台。在充分利用好原有的科普阵地的同时，挖掘开辟新的科普阵地。推崇科普阵地共享机制，有效共享社区科普大学、社区宣传栏、新型农民职业培训阵地、科协、科委等单位建立的示范基地等科普资源。鼓励农产品生产单位设立宣传科普专栏，有条件的单位设立农事体验科普场所。结合"三园两场"项目建设、名特优新农产品推荐、绿色食品原料基地创建等，每个乡镇建立1~2个科普示范点。科普示范点一般应配置以下条件：一是科普场所。具有开展科普活动的场地，设立农产品质量安全科普宣传栏、LED电子显示屏、科普知识展板等。二是科普专员。负责组织科普活动和对外讲解。三是工作机制。管理制度健全，科普计划到位，科普活动常态。四是展示场地。对外展示企业追溯管理、信誉评价等级、全程质量控制、优质安全产品、科学消费方法等内容。五是基地示范。开展新品种、新技术、新模式以及现代信息化的应用，发挥带动引领作用。农产品质量安全科普示范点，是普通公众学习科学知识、接受技术培训最直接的前沿科普阵地，不仅能普及农产品质量安全知识、提高公众的科学认知水平、消除消费者的认识误区，对促进公众树立科学意识、崇尚科学精神、提高科学素质、提升应用科学知识处理各种实际问题和参与公共事务的能力也具有积极意义。

（三）协同推进

开展农产品质量安全科普，是提升公民科学素质的具体举措。按照《全民科学素质行动计划纲要实施方案（2016—2020年）》的要求，各地各有关部门要将公民科学素质建设相关任务纳入工作规划和计划，加大政策支持，加大投入保障，加强督促检查，推动各项工作任务落到实处。基层农产品质量安全公共服务机构，一是要主动向当地政府报告，与科协等部门沟通，争取农业部门进入当地科普联席会议领导小组，把农产品质量安全知识纳入当地科普的主要内容。二是要与科委、乡镇、规划、国土、建委、气象、消防等部门联动，促进资源配置优化，部门协同联动，共同推进农产品质量安全科普工作。

（四）创新服务

一是定计划。科普宣传不能狂轰滥炸，让人生厌，要有目的、有计划、恰到好处地让人入脑入心。根据当地农事活动的季节性及科普周期性特点确定科普时间和科普内容。对于重点时间节点，提前谋划，适时展开。二是转方式。在结合科技活动周、科普活动月，利用社区老年大学、新型职业农民培训等多种方式开展科普讲座、科普展览、知识竞赛、科技咨询的同时，根据不同年龄、职业、文化层次和兴趣爱好的科普对象，围绕农产品生产消费问题，从日常生活入手，积极寻找他们喜闻乐见的科普传播方式与载体，变被动接受为主动参与、积极配合。如在文艺演出的节目中说科普、唱科普、演科普，用体育健身的方式宣传科普，用游戏、体验、问答、竞赛等互动方式植入科普，提高科普效率。三是融载体，充分发挥传统媒体、网络媒体、新兴媒体“三位一体”的平台功能作用，多频道、全方位传播农产品质量安全知识，投放丰富多彩灵活多样的农产品质量安全信息元素，让农产品质量安全知识入耳、入脑、入心，实现普通公众对农产品质量安全的认识、认知、认同。

（五）保障支撑

公众对农产品质量安全的期待越来越高，党和国家的要求越来越严，农产品质量安全信息传播渠道越来越广，科普服务任务越来越重。一是改善条件，要加大计算机软件系统等技术方面的升级，硬件设备更新，配置便携式网络终端设备以及无线网络支持，加大现代网络信息技术的应用力度，提高科普服务效率。二是经费支撑，保障人员和工作运转经费以及科普宣传专项经费，稳定工作队伍，改善工作条件，落实基层科普专员补助。

第二节　农产品质量安全科普内容

在媒体上进行科普解读、科普宣传是一种回应社会关切的态度、意见和观点，会引发公众的看法、态度和意见，如果这种科普解读、科普宣传与公众的态度和意见产生了共鸣，或与负面报道、爆料形成了有效对冲，就成功化解了负面舆情风险，引导了社会舆论的良性发展。农产品质量安全科普工作的目的就是要让公众掌握和了解农产品质量安全生产、安全消费的科技知识、科学常识，但是，相关知识浩如烟海，不能漫无目的、盲目行动，既要针对社会关切，普及当前急需的问题事件背景知识常识，同时要有计划有步骤地宣传普及公众应知应会的科技知识和科学常识。从农田到餐桌的过程中，大概有以下几方面的知识（见下表）。

表　农产品质量安全科普内容框架

内容	重点举例
政策法规知识	国家有关农产品质量安全的大政方针、政策措施、工作重点、法律法规、规章制度及乡规民约等知识
产地环境知识	产地环境与农产品质量安全关系、产地污染种类、污染成因、污染现状、标准限量、防治修复、禁止生产区域以及农产品对产地环境污染的富集特性等知识
农业投入品知识	肥料、农兽渔药等农业投入品的增产提质作用及其安全性，农兽渔药残留的标准限量，农兽渔药的科学使用（用法用量及适用范围）、安全间隔期及休药期，生长调节类物质的功能作用及其使用方法、标准限量，植物激素与动物激素的区别，人用药（如避孕药）与动植物的关系，非食用物质违法违规使用的法律后果等
生产过程控制知识	农产品品种、种养殖生产技术、病虫害防控技术等知识
产地初加工及贮存运输知识	农产品初级加工知识，比如分割切片、分级遴选、打蜡包装、贴标捆绑等；农产品分割切片后变色变味、生物污染、化学污染；初加工及贮存运输过程中的添加剂、保鲜剂、保活剂、防腐剂的使用规范等；以及生产加工过程中的杂质如玻璃碴、金属屑、石块和木渣的有害性等基本知识
农产品本身特征知识	常见农产品的生物特征特性及生物的多样性，农产品生产过程等
其他常识	农产品的真伪辨别及科学消费等知识

一、政策法规知识

从近年来的舆情监测研究发现，公众明显存在涉及农产品质量安全方面的政策法规知识缺陷，一些生产经营者不知道强制标准限量、高毒农药的危害、违法生产经营的严重后果，一些重要媒体甚至不清楚农产品质量安全法、食品安全法等有关检测机构资质、信息发布的法律规定，一些网民不知道造谣传谣的法律后果，不少消费者不知道安全限量标准的意义作用，要通过农产品质量安全科普工作让公众了解社会舆论格局和矛盾构成，了解国家有关农产品质量安全的大政方针、政策措施、工作重点，了解农产品质量安全相关的法律法规、规章制度及乡规民约等。包括《食品安全法》《农产品质量安全法》《刑法》《行政诉讼法》《全国人民代表大会常务委员会关于维护互联网安全的决定》《最高人民法院　最高人民检察院关于办理利用信息网络实施诽谤等刑事案件适用法律若干问题的解释》《最高人民法院关于审理编造、故意传播虚假恐怖信息刑事案件适用法律若干问题的解释》《农药管理条例》等法律法规知识；党和国家领导人针对食品农产品质量安全问题的重要讲话、批示、指示；党中央、国务院有关食品农产品质量安全的重要文件、行动部署、工作安排及重要活动等；农业农村部、省（市）区县等党政部门的农产品质量安全政策措施、工作安排等；农产品质量安全监管、认证认可、质量追溯、标准规范及行政执法等行动计划、意义作用、成果成效等。

二、产地环境知识

农产品产地是指植物、动物、微生物及其产品生产的相关区域，农产品产地安全是指农产品产地的土壤、水体和大气环境质量等符合生产质量安全农产品要求。根据农产品品种特性和生产区域土壤、大气、水体中有毒有害物质状况等因素，由县级以上地方人民政府划定农产品生产的适宜区和禁止生产区域，禁止生产食用农产品的区域可以生产非食用农产品，禁止在有毒有害物质超过规定标准的区域生产、捕捞、采集农产品和建立农产品生产基地。通过产地环境的清洁化、生产过程的绿色化保护好产地环境。

农产品质量安全是“产出来”的。农产品产地环境的好坏是影响农产品质量安全优劣的主要因素。抓好农产品产地管理，是保障农产品质量安全的前提。产地环境引发农产品质量安全问题的主要因素为工业“三废”的排放和农业面源污染所导致的重金属和持久性有机污染物等超标。农产品中的有毒重金属主要指铅、镉、铬等，重金属主要来源于工业“三废”的排放及城市垃圾、污泥和含重金属的化肥、农药，还有汽车尾气造成的铅污染。污水中镉、铅、汞、砷等重金属含量相对较高，如果不对其进行处理后灌溉，则容易造成产地环境的重金属含量超标等。肥料尤其是氮肥的过量施用，易导致蔬菜中硝酸盐含量超标和地下水硝酸盐污染等。二噁英、多氯联苯、多环芳烃等持久性有机污染物在畜禽产品中的富集也随着工业污染的扩散而加剧。此外，农产品生产过程中的物理性危害因子诸如放射性辐射的危害。近年来，因为农产品产地的土壤、大气、水体被污染而严重影响农产品质量安全的问题时有发生，如湖南“镉大米”、鸡西石墨污染玉米、蘑菇和葵花籽重金属含量争议、日本核辐射食品等。要通过农产品质量安全科普工作让公众熟悉并科学认知农产品产地环境条件与农产品质量安全的相关性，重点普及产地环境与农产品质量安全关系、产地污染种类、污染成因、污染现状、标准限量、防治修复、禁止生产区域以及农产品对产地环境污染的富集特性等知识。

案例 1：湖南“镉大米”问题

南方日报 2013 年 2 月 27 日报道，记者在广州市场随机抽取多批次湖南大米，结果均显示镉超标，属于不合格产品。南方日报曝光的“镉大米”问题引发了全社会的强烈关注，绝大多数网友表达了对食品安全问题的担忧以及对我国食品安全监管的批评。

调查发现，镉污染大部分来自矿区，一些采矿企业“几乎没有环保设施”，重金属通过工厂排污径自进入农田土壤，即使冶炼厂距离农田远，其排放的废气扩散后还是可能随降雨落到农田中。此外，一些肥料中也含有重金属镉。被重金属严重污染的农田种植水稻，导致大米中重金属超标，部分问题大米进入市场交易。

市场出现重金属镉超标的大米主要是因为在被重金属镉严重污染的农田种植水稻。镉污染大部分来自矿区，一些肥料中也含有重金属镉。

正确认识环境污染对农产品质量安全的影响。土壤镉污染主要来自采矿、冶炼行业。工厂排放废气中含有镉，可能会通过大气沉降影响较远的地方。目前我国土壤污染呈日趋加剧的态势，且土壤污染形势复杂，呈现新老污染物并存、有机无机污染混合的局面，防治形势十分严峻。建议从国家层面，健全和完善重金属污染相关法规，加快污染治理。

积极寻求解决方法。根本的解决途径还是工业污染的治理，迫切需要的则是广泛严格地检测食物以及饮水中的镉含量，进行科学的评估，并且及时处理与公布。对于消费者来说，食用镉米并不意味着快速中毒乃至死亡，而且我国当前的镉米超标问题总体并不很严重，目前尚未出现流行性病学问题，不必过度恐慌。为降低食品中某些元素对人体的危害程度，主动而广泛摄入各种食品尤为重要，人们应当更加“杂”地取食，比如多吃些海产品、豆类产品、瓜子等含锌量较高的食品。

案例 2：网传食用菌富集重金属

2014 年 4 月前后，网络上一篇“蘑菇还是少吃一点吧”的帖子被很多网友转发。帖中提到，一名来自瑞士苏黎世大学研究真菌的博士说，蘑菇虽好，但它对铅、汞等重金属的富集能力强，最多可达到 100 多倍。由于人体没有排出重金属的机制，所以食用蘑菇后，这些重金属会在肾小管内聚集，严重时甚至会引起肾小管坏死。帖文最后调侃说，“瑞士人人均寿命 80 多岁，就是不吃蘑菇的功劳”。2014 年 8 月、2015 年 4 月，相关问题再次出现在网络，所传网帖内容近乎一致。媒体调查显示，“重金属蘑菇说”导致市场蘑菇严重滞销。

“食用菌富集重金属”系谣言，因发帖者与转帖者缺乏食用菌生产常识，不能区分野生菌菇与人工栽培食用菌，更不了解世界各国蘑菇生产与消费状况。在“镉大米”问题的影响下，消费者对农产品重金属问题过分敏感，进而引发对“重金属蘑菇”问题的广泛担忧。市售人工栽培食用菌不存在重金属污染。自然生长的野生菌菇可能存在重金属超标的情况，不宜盲目采食。

特定食药用菌特异吸附某种重金属只是个案。金属元素广泛存在于自然界，动物、植物和微生物都依赖于自然界的水、土、气生长，在生长过程中或多或少地会吸收一些微量的金属元素，食用菌也不例外。因此，从科学的角度讲，食用菌可能存在微量的重金属残留，但并不代表富集能力强。除个别食药用菌对某种特定重金属有较强吸收能力外，如研究发现食用菌姬松茸对镉有较强吸收能力，而其他常见食用菌则无此现象。野生采摘的食用菌中的重金属来自其生长地的土壤、有机质、水源与空气污染等；人工栽培食用菌的重金属来源于栽培基质、覆土、空气、水。一般菌菇的生长周期比较短，通过食用菌的菇体表面吸收周围的重金属比较有限，食用菌对重金属的富集，最有可能的是发菌期通过菌丝从栽培基质中吸收。随着科技的发展，如今人工栽培食用菌所用的主要培养基原料已从单纯使用椴木、木屑等木材原料转向农副产品辅料，同时加入一定量的石灰、石膏、磷酸钙等调节基质酸碱度的物质。目前食用菌栽培所使用的基质和辅料中的重金属含量都很少，且有明确的控制指标及相应的监测措施。如果真是基质或辅料中重金属严重超标，那绝大多数生产菌种也就无法存活和正常生长。

市售人工栽培食用菌不存在重金属污染，消费安全有保障。关于食用菌富集重金属的传言来源基本都是国内外自然生长的野生菌菇，尤其是对非食用的真菌富集重金属的研究结果。市面流通的食用菌以人工栽培为主，人工栽培食用菌都会筛选无污染的原辅料，采用生活饮用水及未被污染的土壤，避免重金属污染。而且，大多食用菌栽培不需要土壤，重金属污染更易控制。食用菌栽培是很讲究的，尤其是食用菌工厂化栽培，所有栽培使用的原料在栽培之前都要进行严格挑选和检查，重金属是必检指标，重金属超标的原料是不可能用于食用菌栽培的。目前的人工栽培食用菌，已基本切断重金属污染来源，不存在重金属污染问题。我国农业生产已在大力推行规模化、标准化、优质化和品牌化。针对食用菌生产，对于各种生产原辅料和投入品、生产全程控制、产品等级规格以及安全限量等方面，国家已制定了相应的产品质量标准、安全生产规范和安全限量标准。通过对生产过程进行严格管控，确保上市产品质量安全。近年来，我国各级政府监管部门开展了食用菌重金属含量的普查与监测评估，相关科研院所、检测机构也做了大量调查和检测，结果均未发现食用菌产品重金属易超标的现象。

三、农业投入品知识

农业投入品是指在农业和农产品生产过程中使用或添加的物质，主要包括生物投入品、化学投入品和农业设施设备等三大类。生物投入品主要包括种子、苗木、微生物制剂（包括疫苗）、天敌生物和转基因种苗等。化学投入品主要包括农兽渔药（包括生物源农药）、化学肥料、植物生长调节剂、饲料、动物激素、抗生素、保鲜剂等。农业设施设备主要包括农机具、农膜、温室大棚、灌溉设施、养殖设施、环境调节设施等。

近年来，农业投入品中农兽渔药残留超标、违规使用抗生素等是诱发农产品质量安全问题事件的高敏危害因子。化肥中含有的重金属元素、放射性物质及劣质磷肥中含有的三氯乙醛、氟化物等，使农业环境和农产品重金属含量超标，造成污染危害。种植过程中施用的有机肥多来源于附近养殖场的畜禽粪便，其中镉、铅、砷、汞的含量超标率较高，从而危害产地环境并造成果蔬中重金属含量超标。要通过农产品质量安全科普工作，让公众了解和掌握为什么要使用化肥、农兽渔药，肥料、农兽渔药等农业投入品的增产提质作用及其安全性，农兽渔药残留的标准限量，农兽渔药的科学使用（用法用量及适用范围）、安全间隔期及休药期，高毒禁限用农药的危害及使用限制，生长调节类物质的功能作用及其使用方法、标准限量，植物激素与动物激素的区别，人用药（如避孕药）与动植物的关系，食品添加剂的有关使用规范，非食用物质违法违规使用的法律后果等。

案例 3：山东“毒生姜”事件

中央电视台 2013 年 5 月 4 日“焦点访谈”报道，在山东省潍坊市峡山区王家庄的姜农在种植生姜时普遍施用一种叫“神农丹”的“严禁用于蔬菜、瓜果”的“剧毒”农药。记者发现这里不仅违规使用神农丹，更为严重的是滥用神农丹。就拿跟生姜比较接近的甘薯来说，按标签标示每公顷使用的剂量是 30~45kg，而当地农民在种甘薯时每公顷要用到 120~300kg，是规定用药量的 3~6 倍以上。按照使用规定，即使在批准的作物上在其生长周期里也最多准许使用一次，这里的姜农要用两次。在神农丹的使用说明中，还标明在甘薯地里使用时，安全间隔期是 150 天。而这里的农民不仅在 4 月播种时超量使用神农丹，到 8 月立秋的时候，还要超量使用一次，这时距离 10 月收获新姜，只有 60 天左右的间隔期，远远少于参照作物甘薯的 150 天安全间隔期。“毒生姜”事件经央视曝光，旋即受到国内媒体的高度关注，众媒体群起围剿“毒姜军”。包括广州日报、法制日报、新华网、人民网等 2 000余家网络及平面媒体转发了相关报道。网民对潍坊姜农用剧毒农药种植生姜的报道给予了极大的关注。2014 年 3 月 31 日，山东省潍坊市坊子区人民法院对“毒生姜”案作出一审判决，以周某某等 4 人犯非法经营罪、生产销售有毒有害食品罪，分别判处 1 年至 6 个月不等有期徒刑，并处5 000~20 000元人民币罚金。

山东潍坊“毒生姜”问题系因个别地区姜农在种植生姜过程中违规滥用剧毒农药“神农丹”、不知晓农药使用安全间隔期。“神农丹”属剧毒限用农药。“神农丹”不能直接用于蔬菜瓜果。神农丹的主要成分是一种叫涕灭威的剧毒物质，50mg 就可致一个 50kg 重的人死亡，而且涕灭威属内吸性农药，容易被植物全身吸收，因此不能直接用于蔬菜瓜果。按照农业部的农药登记，“神农丹”只能用在棉花、烟草、月季、花生、甘薯上，但是，在用药量、用药次数、用药方法上有严格的限制。此次事件中，某些农民违法将剧毒农药涕灭威使用于生姜生产，理应受到法律制裁。然而，尽管这个过程是严重违法的，但其对消费者并不会产生严重的后果。按本次事件中检出涕灭威残留的最高值 0.261mg/kg 计算，一个体重为 63kg 的人，每天吃这种所谓的“毒生姜”中最“毒”的生姜，每天吃的数量只要不到 0.7kg，就不会危害人的健康。

四、生产过程控制知识

农产品生产过程中，除了产地环境和农业投入品知识的科普，还包括农产品品种（如“速生”鸡鸭、大个瓜果、无籽瓜果），种养殖生产技术（如轮作间套、稻田综合利用、套袋、授粉、底肥、追肥、叶面施肥、大棚种养技术、反季节蔬菜、畜禽养殖技术等），病虫害化学、物理及生物防控技术等，要让公众了解农药残留与农药残留超标不是一回事，化肥农药不能催熟早稻，木耳及早春茶叶不会施大量农药，无籽瓜果不是抹了避孕药，西红柿耐贮存可能是因为品种的原因，瓜果爆炸（如西瓜爆炸、柚子开口）不一定是因为用了膨大剂，“黄瓜”顶花带刺与避孕药无关，有虫眼的蔬菜不一定绝对安全，瓜果叶面施肥及套袋生产是一种正常的生产技术，畜禽出栏快是因为品种、饲料及养殖条件改善，稻田养鱼蟹不一定就会农残超标，黄鳝不会用避孕药催肥，以及柑橘、樱桃、杨梅等水果中的蛆虫是怎么回事等。

案例 4：无籽水果是用避孕药种出来的吗？

2016 年，一段无籽葡萄是用避孕药培育出来的视频在朋友圈疯传，视频中一位“无名水果店”水果商贩在车内与人对话，称无籽葡萄都“沾了避孕药”不能给孩子吃。舆情监测发现，有关“无籽水果是用避孕药种出来的”的说法最早出现于 2008 年前后。而后围绕不同无籽水果品种的相关发帖及视频被部分网站和媒体反复炒作。网络中有流言称，无籽水果中含有大量激素，是用避孕药处理来达到无籽效果的，经常食用对人体有害。由于“避孕药”与“无籽（子）”容易引发联想，不少网民表示，“以后再也不敢食用无籽葡萄了”。2016 年，农业部组织有关专家通过人民日报、新华网等渠道就“无籽葡萄抹避孕药”的谣言进行了辟谣。

“无籽水果是用避孕药种出来的”说法纯属谣言，是因为一些媒体从业人员及网民对无籽瓜果培育、生产技术、植物激素与动物激素不了解造成的。无籽水果生产与避孕药毫无关系。合法使用赤霉素等植物激素是生产无籽葡萄等水果的方法之一，但植物激素不是避孕药，对人没有影响。

使用避孕药生产不出无籽水果。人用避孕药属于动物激素类物质，只有在进入人体后才能被人的响应识别机制所识别，进而调节体内各项生理指标，使精细胞和卵细胞无法结合形成受精卵，从而达到避孕目的。但植物体内缺乏相应的受体以及信号途径，作为动物激素的避孕药无法被植物识别和起效，也就根本无法给植物“避孕”。

使用赤霉素等植物激素是生产无籽水果的方法之一。水果的种子（即籽）是由植物的胚珠发育而来，而果实（即果肉）由子房发育而来。在水果的生长发育过程中，如果抑制胚珠的发育，同时不影响子房的发育，就能培育出无籽水果。据介绍，目前无籽水果的常见培育方法主要有 3 种。第一种是利用植物激素处理，抑制种子生长而促进果实发育。第二种是通过杂交，使原本能够产生种子的二倍体植物转变为不能产生种子的三倍体植物。无籽西瓜就是用这种方法生产的。第三种是通过寻找植物自身产生的种子不育但自身又能够产生植物激素的突变个体来生产无籽水果。无籽葡萄是第一类和第三类无籽水果的典型例子。比如我国栽培面积最大的巨峰葡萄，如果在葡萄盛花期及幼嫩果穗形成期，用一定浓度的赤霉素进行处理，就可获得无籽巨峰葡萄。“京可晶”“大粒红无核”等葡萄品种，由于其自身品种特性，在授粉之后，受精胚囊会很快停止发育，但果实本身可以产生激素，从而使得果实膨大发育为无籽果实。因此无籽水果与避孕药没有丝毫关系，而且无籽水果不是真的无籽，而是胚珠没有发育成成熟的种子导致的。从营养上看，无籽水果与有籽水果并无明显差别。

使用赤霉素等植物激素对人体无害。植物激素既可以是植物体内自身产生的、可以调节植物生长发育的一类物质（又叫内源性植物激素），也可以是经人工提取或发酵或合成出来、结构类似或作用类似的物质（也叫外源性植物激素或植物生长调节剂）。如植物体内本身含有赤霉素以调节生长发育，也可人工通过发酵生产赤霉素，并应用于植物，这种外源添加的赤霉素可以弥补内源赤霉素的不足。植物激素与动物激素在分子结构、作用靶标等方面完全不同，植物与动物在组织结构和激素受体等方面也完全不同，所以植物激素只对植物起作用，动物激素只对动物起作用，人用避孕药没法让水果无籽，植物激素也无法调节人的生长发育。同时，由于植物激素本身毒性都很低，并且使用微量就起作用，降解又快，所以使用后在水果等产品中的残留量极低，对消费者非常安全。正是因为植物激素非常安全，所以美国等国家把许多植物激素列入豁免名单而不必限制使用，也不需要制定残留限量。因此，植物激素作为一种现代农业先进技术，具有使用效果好、对人类和动物及环境安全等优点，已在全世界得到广泛使用。

案例 5：烟台“套袋苹果”有毒吗？

2012 年 6 月 11 日，新京报刊发了一篇题为《烟台“红富士”套药袋长大?》的采访报道。报道称，记者在当年 5 月下旬至 6 月上旬，对山东栖霞、招远的 S304 省道的多处果园进行了调查，发现苹果树使用药袋的现象很普遍，而药袋中使用的农药是国家禁止使用的福美胂和退菌特。因为药袋要和苹果的幼果接触 100 多天时间，文章中提出，由此生长出来的苹果农药残留可能会超标。该报道一出，引起了广大消费者的关注，甚至有人认为，套药袋长大的苹果都是毒苹果。有一部分网友力挺烟台苹果，认为报道不客观；但是另一部分网友对烟台苹果的质量提出了质疑，并且表示不放心，以后不再买烟台苹果了。之后，烟台苹果开始在国内部分城市和超市下架。烟台苹果作为我国驰名商标和国家地理标志认证产品，每年出口达 60 万吨，占全国苹果出口总量的 46%，由于地位特殊，“套袋苹果”的报道一下将烟台苹果推向舆论的风口浪尖，苹果套袋生产技术也被公众所关注。中央电视台 2012 年 7 月 7 日晚《东方时空》“真相调查”栏目播发了题为《还烟台苹果清白》的节目，系统梳理了本次事件的前因后果，对网上有关“套袋苹果”的传言进行了科普辟谣。

“套袋苹果”问题系媒体从业人员没有深入了解苹果套袋生产的科技常识及安全用药范围，盲目炒作，并将个别果农违规使用违禁药袋无限扩大所致。苹果套袋是一项苹果生产技术，能减少农药残留。福美胂和退菌特此前在我国并未禁用，可以在果树上合规喷洒使用。但不排除个别果农使用违禁药袋的情况。

苹果套袋能减少农药残留。苹果套袋有两个作用：第一，使果面更加干净，颜色更加鲜艳；第二，能预防病虫危害，减少喷药的次数，减少农药的残留。所以，套袋是一种减少果品农药残留很有效的技术，苹果套袋已在我国苹果主产区大面积应用。

烟台苹果套袋被关注是因为媒体报道中提到一些果袋中含有福美胂和退菌特两种农药，这些被涂了农药的果袋中，可见白色粉末，并伴有农药的味道。这两种药 2015 年之前不是国家禁止的农药，可以在果树上喷洒使用。根据农业部公告第 2032 号规定，自 2015 年 12 月 31 日起禁止使用福美胂。

药袋的使用比例非常小。调查发现，苹果套袋在山东烟台普及率很高，达到 95%以上。但是药袋使用比例非常低。因为果农普遍认为，使用药袋自己肯定先中毒，所以很多果农对涂抹了违禁农药的果袋持有抵制态度。

案例 6：食用“速生鸡”有碍人体健康吗？

2012 年 11 月 23 日，中国经济网报道的“雏鸡到成品鸡只需要 45 天，高温封闭饲养，饲料由为肯德基、麦当劳以及诸多大型超市提供原料的山西粟海集团有限公司特制统一配送”“肉鸡用饲料和药喂养，饲料能毒死苍蝇”等，“速成鸡”安全问题迅即成为广大网民、消费者极大关注、热议的舆情事件。中央电视台于 2012 年 12 月 18 日在《朝闻天下》节目中曝光了山东一些养鸡场违规使用抗生素和激素来养殖肉鸡，并提供给肯德基、麦当劳等快餐企业。2012 年以来，有关家禽养殖中疑似违规使用抗生素、激素等的报道和传言层出不穷。针对 2012 年央视曝光的“速生鸡”问题，包括农业部在内的主管单位和部门在第一时间作出了应对。

“速生鸡”问题更多是因为媒体及网民不了解畜禽养殖新品种、新技术及现代畜禽生产方式，也不排除个别养殖户、生产商违规用药。白羽鸡长得快主要是由品种、饲料和环境条件决定。我国禁止人用药品用于养殖业生产、禁止在饲料和动物饮用水中添加激素类药品和其他禁用药品、禁止销售含有违禁药物或者兽药残留量超过标准的食用动物产品。

白羽鸡“速生”十分正常。鸡长得快有三大原因，即育种、饲料和环境条件。我国的白羽肉鸡品种全是从国外引进，是育种专家经过上百年选育的成果。养殖业讲究料肉比，据测算，42~45 天出栏，料肉比是最高的，大约在 1.7∶1 或 1.8∶1。媒体报道的“大肉食鸡”就是白羽鸡，其特点就是生长快，可见“速生”十分正常，并非那么可怕。

饲料安全可靠。消费者对肉食鸡的质疑，也反映在饲料上，是不是饲料中添加了不该添加的东西？规模化大型养殖场所用饲料均是全价配方饲料，也是品牌饲料，是经过国家检测合格的。目前大型企业所用饲料分 1 号料、2 号料和 3 号料，是根据肉鸡生长规律设计配制的饲料。小鸡一出生先喂吸收利用率高的 1 号料，便于消化，与婴幼儿吃配方奶粉是一个道理；14 天是鸡全面长骨骼肌肉的时期，这时再喂 2 号料，蛋白质和能量比前期略微低一点，这个时期为了降低饲料成本，花生粕、豆饼都用；35 天以后，是脂肪累积阶段，喂 3 号料，以油脂为主，豆粕少一点。

养殖环境和饲养条件好也是鸡长得快的原因之一。现在肉食鸡的生长环境是传统养殖方式无法比拟的。从出壳到出栏，鸡都有严格的环境要求。大型企业皆有温度湿度控制装置，自动通风、自动给水、自动上料、自动清粪，有害气体浓度一超标立即通风。饲养条件好了，鸡也就长得快。

用激素药物价格高昂。消费者对肉食鸡质疑的另一个问题是用药问题。只要是规范化、经农业部门认可的养鸡场，都是规范用药，许多养殖场已经开始用中成药，不再用抗生素。至于说到速成鸡不如笨鸡“好吃”，那是口味问题，与产品质量没多大关系。山东省肉食鸡养殖量和出口量皆占全国第一，山东肉鸡养殖模式基本与世界同步，山东肉鸡出口美日欧等西方发达国家，而这些国家对食品安全要求近乎苛刻，如果不安全他们是不会要的。

消费者对现代畜牧生产方式不了解，是导致误解的重要原因。由于缺乏科普知识，消费者一时不接受速成鸡也是可以理解的。传统印象中，鸡要半年、猪要一年才能出栏，让人相信 40 天吃上鸡肉 4 个月吃上猪肉要有个过程。过去小麦亩产量一二百斤（1 斤 = 0.5kg。全书同）属高产，现在一亩地打千斤稀松平常，但人们对小麦高产已接受，但对速生鸡还没接受。现代技术使畜禽生长周期缩短，育种贡献最大，其次是养殖技术、养殖环境的极大提高。过去是风雨交加搞养殖，现在是风雨无阻搞养殖，人们对传统养殖方式的深刻印记使得接受现代养殖模式有点困难。

五、产地初加工及贮存运输知识

农产品在离开产地进入市场销售之前常常需要一些初级的加工程序，比如分割切片、分级遴选、打蜡包装、贴标捆绑等，其中不少的知识需要科普。近年来涉及初加工过程的问题争议也比较多，比如农产品分割后变色变味、生物污染、化学污染，胶带捆绑蔬菜是否甲醛等超标危害，果品上的标贴部分是否有毒有害；荔枝冰水保鲜、蒜薹蘸保鲜剂的安全性等添加剂的使用，贮存运输过程中的保鲜剂、保活剂、防腐剂的使用等。要通过农产品质量安全科学普及工作，让公众了解包括加工方法、加工过程（如切割引起的生物等各类污染、变色反应）、包装材料及包装方式、标贴及捆绑胶带的安全性，添加剂、保鲜剂、保活剂、防腐剂安全使用等与农产品质量安全性的关系，区分正常使用与违规操作使用、贮存保鲜技术，以及生产加工过程中的杂质如玻璃碴、金属屑、石块和木渣的有害性等基本知识。

案例 7：苹果等水果打蜡会致癌吗？

早在 2007 年，有媒体就曾曝出“水果‘美容’招数花样百出，将会威胁消费者健康”，指苹果、柑橘等水果通常会打蜡，疑似可以致癌。2013 年，有媒体报道，市民在削苹果皮时，发现用刀轻轻一刮，苹果表皮出现了不少白蜡。传言称，打蜡的苹果是有毒的，食用容易致癌。2015 年曾有一段苹果打蜡的视频在朋友圈热传，甚至有网友曝出“5 个苹果表皮刮出半斤蜡”。打蜡水果致癌的问题在 2014 年、2015 年和 2016 年多次反复出现在网络媒体中，中央电视台等多家主流媒体对该谣言进行过辟谣。

“苹果等水果打蜡致癌”问题大多具有谣言性质，媒体从业人员及网民对苹果等水果打蜡技术及水果自身果蜡性能不甚清楚。一些进口水果为保鲜确实存在给水果（苹果）打蜡的情况，也不排除个别果农或经销商违规使用对人体有害的工业蜡。

水果打蜡现在并不是普遍做法。苹果属于鲜食农产品，成熟采摘后，在长期贮藏和运输过程中，其新鲜度和品质会发生变化，出现诸如失水、萎蔫、皱缩、衰老等问题。打蜡则能起到保质、保鲜、上光、防止水分蒸发等作用。从我国目前的情况来看，除一些进口苹果和高档苹果外，市场上销售的普通苹果多未打蜡。在种植环节，苹果是不需要打蜡的。以前在销售环节存在给苹果保鲜或使果面看起来光洁鲜艳而打蜡的情况。然而，随着现代冷链技术、物流技术和交通条件的发展和极大改善，加上其他应季水果在市场上的交替和补充、公众消费观念的改变、购买果蜡及打蜡设备成本较高等因素，现在国内已经不流行给苹果打蜡了。但一些进口苹果或国内的高端品种可能会进行打蜡处理以延长货架期和提高价格。

苹果打蜡致癌说法不实。苹果果皮上的蜡主要有 3 个来源。一是苹果生长过程中表皮自身分泌的一层果蜡。这种果蜡是一种酯类成分，可以防止外界微生物、农药等入侵果肉，对人体无害。二是人工添加的食用蜡，根据《食品安全国家标准　食品添加剂使用标准（GB 2760—2014）》，食用蜡是一种食品添加剂，可用于苹果的表面处理，对人体没有害处。三是人为添加的非食用蜡，主要是工业蜡。工业蜡成分比较复杂，其中所含的汞、铅等重金属可能通过果皮渗进果肉，过量摄入会对人体健康产生危害。若苹果存在使用工业蜡的情况，那么果实中就可能检测出铅、汞等重金属。近几年农业农村部对果品质量安全抽检及风险评估的结果显示，苹果中铅、镉等重金属的含量并不存在超标的情况。近年来，政府部门通过产地监督、风险评估等工作加大了对包括苹果在内的水果质量安全风险隐患排查和监督力度，连续几年的评估结果均显示，苹果是食用安全的水果种类，苹果打蜡致癌说法不实。

案例 8：胶带捆绑蔬菜会导致甲醛超标吗？

2013 年开始，一些有关“胶带捆绑蔬菜致甲醛超标”的传言在网上传播，引发网友热议。这些消息称，超市里常见的捆绑蔬菜的胶带会导致蔬菜甲醛超标，而食用了这些蔬菜后会对人体产生危害。舆情监测显示，“胶带捆绑蔬菜甲醛超标”的说法，在 2013 年、2014 年、2016 年均引发过网民的关注。其中，2014 年 8 月 18 日中央电视台新闻频道曾报道称，在用胶带捆绑的蔬菜里，与胶带接触的蔬菜部分甲醛竟超标 10 倍。消息援引西南大学化学学院应用化学专业一位副教授的话，表示超市里用于捆绑蔬菜的胶带，主要成分是聚丙烯酸酯。如果市民将粘有胶带残留物的蔬菜进行高温烹饪，或者用一些溶剂清洗，部分化学物质就会分解、溢出，长期食用与胶带直接接触的蔬菜，会对消化系统和肝肾系统产生毒副作用。而后，大量自媒体转载传播了央视的这一报道。这些自媒体在摘编文字内容时，刻意选择了“胶带蔬菜对健康有严重危害”的表述。时至 2017 年，关于捆绑蔬菜的胶带“有毒”“甲醛超标 10 倍”，长期食用这样捆绑的蔬菜可能致癌的说法仍然在互联网上热传。2017 年 1 月 15 日，人民日报求证栏目对胶带捆绑蔬菜是否有危害的问题作了权威解读。

“胶带捆绑蔬菜致甲醛超标”属于不实传言。媒体近年来不断地“旧闻新炒”是该传言“长盛不衰”的主要原因。胶带多用于超市货架或室内农贸市场，甲醛的水溶性、挥发性均强，与蔬菜接触时间短，很难转移到蔬菜中。严格按照相关标准生产的胶带不会对蔬菜质量安全产生影响。

农产品在从产地到批发市场过程中，都是大宗包装储运，并无使用胶带现象；传统农贸市场摊贩销售大都以散卖为主，较少使用胶带。胶带多用于超市货架或室内农贸市场，主要是供货商为方便计量计价采取的分拣措施。常见的胶带是由基材和黏合剂两部分组成。平时捆绑蔬菜用的胶带，一般以聚丙烯薄膜为基材，经过涂抹黏合剂制成。有些黏合剂在制作过程中，使用甲醛作为辅料，若反应不完全，就可能存在少量的甲醛残留。塑料膜和黏合剂都是聚合物，在常温放置的条件下很稳定，降解释放大量甲醛的可能性极小。蔬菜捆绑用的胶带只有很窄的一条，其甲醛残留量很低。甲醛的水溶性和挥发性很强，与蔬菜接触时间短，很难在蔬菜表面积累。国家标准《食品容器、包装材料用添加剂使用卫生标准（GB 9685—2016）》中明确规定，甲醛可用于食品接触性黏合剂生产，最大残留量应小于 15mg/kg。目前我国还没有食品专用胶带，但对食品接触材料有严格的质量安全标准和规定。严格按照相关标准生产的胶带不会对蔬菜质量安全产生影响。

微量甲醛普遍存在于水产品、果蔬等食品中，但可通过水洗和烹饪手段去除。绝大多数新鲜果蔬中甲醛含量都在 1mg/kg 以下，最高不超过 5mg/kg，部分动物产品甲醛含量稍高，如新鲜鱿鱼甲醛含量约为 20mg/kg。甲醛易溶于水，高温时易挥发，水洗和烹饪都是去除甲醛的有效办法。美国环保署制定甲醛每日允许摄入量为 0. 2mg/kg 体重。按照一个体重为 60kg 的成年人计算，每日甲醛摄入只要不超过 12mg，就不会对健康产生影响。以白菜为例，其甲醛本底含量约为 1mg/kg，也就是说每日摄入不超过 12kg 白菜，就不会因甲醛中毒。

案例 9：荔枝生产加工“泡药水”会引发手足口病吗？

2015 年 6 月，微信朋友圈曾流传一张幼儿园小展板照片，“某幼儿园一个小朋友吃了荔枝之后开始发高烧，后来带去看中医，医生说现在的荔枝几乎都是用药水浸泡的，药水有弱腐蚀性，吃完后过一阵子会引起发烧，还可能引发手足口病……”幼儿园甚至提示“请爸爸妈妈近段时间暂时不要买荔枝给小朋友吃。”舆情监测发现，有关幼儿吃荔枝疑似引发“手足口病”的报道最早出现在2014年前后。2015年，微信朋友圈曝出所谓警惕“药水荔枝”的图片后，该类谣言大量出现在网络。不少家长都表示，无论此信息的真假，都不敢冒这个风险，也暂时不敢再给孩子吃荔枝了。该谣言自2015年传出后，新京报、新华网等媒体牵头对该谣言进行了解读。

“荔枝生产加工泡药水引发手足口病”问题系谣言，网民对手足口病发生机理及荔枝保鲜技术不了解。荔枝“泡药水”实为冰水保鲜，而手足口病是肠道病毒引起的婴幼儿常见传染病，主要通过粪口途径传播，亦可通过飞沫和呼吸道传染，跟食用荔枝没有直接关系。

食品不是手足口病的传染源。手足口病是由多种肠道病毒引起的婴幼儿常见传染病，传染源是受到感染的病人，传播途径是病毒携带者与其他健康儿童的直接或者间接接触。食品不是手足口病的传染源，除非是通过分食食品而形成间接接触，否则手足口病无法通过食品来传播。绝大部分手足口病的病例都是5岁以下儿童，而采摘和流通环节接触荔枝的基本都是成人，加上荔枝食用的时候需要去壳，因此手足口病的流行和食用荔枝之间没有联系。

荔枝“泡药水”实为冰水保鲜。荔枝有“一日色变、二日香变、三日味变”的说法，保质期较短。荔枝从种植园采摘后，为保持其香味和颜色，在运输过程中会进行一些保鲜处理，常常使用冰水、冰块等降低荔枝存储环境温度，抑制荔枝的呼吸强度，起到保鲜、延长贮藏时间的作用。利用冰水、冰块保鲜是行业内公认的保鲜运输模式，不会给消费者的健康带来威胁。一些不法商贩为了让荔枝的颜色更鲜艳、卖相更好，可能会用违禁药水给荔枝上色、保鲜，但一般药水会有刺鼻的味道，一闻就能闻出来。

六、农产品本身特征知识

从近年来网民爆料、媒体曝光的不少农产品质量安全问题事件中可以看出，不少网民离农业生产较远，不认识农产品，不了解农产品的生长发育特性，不熟悉农产品生产过程，不了解生物的多样性，不掌握科学消费知识，用一时的见识推定所有的情况的案例并不少见。比如以为果蔬上的“白霜”是农药残留、香蕉“艾滋病”能传人，分不清大米和塑料粒，不知道紫菜和塑料的区别，不知道有色农产品在高温下或水浸泡可能“脱色”，不知道扁豆要炒熟透才能吃，不了解为什么食用发芽土豆易中毒、新鲜黄花菜不宜吃得过多等。要通过农产品质量安全科普，让公众了解农产品的本身属性，包括生物毒素（如毒蘑菇、半生不熟扁豆、霉变甘蔗有毒性、樱桃核的轻微毒性、生姜等调味料中的黄樟素、猪肉中有“钩虫”、鱼腥草致癌等）、农产品长相（如畸形瓜果、个大瓜果、圣女果、弯黄瓜与直黄瓜）、农产品品种特征（如草莓掉色、杨梅脱色、紫玉米煮出色、苹果“出血”）等基本常识，提高对农产品质量安全性的认知水平和安全消费素养。

案例 10：水果上的白霜是农药残留吗？

不少消费者发现，在购买葡萄、蓝莓等水果时经常会看到水果表面泛着一层“白霜”，而且清洗起来很费劲。网络传言指这些“白霜”是农药残留，引发消费者恐慌。舆情监测发现，网民对水果表皮上“白霜”成分的讨论很早便已开始。2005 年，青岛新闻网称果皮表面的“白霜”是农药残留物，对人体有一定毒性。而后，有关“白霜”是否是农药残留物的争论一直在网络论坛、微博等媒体渠道反复进行。不少新闻门户网站都曾刊文对“水果表皮白霜是农药残留物”的说法进行过辟谣。

像人的皮肤一样，大多数被子植物的表皮细胞外都覆盖着一层角质膜，有些果实（如葡萄、李子）和一些茎、叶（如甘蔗）在角质膜外还沉积着一层蜡质。水果上的“白霜”应称作“果粉”或“蜡质晶体”，就是植物表皮细胞角质膜外沉积的蜡质，是自我组装的蜡质晶体。同一个种的不同生长阶段，甚至同一个种的不同品种之间这些“白霜”均有变化。另外，环境因素也会诱导蜡质成分和含量发生变化。植物表面蜡质是防止水分蒸发的主要屏障，对植物适应干旱环境有着积极作用，所以有“白霜”是水果新鲜的标志，而且代表农药少。另外，它有助于植物抵抗紫外线辐射，而且由于蜡质不溶于水的特征，可以避免表面形成湿润的环境，从而避免病原菌的侵染。从这个角度讲，水果的“白霜”倒像是自己生产的“安全屏障”。

水果上的“白霜”对人体无害。科学家已经通过色谱等分析方法鉴定了这些蜡质晶体的化学成分，主要是葡萄糖、果糖、脂肪族化合物以及一些酵母、植物活性成分等。其中最常见的是长链的脂肪族化合物，包括长链脂肪酸、醛、醇等，另外还有环状化合物及甾醇类化合物等。像葡萄、蓝莓、李子这类果皮上“白霜”的成分主要是五环三萜类化合物齐墩果酸，占 60%~70%。研究表明，齐墩果酸纯品是淡黄色晶体，不溶于水，无毒而且已被证实具有护肝、抗癌、抗病毒的活性。可见，“白霜”对人身体是没有危害的。

案例 11：市售水果蔬菜洗煮过程中掉色是不是因为染色了？

2012 年 9 月，南京市民朱女士从农贸市场买来的黑玉米煮熟之后，原来的清水竟然变成了一锅“墨汁”，让她怀疑这玉米是不是被染色了？2012 年 12 月，一网友发微博称，自己在超市买了紫薯，晚上一煮，吓一跳，水变成了绿色，他怀疑自己买的紫薯是染了色的普通红薯。2013 年，豆瓣等论坛中盛传，“买回家的草莓用水浸泡后，草莓表面泛白，水则变红了，疑似染色草莓”，另有网友称，“正常情况下草莓表面的种子是金黄色，如果是红色的可能是染色草莓”。2015 年，媒体报道称厦门一消费者在淘洗从超市买回的黑米时，看到米汤颜色乌黑，怀疑买到了“染色黑米”。2016 年，多家媒体爆料称，有消费者买到“染色小葱”等。归纳发现，涉及“染色”问题的果蔬主要包括黑糯玉米、紫米、黑米、草莓等，主要特征为存在掉色现象。

果蔬染色一类问题多系谣言，主要是网民对一些水果和蔬菜的品种特性、果蔬中存在的花青素等基本常识不了解。植物天然色素主要有脂溶性色素与水溶性色素两类，天然花青素是一种广泛存在于植物中的水溶性色素，当细胞壁受到破损时，如清洗、蒸煮等过程中，花青素就会溶解到水中。花青素不仅无毒无害，而且有利于健康。水果、蔬菜、花卉等五彩缤纷的颜色大部分与之有关。但不排除极个别商贩通过非法染色加工部分农产品（如染色柑橘、染色红毛丹、染色花椒、染色小米等）“以次充好”。

“墨汁玉米”其实是黑糯玉米。黑糯玉米是一个全新的品种。所谓“墨汁”的产生是因为此种玉米中含有水溶性黑色素，俗称“花青素”。而这种花青素是无毒无害的，完全可以放心食用。而且就其营养价值来看，它有抗癌、增强免疫力的功效，有一定的食疗作用。在玉米的表层有一层光亮的蜡质层，一般来说很难对其染色，就这种黑糯玉米而言，连它的心都是黑色的，普通的染色就更难做到了。

紫薯水煮掉色属正常现象。紫薯里也含有水溶性色素花青素，花青素可以随细胞液的酸碱性改变颜色。细胞液呈酸性则偏红，细胞液呈碱性则偏蓝绿色。如果煮紫薯的水呈碱性，紫薯中的花青素在这种环境里就呈现出蓝绿色，这是一种正常现象。

草莓不适宜染色。草莓保鲜期很短，尤其是沾水后极易腐烂。如果用染色剂去染草莓，染色的过程必定会接触到水，这样会使草莓还没上市就烂了。因为草莓本身就是红色的，拿在手上稍有点破损就会导致手指变红，放入水中一会儿也会使水变红。另外，草莓太熟或者放久了也会出现掉色现象，这都是草莓自身的天然色素所致。此外，草莓种子是外露的，种子颜色随着草莓的成熟度在不断变化，草莓果实是青色时，种子也是青的，等草莓熟透了，种子也会随之变为红色。

黑米、黑豆、黑芝麻等泡水后适度脱色是正常现象。黑米本来就含有花青素。而花青素溶于水后，就会使水变成紫褐色。一般有颜色的谷物泡水后都会落一些颜色，这是正常现象，而且水温越高溶出越快。其实目前市面上的染色杂粮、谷物非常少，这是因为要将普通米染成高逼真的“黑米”，技术、染料上的代价太高，那样做，很可能得不偿失。

小葱等蔬菜掉色可能是农药残留。小葱表面若出现“蓝色物质”残留，正常情况下是用于作物保护的杀菌剂残留。类似的情况也发生在西芹、韭菜等叶菜类蔬菜上。这种杀菌剂是低毒杀菌剂，是允许在上述产品中使用的，且易溶于水，能通过浸泡、冲洗去除。

七、其他常识

如今各种媒介上常常疯传或反复传播一些伪科学性质的话题，包括打针瓜果、人造鸡蛋、人造生菜、豆浆致癌、蜂王浆致癌、中国人煮饭方式会致米饭砷残留偏高、鸡蛋诱发“三高”、面条掺胶、肉松是棉花假冒的等；以及非法添加非食用物质如瘦肉精、三聚氰胺、化工颜料的违法犯罪问题，以及食物相克一类的话题。要通过科学普及，化解公众疑虑，还原事物的本质，指导农产品安全消费。

案例 12：喝牛奶会致癌吗？

2010 年前后，国外有科学家研究认为，大量饮用牛奶会增加人体中类胰岛素 1 号增长因子（IGF-1）的水平。已有多家科研机构阐述，“几乎每一种癌症都与 IGF-1 有关系，这是一种促进癌细胞生长和增殖的关键因子，并且酪蛋白占据牛奶蛋白组成的 87%，这种蛋白质促进各阶段癌症。”该研究结论成为国内诱发此类传言的源头。2013 年开始，一篇题为《牛奶将人类送进坟墓》的文章在微信、微博等渠道反复炒作，文章援引以上“研究成果”称，美国科学家发现牛奶中的激素 IGF-1 是一种致癌因子，会导致女性易患乳腺癌，男性易患前列腺癌；同时牛奶中的蛋白质过多，尤其是酪蛋白，蛋白质过量能增加癌症、心脏病、糖尿病、肾结石、骨质疏松症、高血压等患病几率，迟早会将人类送进坟墓。这篇文章迅速引起消费者的恐慌。该类传言多援引以上“研究成果”宣称喝牛奶会致癌。2016 年，诺奖得主哈拉尔德·楚尔·豪森在一次讲话中指出，大量食用牛奶制品可能致癌，再次推高了相关舆情。有关部门及媒体对“喝牛奶会致癌”问题的辟谣一直没有中断过。

“喝牛奶会致癌”的“研究成果”是假的。牛奶中的酪蛋白致癌纯属误传。IGF-1是人体内正常分泌的一种激素样蛋白质，它对人体血糖控制、生长发育等方面有重要作用。牛奶含有微量的IGF-1，与人体自身含量相比微不足道。人类饮用牛奶已经有数千年的历史，大量事实表明牛奶及其制品含有对人体有益的各种营养元素及活性物质，是最完美的食物，还可降低人类乳腺癌等疾病的发病风险。

类胰岛素1号增长因子不是致癌物。IGF-1的全称是“类胰岛素1号增长因子”，也被称为“促生长因子”，它不是外源添加的，而是人类和奶牛自身合成分泌的一种激素样蛋白质，它在婴儿的生长发育、成人体内血糖控制及持续进行合成代谢作用上具有重要意义。1名成年人每日体内生成量约为1 000万ng，而市售牛奶中IGF-1含量仅约2.45ng/ml，同人体内的量相比，不足为虑。一些流行病学的调查显示，IGF-1似乎与前列腺癌等癌症有一定关系。但美国食品药品监督局（FDA）、世界卫生组织和联合国粮农组织的食品添加剂联合专家委员会（JECFA）等权威部门的风险评估结果表明，IGF-1与癌症的关系只是一种多因素的相关性，迄今为止并没有直接证据说明IGF-1是致癌的原因。我国最新出版的《食物与健康科学证据共识》中也明确提到，牛奶及其制品在研究摄入范围内与前列腺癌的发病风险无关；全脂奶及其制品与乳腺癌发病风险无关，低脂奶及其制品摄入可降低乳腺癌的发病风险。

牛奶中的酪蛋白致癌说法不科学。牛奶中酪蛋白致癌的说法最早来源于美国康奈尔大学教授柯林·坎贝尔的一项“大鼠实验”。这个实验在给大鼠吃含有致癌物黄曲霉素的饲料同时，分别喂食大豆蛋白或酪蛋白，结果吃酪蛋白的大鼠发生肝癌的数量较吃大豆蛋白的大鼠多。不过，该实验其实存在很多问题，而且实验结果在传播过程中经过多次演绎，忽略了实验中黄曲霉素这一关键点，仅断章取义地选了酪蛋白。黄曲霉素本来就是强致癌物质，无法得出酪蛋白致癌的结论。

喝牛奶不会导致蛋白质过量。根据中国营养学会2013年公布的我国居民对蛋白质摄入的推荐量，成年男性每天约需摄入蛋白质65g，成年女性为55g。按这个标准，即使每天饮上两杯牛奶（500ml），从牛奶中所摄入的蛋白质也只有 15g，远远未达到推荐量的标准，担心喝牛奶导致蛋白质过量完全是杞人忧天。而且，蛋白质的来源有很多种食物，牛奶蛋白是优质蛋白。如果担心蛋白质过量，建议从整体膳食上进行控制，如减少红肉摄入等。

牛奶致癌没有科学依据。实际上，国际上的权威癌症研究机构的评估结果也认为目前并没有足够证据认为牛奶会致癌。世界癌症研究基金会（WCRF）和美国癌症研究所（AICR）2007 年联合发布的专家报告指出，目前没有任何有足够说服力的证据表明牛奶有增加或者降低癌症风险的效果。但是，高钙饮食，不论钙是来自牛奶还是其他食物，还是有可能有增加前列腺癌的风险。不过，究竟多少钙才是摄入过高呢？这个报告中提示的量是 1.5g/d。我国营养学会推荐值为成年人 800～1 000mg/d，从 2002 年我国的营养与健康调查的结果来看，我国居民膳食中平均每人钙的摄入量为 389mg/d，城市 439mg/d，农村 370mg/d，不足所需量的一半。因此，想靠喝奶达到 1.5g/d 的标准，需要每天饮用 1L 以上的牛奶，对于绝大多数中国人来说，是很难做到的。

适量喝牛奶有益健康。事实上，牛奶不仅不会致癌，适当喝牛奶对健康的益处非常之大。现在的研究表明，钙的充足摄入有利于预防乳腺癌，特别是对预防绝经后女性患乳腺癌有一定意义。而牛奶中的钙最容易吸收。也正因为如此，我国的膳食指南建议每天饮奶 300g，有条件的喝到 500g，美国农业部推荐的膳食指南建议每天 3 杯奶，哈佛大学公共卫生学院建议每天 1～2 杯奶制品。我国居民人均每年摄入的牛奶只有 36kg，人均每天 80ml，远低于推荐量；在广大农村和边远地区，很多人根本就喝不到牛奶。

案例 13：西瓜等瓜果会通过打针增甜增色吗？

2012 年 5 月，微博中传“现在瓜农给西瓜里打药，长得快好卖钱；西瓜都是南瓜秧上嫁接，瓜农自己从来不吃”，并称“打针西瓜”注射了甜蜜素和胭脂红。传言中，“业内人士”甚至表示，“除了西瓜，还有橙子、柚子这样的水果，都很容易用注射方式添加甜蜜素”。“打针西瓜”的消息在网络上流传并引发热议，此后每到夏季西瓜上市的时节，“打针西瓜”“甜蜜素西瓜致癌”等在网络中反复传播。例如，2014 年，多个微信公众号称，“紧急通知，有一种西瓜不能吃！”说有很多黑心商贩给未成熟的西瓜打针，注射禁用食品添加剂甜蜜素和胭脂红，这些添加剂会损害肝肾、影响儿童智力发育。而这条微信则用大大的感叹号，通过一个“业内人士”自揭内幕，揭秘“西瓜内部的悲哀”，说给西瓜打针已经是“西瓜市场的一个公开秘密”。这些微信不仅言之凿凿，而且有图有细节。其中两张图片就专门标示了“打针的痕迹”，在微信中被广泛转发。

除了西瓜打针，网络中也出现了一些其他水果“打针”的爆料。2012年，一网友发布微博称，他在海峡农副产品物流中心果品批发市场看到，有商贩戴着手套，拿着针筒，往青黄的未熟透的柿子里注射一种液体，怀疑是催熟剂；2016年，网传香瓜底部有眼，疑似是“向香瓜底部注射添加剂的针孔”。

2012年5月，人民日报求证栏目记者采访了有关专家和西瓜生产地，明确指出西瓜“打针增甜”是谣言。2014年6月，针对微信中传言“西瓜打针”，中央电视台焦点访谈栏目通过现场实验的方式证明，“西瓜打针”不可行。无论是大小针孔注射的西瓜，存放两三个小时后，都能看到针孔外圈开始泛黑，很容易发现。近年来，包括新华网、人民网、新京报、南方日报等媒体都通过不同方式对该谣言进行了科普辟谣。

“打针西瓜”一类网络爆料属谣言，部分媒体及网民不了解西瓜等瓜果的生长发育习性、栽培技术、生理或病理病害及采后生理，加之一些肥料厂商非正当竞争宣传，以讹传讹。“西瓜打针”增甜不仅不可行，还会使西瓜很快变质。西瓜“白筋”等是正常现象，非安全问题。西瓜嫁接是国内外普遍使用的种植方式，不影响人体健康。

注射不能增甜，还会使西瓜很快变质。给西瓜打针既不能真正将所谓的增甜成分注入西瓜，也不能改善品质提高售价。在西瓜生长过程中以及采收后，对西瓜果实采用打针方式注射液体物质，是不可能吸收的。因为植物只有通过维管束组织才能吸收水分与营养，强行注入，只会在微小组织内积累，且会破坏西瓜瓤组织特性，不可能像传言中描述的西瓜瓤呈红色且汁液也很“丰富”。注射过外来液体的西瓜会在短时间内变质，不利于瓜农与瓜商，不可能成为行业的“潜规则”。在西瓜栽培过程中或收获后，即使有液体注射到西瓜果实中，也要通过植物自身的吸收、转化才能成为果实的成分，甜蜜素、胭脂红是不能被西瓜果实正常吸收转化的。育种和栽培技术的发展使瓜的含糖量和甜度有了根本保障，不是靠所谓打针这样的“小手段”来促成的。

西瓜“白筋”等是正常现象。在传播“西瓜打针”的微博中，还附有瓜瓤中有“白筋”“黄色硬块”等照片，认为是“西瓜打针”的证据。西瓜出现“白筋”是由于西瓜子房发育以及果实生长过程中，遇到低温连阴天或管理不当，植株的营养生长与生殖生长不协调，导致子房与果实营养缺乏、发育不良，或者在低温下授粉不均匀，部分组织发育受阻造成的，可能影响瓜的味道，但并非安全问题。至于西瓜果实内部出现白籽，可能是因为在早春西瓜授粉中出现授粉受精不良。同时，无籽西瓜品种出现小白籽是正常现象，与外源物质无关。

西瓜嫁接是一种国内外普遍使用的种植方式，不影响人体健康。嫁接技术已经使用了1 000多年，是利用植物间互补特性提高作物产量的技术，也是有机农业提倡的一种重要生产方式，不会对人体产生危害。对于西瓜生产而言，嫁接是一种必然选择。因为西瓜存在连作障碍，也就是在同一块地上连续种植西瓜，从第二年开始就会出现抗病力降低，病害发生，导致植株死亡甚至绝收的状况。这是世界上长期存在的疑难问题。西瓜采用南瓜以及葫芦作为砧木来换西瓜的根系，这是全世界解决西瓜连作障碍的有效方法，在很多国家均有大范围的推广。如果采用不当的嫁接砧木或者栽培不当，嫁接西瓜可能口感偏硬，风味稍差，但这不意味着嫁接西瓜可能影响人体健康。

案例 14：真有“注水葡萄”吗？

2012 年 7 月，南京桥北一市民在小区门口买葡萄，回来发现，每颗葡萄上都有将近 10 个类似“针眼”的伤痕，吃了两颗，就不敢吃了。这事被晒到网上后，引起广泛关注。网友们怀疑这是“注水葡萄”。看完帖子，很多人表示愤慨，“真受不了这样的商贩。”“注水葡萄”曝出后不少理性的网友对此持质疑态度。北京晨报等媒体在第一时间对谣言进行了科普解读。

“注水葡萄”纯属谣言，这是因为网民不了解葡萄的生理特性，不熟悉葡萄生长发育及病虫害防治等基本知识。给葡萄注水后很快会腐烂变质不能食用，而且徒劳招损。葡萄表面疑似“针眼”是葡萄生长过程中，病害管控留下的痕迹（病害残余物等），没有毒性。

葡萄无法注水。有记者来到水果摊，通过肉眼观察，发现葡萄上还真有许多疑似“针眼”，都是一些白色的小圈圈，中间有芝麻大的一个黑点。记者买回葡萄，试图用针管注射。细细的针头很容易就扎进葡萄体内，记者缓缓推压针管，问题来了，水从针头的缝隙汩汩流出，根本注射不进去。拔出针管，水又从针眼里向外冒，被注射的葡萄很快发软、腐烂，不能吃了。随后，记者在多颗葡萄粒上做试验，均无法将水注入。实验证明，葡萄注水绝对不靠谱，纯属臆想。从保鲜角度讲，葡萄皮轻易不能破，一旦破了，营养就会流失，很快就腐烂。再说，500g 葡萄至少有 25～30 颗吧，发帖者说每颗葡萄打了近 10 针，1 公顷产量 15 000kg，这得雇多少人来打针？要多少劳动力啊？

葡萄表面疑似“针眼”的东西是葡萄生长过程中，肥料吸收不均衡或病害留下的痕迹，没有毒性。葡萄生长后期，一般会受到病菌侵染，自愈或治愈后，病菌残余物也会在葡萄表面形成小斑点。一般要求果农在采摘前半个月以上不要用药，因此，市民在市场上买回来的葡萄，表皮上的斑点已没有毒性。

第七章　案例警示

当前假冒伪劣产品坑农害农事件仍时有发生，虚假宣传等新型诈骗手段层出不穷，非法添加隐性成分问题严重，“违禁超限”问题仍较突出，基层监管人员不足、工作经费不够、监管能力不强、基础设施条件差、检测设备配备数量少、检测人员专业素质低等问题普遍存在。为指导各地依法查处农产品质量安全执法监管案件，本章收录农产品质量安全领域十大典型案例，供各地农业部门参考借鉴，以推动加大农产品质量安全执法监管力度，切实保障人民群众“舌尖上的安全”。

案例 1　A 县农业局行政扣押生猪产品案

2016 年 6 月 24 日，A 县农业局在执法过程中，在响水滩乡萝卜岭村附近公路上查到当事人吴某某从都昌县运来的未经检验检疫的猪肉 5 边、猪肝 2 颗、猪肠 3 袋、猪肚 2 个、猪油 2 副、猪头 2 个。A 县农业局以涉嫌私宰生猪，违反《生猪屠宰管理条例》第二条第二款之规定为由将吴某某的上述物品予以扣押，并当场制作了 A 县农业局 A 农屠宰扣（2016）006 号扣押决定书和扣押财物清单，吴某某当场拒绝签收。执法时当事人与在场其他人员发生争执，A 县农业局及 A 县公安局工作人员进行劝阻。当日，A 县农业局因当事人私宰生猪证据难以查实，将案件及扣押的上述物品移送到 A 县农业局。2016 年 8 月 1 日，吴某某到 A 县农业局索要法律文书，该局将扣押决定书和扣押物品清单交给吴某某。2016 年 8 月 2 日，吴某某向当地人民法院提起了行政诉讼，经 A 县人民法院审判判决吴某某败诉。

案例评析：

一、A 县农业局是否有权查处并扣押涉案物品

依据《生猪屠宰管理条例》第二条第二款规定，未经定点，任何单位和个人不得从事生猪屠宰活动。但是农村地区个人自宰自食的除外。第二十一条规定，畜牧兽医行政主管部门应当依照本条例的规定严格履行职责，加强对生猪屠宰活动的日常监督检查。畜牧兽医行政主管部门依法进行监督检查，可以采取下列措施“……（四）查封与违法生猪屠宰活动有关的场所，扣押与违法生猪屠宰活动有关的生猪、生猪产品及屠宰工具和设备。”A 县农业局作为畜牧兽医行政主管部门，对涉嫌私自屠宰生猪的案件具有执法权，并可按照规定扣押与私自屠宰活动有关的生猪产品。根据《农业部　食品药品监督总局关于加强食用农业品安全监督管理工作的意见》（农质发〔2014〕14 号）规定：农业部门要切实履行好食用农产品从种植养殖到进入批发、零售市场或生产加工企业前的监管职责。A 县农业局有权依法查处进入批发、零售市场或生产加工企业前的未经检验检疫的猪肉。

二、当事人拒绝配合执法，扣押是否有效

依据《生猪屠宰管理条例》第二十一条第四款规定，对畜牧兽医行政主管部门依法进行的监督检查，有关单位和个人应当予以配合，不得拒绝、阻挠。本案中，因吴某某运载未经检验检疫的猪肉，且无法说清具体数量，A 县农业局以涉嫌私自屠宰生猪查处吴某某并扣押涉案猪肉。根据现场执法视频显示，执法人员执法时佩戴了工作证，现场制作并送达扣押决定书及扣押财物清单，但当事人拒绝在扣押决定书及清单上签字。吴某某认为执法人员现场未对扣押物品称重，其也未在相关执法文书上签字，所以执法机关没有其违法的事实证据，扣押行为不合法。A 县农业局在执法现场制作了扣押物品清单，结合执法现场记录视频足以固定扣押物品，因此，本案行政行为事实清楚，适用法律正确，处理程序合法。

延伸阅读：查封扣押的适用范围和要遵守的程序

查封、扣押是行政机关直接对当事人的场所、设施或者财物予以暂时性控制的行政强制措施。查封、扣押构成了对当事人财产权的限制，若运用不

当，会对当事人的财产造成不必要的损害。因此，行政强制法第 22 条至第 28 条专门予以规范，进行了严格限制。查封、扣押只能由行政机关或者具有管理公共事务职能的组织实施，实施查封、扣押必须有法律、法规的明确授权。

实施查封、扣押需要履行法定程序，除行政强制法第 18 条规定的一般程序外，还需要履行第 24 条规定的制作并当场交付查封、扣押决定书和清单的程序。综合两条规定，实施查封、扣押，需要符合如下 7 项程序要求：一是实施前的批准程序。实施查封、扣押前须向行政机关负责人报告并经其批准。这是行政机关的内部报批程序。二是实施时的主体要求。包括两个方面，即要由两名以上行政执法人员实施，并出示执法身份证件；实施查封、扣押时需通知当事人到场，当事人不到场的，邀请见证人到场。三是告知有关情况，听取陈述、申辩。行政机关应当当场告知当事人采取查封、扣押措施的理由、依据以及当事人依法享有的权利、救济途径；听取当事人的陈述和申辩。四是制作现场笔录。现场笔录的内容是行政执法人员在查封、扣押现场所耳闻目睹的或者借助仪器检测到的有关财产的状况、查封扣押的实施过程、当事人的异议或者反抗等情况。现场笔录应全面客观地反映查封、扣押现场的有关事实，保证所记录内容的真实性和完整性。五是当场交付查封、扣押决定书。六是当场交付查封、扣押清单。七是法律、法规规定的其他程序。

案例 2　J 市××蜂蜜摊床贾某某销售未按照规定包装或附加标识的蜂蜜案

2016 年 5 月 7 日，J 市张某某、衣某某在 J 市××蜂蜜摊床购买 2. 5kg 装蜂蜜 3 瓶，1. 5kg 装蜂蜜 2 瓶，40 元/kg，金额为 420 元。购买蜂蜜后发现所购买的蜂蜜无生产日期、保质期、贮藏条件等信息；5 月 12 日张某某、衣某某再次购买 2. 5kg 装蜂蜜 3 瓶，40 元/kg，金额为 300 元；5 月 19 日，张某某、衣某某第三次购买 5kg 装蜂蜜 20 瓶，40 元/kg，金额为4 000元，3 次购买蜂蜜合计金额为4 720元。张某某、衣某某每次购买蜂蜜时均采取密录手段录制购买蜂蜜过程，并制作 3 张视频资料证明其二人 3 次向 J 市××蜂蜜摊床购买蜂蜜的时间、地点、用途、数量、金额等全部经过。视频中，二人称买蜂蜜用于单位搞“福利”，并索要发票。随后，以第三次购买时发现购买产品不符合相关法律规定为由，携带其购买的蜂蜜向 J 市农业委员会投诉，请求 J 市农业委员会对 J 市××蜂蜜摊床所销售的蜂产品立案、查封、调查、核实，并予以处罚，并在法定时限内给予书面告知；请求依法责令销售者提供自然情况信息、食用农产品主要品种、进货渠道、检验合格证明文件等，并立即停止违法行为，召回其销售的违法产品；请求J市农业委员会给予举报奖励。2016年5月23日，J市农业委员会立案调查，7月21日经J市农业委员会负责人集体讨论认为J市××蜂蜜摊床销售商品属于农民自产自销的食用农产品，未违反法律法规，予以撤销案件处理。8月11日，J市农业委员会电话告知张某某、衣某某该案撤销。

案例评析：

一、蜂蜜等蜂产品是否属于食用农产品？

J市××蜂蜜摊床的经营者贾某某是蜂农，销售的蜂蜜是自己家养的蜜蜂产的蜜，未经过任何加工，属于农民自产自销的产品，即初级农产品。根据《食品安全法》第二条第二款的规定“供食用的源于农业的初级产品的质量安全管理，遵守《农产品质量安全法》的规定。但是食用农产品的市场销售、有关质量安全标准的制定、有关安全信息的公布和本法对农业投入品作出规定的，应当遵守本法的规定。”在法律适用上，特别法优于普通法，本案应适用《农产品质量安全法》。《农产品质量安全法》第二十八条的规定“农产品生产企业、农民专业合作经济组织及从事产品收购的单位或者个人销售的农产品，按照规定应当包装或附加标识的，须经包装或者附加标识后方可销售。”该条款规定了农产品生产企业、农民专业合作经济组织及从事产品收购的单位或者个人应当依法履行包装或者标识义务。对其他主体，国家只是鼓励其对上市销售的农产品实施包装和标识。对一家一户、农民自产自销的农产品，没有提出包装和标识要求。根据法无禁止即自由的原则，贾某某出售的蜂蜜是自产自销的农产品，没有对所销售产品采取包装标识的义务。根据《食用农产品市场销售产品质量安全监督管理办法》第一条规定“为规范食用农产品市场销售行为，加强食用农产品市场销售质量安全监督管理，保证食用农产品质量安全，根据《食品安全法》等法律法规，制定本办法。”《食用农产品市场销售产品质量安全监督管理办法》第三十二条“销售按照规定应当包装或者附加标签的食用农产品，在包装或者附加标签后方可销售。包装或者标签上应当按照规定标注食用农产品名称、产地、生产者、生产日期等内容；对保质期有要求的，应当标注保质期；保质期与贮藏条件有关的，应当予以标明，有分级标准或者使用食品添加剂的，应当标明产品质量等级或者食品添加剂名称。”而现阶段我国并未出台必须包装或者附加标签的农产品目录，按照法无禁止即自由的原则，贾某某在市场销售的食用农产品没有必须包装或者附加标签的法定义务。需要说明的是，经过加工的蜂蜜等蜂产品是否属于食用农产品，值得商榷。

二、对职业打假人的投诉应如何处理？

本案中，作为职业打假人张某某、衣某某购买蜂蜜采取密录手段有悖常理，其提供的投诉材料不能作为执法机关查处违法行为的证据。通常职业打假人打假的真实目的是为索赔，而非善意消费。本案中，张某某、衣某某以相同手段大量购买食用农产品，然后向行政机关投诉，其主观是以此谋利，并非善意消费，客观上其购买的产品亦未造成任何危害国家、集体、个人实际损害后果，因此无合法损害权益，法律所保护的是合法权益。如果张某某、衣某某向人民法院提起民事诉讼要求赔偿，法院应予依法支持。如果张某某、衣某某向执法机关投诉并索赔或请求给予举报奖励，笔者认为执法机关接到投诉后应第一时间到现场调查核实，在调查中如果发现有依法应给予行政处罚的违法行为，则应及时立案，依法查处。但对于职业打假人索赔的请求，可以建议其通过司法途径解决。对于职业打假人请求给予举报奖励的，可视其提供的投诉材料能否作为执法机关查处违法行为的证据区别对待。

延伸阅读：如何看待职业打假？

1995 年，正值《消费者权益保护法》实施的第二年。年仅 22 岁的王海在北京各商场购假索赔，短短 50 天就获得各类赔偿金 8 000元。作为职业打假人群体的代表人物，王海迅速成名，并获得中国保护消费者基金会设立的“消费者打假奖”，被新闻媒体赞誉为“中国新闻人物”“脚踏实地的爱国者”，并应邀参加中央电视台《实话实说》的首期节目和《经济半小时》的“3·15”板块节目，作为嘉宾主持了央视经济频道《一周风云》栏目。甚至在 1998 年美国总统克林顿访华期间，在上海举行的“构筑 21 世纪的中国”座谈会上，他也被安排当面对话，被克林顿称誉为“中国消费者的保护者”。随后，许多人纷纷效仿，类似事件迅速在各地复制上演，然而社会各界对这个群体却充满了争议。

2014 年 3 月 15 日起施行的《最高人民法院关于审理食品药品纠纷案件

适用法律若干问题的规定》明确了 3 种法院不予支持的情形：一是因食品、药品质量问题发生纠纷，购买者向生产者、销售者主张权利，生产者、销售者以购买者明知食品、药品存在质量问题而仍然购买为由进行抗辩的，人民法院不予支持；二是食品、药品生产者、销售者提供给消费者的食品或者药品的赠品发生质量安全问题，造成消费者损害，消费者主张权利，生产者、销售者以消费者未对赠品支付对价为由进行免责抗辩的，人民法院不予支持；三是食品、药品虽在销售前取得检验合格证明，且食用或者食用时尚在保质期内，但经检验确认产品不合格，生产者或者销售者以该食品、药品具有检验合格证明为由进行抗辩的，人民法院不予支持。2017 年 5 月 19 日，最高人民法院办公厅《对十二届全国人大五次会议第 5990 号建议的答复意见》（法办函〔2017〕181 号）中，进一步指出：《最高人民法院关于审理食品药品纠纷案件适用法律若干问题的规定》的出台，是基于地沟油、三聚氰胺奶粉、毒胶囊等一系列重大食品、药品安全事件频繁曝出，群众对食药安全问题反映强烈的大背景之下，是给予特殊背景下的特殊政策考量。该司法解释中关于人民法院不支持食品、药品生产者、销售者以购买者明知食品、药品存在质量问题而仍然购买为由进行抗辩的规定，是从保护人民群众生命健康权出发，明确了在食品、药品领域，消费者即使明知商品为假冒伪劣仍然购买，并以此诉讼索赔时，人民法院不能以其知假买假为由不予支持。同时还指出，职业打假人自出现以来，对于增强消费者的权利意识，鼓励百姓运用惩罚性赔偿机制打假，打击经营者的违法侵权行为产生了一定积极作用。但就现阶段情况看，职业打假人群体及其引发的诉讼出现了许多新的发展和变化，其负面影响日益凸显。基于以上考虑，我们认为不宜将食药纠纷的特殊政策推广适用到所有消费者保护领域。最高人民法院办公厅强调指出，考虑食药安全问题的特殊性及现有司法解释和司法实践的具体情况，我们认为目前可以考虑在除购买食品、药品之外的情形，逐步限制职业打假人的牟利性打假行为。我们将根据实际情况，适时借助司法解释、指导性案例等形式，逐步遏制职业打假人的牟利性打假行为。

随着社会经济的发展，市场环境的变化，“职业打假”的一些弊端也逐渐显现。比如说，职业打假主要集中在产品标识、说明等方面，对市场危害较大的假冒伪劣产品及不规范的小规模经营主体打击效果不明显。据不完全统计，自 2014 年 7 月至 2016 年 6 月，17 家大型商超企业和 1 家餐饮企业遭遇职业打假人索赔次数达到 6 022 次，索赔额达到 2 610 万元。其中涉及包装标签问题的索赔案例比例占到55.78%。此类行为早已违背了立法初衷，反而滋生恶意敲诈，给企业的经营发展带来极大麻烦。

案例3　Y县许某某、韩某某收购销售不符合安全标准的肉鸡案

2014年下半年以来，Y县许某某以低价从养殖户中收购病死、死因不明肉鸡，在家中对死鸡进行脱毛、分割，将鸡胸肉、鸡腿、鸡翅以低价销售给韩某某。韩某某将购买的病死、死因不明鸡肉炸制后销往B市六街市场早市及附近的饭店、群众。2016年4月8日，许某某在向韩某某销售病死鸡肉途中被Y县农牧业局执法人员查获，被依法扣押病死鸡肉9袋共219.19kg。同日，Y县农牧业局将案件移送公安机关。经查2015年至2016年4月5日期间，许某某从张某、李某、马某等肉鸡养殖场以每斤4角至5角的价格购买死鸡八九百斤，称是为了喂狗。张某等肉鸡养殖场鸡棚里死的鸡主要是因疾病死的，也有缺氧死的，还有一小部分是热死的。许某某承认其从2014年秋开始，将收购的病、死鸡进行分割后，以每斤2元左右的价格多次出售给从事肉食生意的韩某某。开始向韩某某销售病、死鸡肉时，是在附近的公路接货，2016年销售3次，2015年销售七八次，2014年销售四五次。经韩某某介绍，他向其他肉食摊贩出售病死鸡或鸡腿、鸡翅3次。韩某某承认他自2015年上半年开始从许某某处购买病死鸡胸肉，这些肉的颜色发红，与正常鸡胸肉不一样，而且也没有检验检疫手续，价格比市场价低。从肉的外观看是死鸡肉，正常死亡的鸡颜色发白，病死的鸡因为血液流通不畅，颜色发红。他知道国家禁止生产加工病死的或是死因不明的畜禽产品，贪图便宜，一直从许某某处进鸡胸肉。2016年春节前，许某某给他送鸡肉，同时向其讨要欠款2 000元，他给付1 000元，该欠款系三四次鸡肉交易他欠许某某的货款。2016年他自许某某处进货3次，其中最后一次被查获，2015年进货2~3次。他把鸡胸肉炸制销售，并向附近酒店、门市销售过炸肉。经他介绍，许某某还向其他摊贩销售过鸡腿、鸡翅。

案例评析：生产、销售的食品属于病死的畜禽是否需要进行检验鉴定或由相关部门出具是否“足以造成严重食物中毒事故或者其他严重食源性疾病”的鉴定意见、认定意见？

关于病死畜禽是否需要鉴定存在不同的看法。认为病死畜禽需要鉴定的

理由是，生产、销售不符合安全标准的食品罪，是指生产、销售不符合食品安全标准的食品，足以造成严重食物中毒事故或者其他严重食源性疾病的行为。何为“足以造成严重食物中毒事故或者其他严重食源性疾病”，最高人民法院、最高人民检察院《关于办理生产、销售伪劣商品刑事案件具体应用法律若干问题的解释》（2001 年 4 月 10 日）第 4 条明确规定，经省级以上卫生行政部门确定的机构鉴定，食品中含有可能导致严重食物中毒事故或者其他严重食源性疾患的超标准的有害细菌或者其他污染物的，应认定为《刑法》第 143 条规定的“足以造成严重食物中毒事故或者其他严重食源性疾患”。按照该条的规定，应当对不符合安全标准的食品进行鉴定。认为不需要鉴定的理由是，病死或者死因不明的畜禽属于常识。对于确实不知道畜禽是如何死的，应当视为病死或者死因不明。收购者以明显低价收购此类畜禽的则应当视为明知是病死或者死因不明。对于常识性的问题，不需要再进行鉴定。此外，根据最高人民法院、最高人民检察院《关于办理危害食品安全刑事案件适用法律若干问题的解释》（2013 年 4 月 28 日）第 1 条第（二）项列举式规定，属于病死、死因不明或者检验检疫不合格的畜、禽、兽、水产动物及其肉类、肉类制品应认定为《刑法》第 143 条规定的“足以造成严重食物中毒事故或者其他严重食源性疾患”。对于该条的规定存在不同的理解。有的人认为，该规定即表明对于病死、死因不明是常识性问题，无须再进行鉴定。此外，规定中病死、死因不明是与检验检疫不合格相并列的行为，因此对于病死或者死因不明的不需要再做鉴定。

本案中，当事人询问笔录、证人证言、现场查获的病死鸡肉等书证、物证和证人证言等证据已经证实当事人收购销售的鸡肉属于病死的畜禽，可直接认定为足以造成刑法第一百四十三条规定的危险后果，无须进行检验鉴定或由相关部门出具是否“足以造成严重食物中毒事故或者其他严重食源性疾病”的鉴定意见、认定意见，目前有部分省市是如此操作的，如山东省高级人民法院、山东省人民检察院、山东省公安厅《办理危害食品安全刑事案件座谈会议纪要》规定：有证据证实生产、销售的食品属于病死的畜禽即可直接认定为足以造成刑法第一百四十三条规定的危险后果，无须进行检验鉴定或由相关部门出具是否“足以造成严重食物中毒事故或者其他严重食源性疾病”的鉴定意见、认定意见。但是全国大部分地区的公安机关还是需要鉴定意见。

延伸阅读：司法鉴定原则

《司法鉴定程序通则》（中华人民共和国司法部第107号令）自2016年5月1日起施行。司法鉴定应遵循以下原则。

一是司法鉴定合法性原则。司法鉴定合法性原则，是指司法鉴定活动必须严格遵守国家法律、法规的规定。它是评断鉴定过程与结果是否合法和鉴定结论是否具备证据效力的前提。这一原则包含鉴定主体合法、鉴定材料合法、鉴定程序合法、鉴定步骤和方法及标准合法、鉴定结果合法五个方面：①司法鉴定机构必须是按法律、法规、规章规定，经过省级以上司法机关审批，取得司法鉴定实施权的法定鉴定机构，或按规定程序委托的特定鉴定机构。司法鉴定人必须是具备规定的条件，获得司法鉴定人职业资格的执业许可证的自然人。②司法鉴定材料主要是指鉴定对象及其作为被比较的样本（样品）。鉴定对象必须是法律规定的案件中的专门性问题，法律未作规定的专门性问题不能作为司法鉴定对象。如我国现阶段对司法心理测定（俗称测谎）、气味鉴别（警犬鉴定）等尚未作为法定鉴定对象，其鉴定结论不能作为证据。而且鉴定材料的来源（含提取、保存、运送、监督等）必须符合相关法律规定的要求。③鉴定程序合法性，包括司法鉴定的提请、决定与委托、受理、实施、补充鉴定、重新鉴定、专家共同鉴定等各个环节上必须符合诉讼法和其他相关法律法规规章的规定。④鉴定的步骤、方法应当是经过法律确认的、有效的，鉴定标准要符合国家标准或行业标准，没有相应标准的，可使用该专业领域多数专家认可的技术方法。⑤鉴定结果的合法性，主要表现为司法鉴定文书的合法性。鉴定文书必须具备法律规定的文书格式和必备的各项内容，鉴定结论必须符合证据要求和法律规范。

二是司法鉴定独立性原则。司法鉴定活动是鉴定人提供证据材料的活动，这种活动必须独立进行，才能有利于鉴定结论的客观性、科学性、真实性、公正性。鉴定活动的独立性是鉴定结论客观性和公正性的保证。司法鉴定活动的独立性原则主要包括五个方面：①司法鉴定机构要相对独立，社会鉴定机构必须是独立的法人组织，侦查机关内设的鉴定机构应当与侦查业务部门分离；鉴定人的活动，包括鉴定方案的制订、鉴定的实施、鉴定结论的出具、鉴定人出庭质证等必须独立进行，司法机关和鉴定机构负责人不得暗示或干预。②鉴定人必须在鉴定机构执业，鉴定机构对鉴定实施日常管理，对鉴定人的活动应提供必要的条件和保障，但不能干预鉴定结论，不能要求或暗示鉴定人出具某种结论。鉴定活动不受机关、团体、社会组织和个人的非法干扰，诉讼当事人干扰鉴定活动也要承担相应的法律责任。③司法鉴定机构之间是平等的、独立的，相互间无隶属关系，鉴定结论不受相互制约和影响，无服从与被服从关系。④实行鉴定人负责制，鉴定人的活动应对鉴定结论承担法律责任，必须在鉴定书上签名或盖章。多人参加鉴定，对鉴定结论意见不一致的，应当在鉴定书上分别注明不同意见的人数及其理由。鉴定过程中，任何机关、团体、社会组织和个人，不得非法干预鉴定人的活动。鉴定结论实行鉴定人负责制不能以少数服从多数办法强行统一。⑤司法鉴定活动坚持独立性原则与依法接受法律监督两者并不矛盾，而是相互制约、相互促进，其共同目的在于确保鉴定活动及其结果的客观性、公正性。我国许多司法鉴定法规、规章中，都有司法鉴定机构和司法鉴定人从事司法鉴定活动应当接受国家、社会、诉讼当事人、鉴定委托机关监督的规定。

三是司法鉴定客观性原则。司法鉴定的客观性是鉴定活动的生命。其根本要求，就是鉴定结论的真实性和全面性。鉴定活动的客观性主要包括三个方面：①司法鉴定机构和鉴定人必须秉公办案，不徇私情。不受案情、人情、私利、内外干扰等因素的影响偏离科学鉴定的轨道，这是做到客观鉴定的前提，也是坚持鉴定活动客观性的思想保证。②司法鉴定必须遵守法定程序，自觉接受法律监督，这是坚持鉴定活动客观性的法律保证。③司法鉴定必须坚持科学方法和科学标准。鉴定材料的提取、收集、保存、复制等要符合科学要求；鉴定材料的数量、质量要符合规定的鉴定条件；鉴定的步骤要符合科学原则；鉴定的手段、方法要具备科学性、有效性、先进性；鉴定结论要符合科学标准；鉴定原理必须获得科学与法律的确认。

四是司法鉴定公正性原则。司法鉴定公正性原则是司法鉴定结论和司法鉴定活动的服务对象——诉讼活动所追求的目的之一。司法鉴定公正性原则，体现在程序公正、实体公正和鉴定主体公正三个方面。①程序公正，就是鉴定提请、鉴定决定与委托、鉴定受理、鉴定实施、补充鉴定、重新鉴定、专家共同鉴定、鉴定结论的质证等环节，在立法和司法两个层面都应当体现平等原则、合理原则，更多地保护诉讼当事人的合法权益。②司法鉴定实体公正就是要确保鉴定结论的客观性、准确性、真实性，通过规范各类鉴定的步骤、方法，制定各类专门性问题的鉴定标准，严格按科学要求办事，杜绝随意性的鉴定结论。③司法鉴定主体的中立性是确保鉴定活动和鉴定结论公正性的关键。鉴定机构和鉴定人应站在科学技术的立场上，不偏向诉讼主体的任何一方。

案例 4　某镇畜牧兽医站副站长高某犯玩忽职守罪案

2012 年 1 月至 2013 年 5 月，某镇畜牧兽医站副站长高某担任某现代牧场有限公司的监管兽医，与某现代牧场有限公司签订了防疫监管责任书，负责牧场的日常检疫、监督管理等工作。自 2011 年至 2013 年期间，高某没有向畜牧兽医主管部门报告过某现代牧场有限公司出现病死牛。但是，执法机关查获 2012 年 4 月至 6 月，金某从王某某处购买小死牛 5 头，这些病死牛是王某某从某现代牧场有限公司买的，没有检疫手续。王某某儿子与牧场签订了淘汰牛的出售协议，购买的所有淘汰牛都没有检验检疫报告。2013 年 4 月至 5 月期间，另有马某某从左某某、左某父子处购买病死牛牛肉 3 次，这些病死牛也是从某现代牧场有限公司买的，没有检疫合格证。2012 年 1 月至 2013 年 5 月案发，该牧场没有申报过病死牛无害化处理，高某很少去牧场，到牧场都是问索要各种档案，更没有实地查看或询问过牧场工作人员。该牧场一直不间断地向王某某父子出售死牛，致使该牧场 243 头价值413 030元的病死牛牛肉流入市场，给群众造成了重大财产损失，造成了恶劣社会影响。据高某交代，高某是某现代牧场有限公司的监管兽医，具体负责对牧场的日常监管工作。一般一个星期去一趟，主要检查牧场兽药使用、消毒、养殖档案、防疫记录等情况，事先牧场安排人填写好监管记录，然后由其审核签字，在审核过程中未发现任何问题。2011 年至 2013 年上半年，牧场没有申报过病死牛无害化处理的情况，出现这种不正常的情况后，其没有到牧场实地检查过，也没有打电话询问过工作人员。另外，2013 年 11 月，畜牧兽医站站长施某某考虑其年纪大、检疫量大、活脏些等原因，向牧场孙经理提出，以交通费的名义给高某每月1 000元，之后牧场经办人王某向高某提出，因其部门有些费用需要处理，从给高某的1 000元中留下 200 元处理该部门的相关费用，给高某 800 元，让高某打1 000元的收条，高某同意后收到 800 元而打1 000元的收款条。2013 年 12 月至 2014 年 4 月，高某共计在某现代牧场有限公司领款 5 次，收到款4 000元，而打了5 000元收款条。案发后高某将4 000元赃款上缴，另外的1 000元支付了牧场办公室的 5 个工作人员的电话费用，因其中 4 人已不在牧场工作，故 800 元无法追回。

法院认为《动物防疫法》、农业部《动物检疫管理办法》等，规定了官方兽医具体实施检疫等监管职责。高某身为在事业单位中从事公务的人员，在担任某现代牧场有限公司的监管兽医期间，严重不负责任，不认真履行对该牧场的监管职责，致使该牧场243头价值413 030元的病死牛肉流入市场，使公共财产、国家和人民利益遭受重大损失，其行为已构成玩忽职守罪。关于对高某犯受贿罪的指控，法院认为高某的行为不符合受贿罪的构成，不予支持。鉴于高某归案后认罪态度较好，能如实供述自己的犯罪事实，系初犯，依法可对其从轻处罚。依照《中华人民共和国刑法》第三百九十七条、第九十三条第二款、第六十七条第三款、第七十二条第一款之规定，以玩忽职守罪判处高某有期徒刑一年，缓刑一年。

案例评析：

1. 官方兽医有哪些监管职责？

《动物防疫法》第四十一条第三款规定，本法所称官方兽医，是指具备规定的资格条件并经兽医主管部门任命的，负责出具检疫等证明的国家兽医工作人员。第四十一条第二款规定，动物卫生监督机构的官方兽医具体实施动物、动物产品检疫。官方兽医应当具备规定的资格条件，取得国务院兽医主管部门颁发的资格证书，具体办法由国务院兽医主管部门会同国务院人事行政部门制定。《动物检疫管理办法》第五条规定，动物卫生监督机构指派官方兽医按照《动物防疫法》和本办法的规定对动物、动物产品实施检疫，出具检疫证明，加施检疫标志。动物卫生监督机构可以根据检疫工作需要，指定兽医专业人员协助官方兽医实施动物检疫。第二十一条规定，县级动物卫生监督机构依法向屠宰场（厂、点）派驻（出）官方兽医实施检疫。屠宰场（厂、点）应当提供与屠宰规模相适应的官方兽医驻场检疫室和检疫操作台等设施。出场（厂、点）的动物产品应当经官方兽医检疫合格，加施检疫标志，并附有《动物检疫合格证明》。第二十二条第二款、第三款规定，官方兽医应当查验进场动物附具的《动物检疫合格证明》和佩戴的畜禽标识，检查待宰动物健康状况，对疑似染疫的动物进行隔离观察。官方兽医应当按照农业部规定，在动物屠宰过程中实施全流程同步检疫和必要的实验室疫病检测。第二十四条规定，经检疫不合格的动物、动物产品，由官方兽医出具检疫处理通知单，并监督屠宰场（厂、点）或者货主按照农业部规定的技术规范处理。

2. 从行政管理相对人处领取钱物是违规违纪行为还是违法犯罪行为？

《刑法》第一百六十三条【非国家工作人员受贿罪】规定，公司、企业或者其他单位的工作人员利用职务上的便利，索取他人财物或者非法收受他人财物，为他人谋取利益，数额较大的，处五年以下有期徒刑或者拘役；数额巨大的，处五年以上有期徒刑，可以并处没收财产。公司、企业或者其他单位的工作人员在经济往来中，利用职务上的便利，违反国家规定，收受各种名义的回扣、手续费，归个人所有的，依照前款的规定处罚。国有公司、企业或者其他国有单位中从事公务的人员和国有公司、企业或者其他国有单位委派到非国有公司、企业以及其他单位从事公务的人员有前两款行为的，依照本法第三百八十五条、第三百八十六条的规定定罪处罚。第三百八十五条【受贿罪】规定，国家工作人员利用职务上的便利，索取他人财物的，或者非法收受他人财物，为他人谋取利益的，是受贿罪。国家工作人员在经济往来中，违反国家规定，收受各种名义的回扣、手续费，归个人所有的，以受贿论处。《最高人民检察院关于人民检察院直接受理立案侦查案件立案标准的规定（试行）》受贿案（第三百八十五条，第三百八十六条，第三百八十八条，第一百六十三条第 3 款，第一百八十四条第 2 款）规定：涉嫌下列情形之一的，应予立案：（1）个人受贿数额在 5 千元以上的。（2）个人受贿数额不满 5 千元，但具有下列情形之一的：①因受贿行为而使国家或者社会利益遭受重大损失的；②故意刁难、要挟有关单位、个人，造成恶劣影响的；③强行索取财物的。

《中国共产党纪律处分条例》第九十条规定，借用管理和服务对象的钱款、住房、车辆等，影响公正执行公务，情节较重的，给予警告或者严重警告处分；情节严重的，给予撤销党内职务、留党察看或者开除党籍处分。通过民间借贷等金融活动获取大额回报，影响公正执行公务的，依照前款规定处理。第一百零一条规定：利用职权或者职务上的影响，侵占非本人经管的公私财物，或者以象征性地支付钱款等方式侵占公私财物，或者无偿、象征性地支付报酬接受服务、使用劳务，情节较轻的，给予警告或者严重警告处分；情节较重的，给予撤销党内职务或者留党察看处分；情节严重的，给予开除党籍处分。利用职权或者职务上的影响，将本人、配偶、子女及其配偶等亲属应当由个人支付的费用，由下属单位、其他单位或者他人支付、报销的，依照前款规定处理。由此可见，从行政管理相对人处领取钱物是违规违纪行为还是违法犯罪行为要根据收受行政相对人的金额多少来确定。

延伸阅读：官方兽医制度

《国务院关于推进兽医管理体制改革的若干意见》（国发〔2005〕15号）指出，官方兽医是指经资格认可、法律授权或政府任命，有权出具动物卫生证书的国家兽医工作人员。参照国际通行做法，国家逐步推行官方兽医制度。《农业部关于贯彻〈国务院关于推进兽医管理体制改革的若干意见〉的实施意见》（农医发〔2005〕19号）要求，各级兽医行政管理、兽医行政执法、动物疫病预防控制等机构的国家兽医工作人员，经资格认可、法律授权或政府任命，逐步进入官方兽医队伍。官方兽医制度就是指由官方兽医对动物、动物产品、精液、胚胎/卵、生物制品和病料的动物卫生和/或兽医公共卫生进行全过程监管的一项法律制度。官方兽医制度是国际上普遍实行的一种兽医监管制度。动物卫生和兽医公共卫生安全涉及饲养、屠宰（加工）和流通（包括出入境）3个必要环节的监控。第一环节是动物饲养过程中的疫病防控监督工作。动物饲养过程中的无疫病状态是动物产品安全的基本保障，为此，各国兽医当局都制定了重大动物疫病的控制和扑灭计划，在计划实施过程中，诸如动物免疫接种、感染动物扑杀、感染群清群、销毁、感染场地的消毒等，都需要官方兽医的有效监督。官方兽医科学、公正的指导评价和监督，促使企业在饲养、生产过程中依法运作，国家的动物疫病控制和扑灭计划就可得到落实，动物的无疫病状态才能得以维持。第二环节是动物屠宰过程中的卫生监督工作。动物屠宰卫生监督主要涉及宰前、宰中和宰后的监督检查和检疫检验，发达国家均指派官方兽医具体实施，剔除患有疫病的动物和处理染疫的动物产品。经检疫合格的，由官方兽医签发动物卫生证书。第三环节是动物及动物产品流通过程的卫生监督工作，该过程是第一和第二环节的延续，是对前两个过程的检验和认可。进行流通环节的动物产品，离人们的餐桌就不远了，这个阶段的动物卫生监督更不可忽视，理所当然需要官方兽医代表国家实施监督管理。从各国官方兽医制度的实施情况看，官方兽医都拥有很大的权力，官方兽医本人既是执法主体，同时又是责任主体，可代表国家签发动物卫生证书。如果官方兽医在其执法过程中出现失误，官方兽医本人则要承担相应的法律责任。故而国外特别强调和关注兽医的职业道德，并把职业道德作为官方兽医加强自身素质修养和维护执法公正性的法定职守。

案例 5　彭某在农产品生产过程中使用国家禁止的农业投入品案

2016 年 11 月 10 日，B 县食品药品和工商质监管理局接到群众举报，称 C 镇彭某在豆芽生产中非法添加对人体有害的物质。执法人员现场抽取了彭某 11 月 14 日生产的黄豆芽芽胚和黄豆芽成品，并对涉嫌使用的农业投入品进行了扣押，11 月 22 日经四川合泰食品检测有限公司检验，涉案黄豆芽成品样品检出 6-苄基腺嘌呤 0.20mg/kg，黄豆芽芽胚样品检出 6-苄基腺嘌呤 0.098mg/kg。12 月 8 日，B 县食品药品和工商质监管理局依据《食品药品监管总局　农业部　国家卫生计生委联合颁发的 2015 年第 11 号公告》“6-苄基腺嘌呤、4-氯苯氧乙酸钠、赤霉素等物质作为低毒农药登记管理”的规定，将案件移送给 B 县农业局查处。12 月 9 日，B 县农业局立案调查。据当事人彭某交代，其从网上购买的 6-苄基腺嘌呤没有规格标识，在豆芽生产中是按浸泡 60kg 黄豆用大半支水剂的比例使用，且豆芽生产时没有生产记录，11 月 14 日共生产 60kg 黄豆芽，按 2 元钱 1kg 销往 B 县西门市场。2017 年 2 月 20 日，B 县农业局依法对当事人彭某给予警告，并处以罚款1 000元。

案例评析：豆芽的管辖权争议

豆芽的管辖权争议由来已久，争议的焦点主要是豆芽属不属于食用农产品，豆芽生产中使用的 6-苄基腺嘌呤等物质是否适用农药管理。从现行法律法规的规定看，豆芽监管处于灰色地带。2006 年 11 月 1 日起施行的《农产品质量安全法》规定，本法所称农产品，是指来源于农业的初级产品，即在农业活动中获得的植物、动物、微生物及其产品。2015 年 10 月 1 日起施行的《食品安全法》规定，供食用的源于农业的初级产品（以下称食用农产品）的质量安全管理，遵守《农产品质量安全法》的规定。但是，食用农产品的市场销售、有关质量安全标准的制定、有关安全信息的公布和本法对农业投入品作出规定的，应当遵守本法的规定。2016 年 3 月 1 日起施行《食用农产品市场销售质量安全监督管理办法》（国家食品药品监督管理总局令第 20 号）规定，食用农产品，指在农业活动中获得的供人食用的植物、动物、微生物及其产品。农业活动，指传统的种植、养殖、采摘、捕捞等农业活动，以及设施农业、生物工程等现代农业活动。植物、动物、微生物及其产品，指在农业活动中直接获得的，以及经过分拣、去皮、剥壳、干燥、粉碎、清洗、切割、冷冻、打蜡、分级、包装等加工，但未改变其基本自然性状和化学性质的产品。

从近年来人民法院审理的豆芽案件判例看，豆芽纳入食品管理更为恰当。2013 年 1 月 1 日到 2014 年 8 月 22 日间，中国裁判文书网公开的豆芽使用 6-苄基腺嘌呤等物质的相关案例 709 起，有 918 人被以“生产、销售有毒、有害食品罪”获刑。从山东、河南、四川、重庆、青海等地人民法院生效判决文书看，普遍认为豆芽经过加工供人食用，是人们生活中食用的常见食品，应当被认定为食品。6-苄基腺嘌呤等物质为有毒、有害的非食品原料。

从国务院农业、卫生、质监、食药、商务等部门的规范性文件看，执法实践中豆芽生产经营是多部门管理的领域。2005 年 4 月 4 日《商务部　财政部　国家税务总局关于开展农产品连锁经营试点的通知（商建发〔2005〕1 号）》以附件“食用农产品范围注释”的形式规定：食用农产品是指可供食用的各种植物、畜牧、渔业产品及其初级加工产品。范围包括：一、植物类：植物类包括人工种植和天然生长的各种植物的初级产品及其初加工品。范围包括：(一) 粮食：粮食是指供食用的谷类、豆类、薯类的统称。范围包括：①小麦、稻谷、玉米、高粱、谷子、杂粮（如：大麦、燕麦等）及其他粮食作物。②对上述粮食进行淘洗、碾磨、脱壳、分级包装、装缸发制等加工处理，制成的成品粮及其初制品，如大米、小米、面粉、玉米粉、豆面粉、米粉、荞麦面粉、小米面粉、莜麦面粉、薯粉、玉米片、玉米米、燕麦片、甘薯片、黄豆芽、绿豆芽等。③切面、饺子皮、馄饨皮、面皮、米粉等粮食复制品。以粮食为原料加工的速冻食品、方便面、副食品和各种熟食品，不属于食用农产品范围。由此可见，豆芽系食用农产品。但 2014 年 8 月 21 日农业部办公厅以农办农函〔2014〕13 号回复中国食品工业协会豆制品专业委员会“关于豆芽制发是否属于种植活动的请示函”时，明确答复豆芽属于豆制品，其制发过程不同于一般农作物的种植活动，生产经营应符合《食品安全法》的相关规定。同时，还说明目前尚无农药产品在豆芽上登记使用，农业部不受理植物生长调节剂在豆芽制发中登记。这里需要指出的是，在已废止的《食品卫生法》施行期间，2004 年 6 月 29 日原卫生部关于制发豆芽不属于食品生产经营活动的批复（卫监督发〔2004〕212 号）指出，豆芽的制发属于种植生产过程，不属于《中华人民共和国食品卫生法》调整的食品生产经营活动。2015 年 4 月 13 日食品药品监管总局　农业部　国家卫生计生委联合颁发的2015年第11号公告，就豆芽生产经营中禁止使用6-苄基腺嘌呤等物质的有关事项公告称，6-苄基腺嘌呤、4-氯苯氧乙酸钠、赤霉素等物质作为低毒农药登记管理并限定了使用范围，豆芽生产不在可使用范围之列，且目前豆芽生产过程中使用上述物质的安全性尚无结论。为确保豆芽食用安全，现重申：生产者不得在豆芽生产过程中使用6-苄基腺嘌呤、4-氯苯氧乙酸钠、赤霉素等物质，豆芽经营者不得经营含有6-苄基腺嘌呤、4-氯苯氧乙酸钠、赤霉素等物质的豆芽。凡在豆芽生产和经营过程中违反上述规定的，由食品药品监管、农业等相关部门依照法律法规予以处理。由此可见，豆芽生产经营是多部门管理，各部门各管一段，农业部门主要负责豆芽生产和经营过程中违规使用农药的案件查处。

豆芽的管辖权争议从根源上看，还是因为豆芽生产中使用的6-苄基腺嘌呤等物质曾经作为食品添加剂管理，而后调整为低毒农药登记管理所导致的一系列问题。其管理政策分水岭主要是2011年11月4日国家质量监督检验检疫总局发布的《关于食品添加剂对羟基苯甲酸丙酯等33种产品监管工作的公告》（2011年第156号公告），该公告主要内容为“根据卫生部办公厅《关于〈食品添加剂使用标准〉（GB 2760—2011）有关问题的复函》（卫办监督函〔2011〕919号，见附件），现就监管工作有关事项公告如下：一、自本公告发布之日起，各省级质量技术监督局不再受理对羟基苯甲酸丙酯、对羟基苯甲酸丙酯钠盐、噻苯咪唑、次氯酸钠、二氧化氯、过氧化氢、过氧乙酸、氯化磷酸三钠、十二烷基苯磺酸钠、十二烷基磺酸钠、1-丙醇、4-氯苯氧乙酸钠、6-苄基腺嘌呤、单乙醇胺、二氯异腈氰尿酸钠、凡士林、硅酸钙铝、琥珀酸酐、己二酸、己二酸酐、甲醛、焦磷酸四钾、尿素、三乙醇胺、十二烷基二甲基溴化胺（新洁尔灭）、铁粉、五碳双缩醛、亚硫酸铵、氧化铁、银、油酸、脂肪醇酰胺、脂肪醚硫酸钠等33种产品的食品添加剂生产许可申请。二、自本公告发布之日起，食品添加剂生产企业禁止生产上述33种产品，企业已生产的上述33种产品禁止作为食品添加剂出厂销售，食品生产企业禁止使用。三、国家质检总局和省级质量技术监督局应当撤回并注销已批准的上述食品添加剂生产企业的生产许可证书。国家质检总局发证的企业由总局注销，省级质量技术监督局发证的企业由省局注销。2011年12月20日前应完成证书注销工作。四、各级质量技术监督部门要加大监督执法力度，加强相关生产企业的监督检查，依法查处违法违规生产行为。相关情况及时报告当地政府和国家质检总局。”

《商务部　财政部　国家税务总局关于开展农产品连锁经营试点的通知（商建发〔2005〕1号）》附件“食用农产品范围注释”符合公众认知，执法实践中，农业行政主管部门应主动与食品主管部门衔接，明确管理边界，建立联合办案机制，对法律法规没有明确的事项，按照谁发现谁牵头查处的原则，依法惩处食用农产品领域中的违法违规行为。在日常监管中，应妥善管控分歧，按照信息共享、效率优先、方便群众、有效管控的原则，处理法律法规没有明确的管理事项。

延伸阅读：“问题豆芽”的法治

2015年6月16日，葫芦岛市连山区人民法院一纸无罪改判掀起“问题豆芽”的翻案潮，也激起豆芽监管的千层浪。

2014年7月21日，葫芦岛市连山区人民检察院以连检刑诉（2014）第117号起诉书指控被告人郭某某、鲁某某犯生产、销售有毒有害食品罪。2014年12月15日，葫芦岛市连山区人民法院作出（2014）连刑初字第00298号刑事判决书，判处被告人郭某某有期徒刑五年零六个月，并处罚金45万元；判处鲁某某有期徒刑五年，并处罚金45万元。2015年5月13日，葫芦岛市中级人民法院作出（2015）葫刑终字第00033号刑事裁定，认为原判认定上诉人郭某某、鲁某某犯生产、销售有毒、有害食品罪，依据是其在生产的豆芽上喷洒了“速长王”，该“速长王”中检测出4-氯苯氧乙酸钠、6-苄基腺嘌呤、赤霉素等三种物质。但该三种物质的安全性尚不清楚，对人体能造成何种危害不清，故将此案发回重审，请查清后依法判决。2015年6月16日，葫芦岛市连山区人民法院重审认为：被告人郭某某、鲁某某虽在生产绿豆芽的过程中使用了非食品原料并予以销售，但没有证据证明二被告人在豆芽上喷洒“速长王”后所检测出的4-氯苯氧乙酸钠、6-苄基腺嘌呤、赤霉素等三种物质对人体能造成何种危害，该三种物质的安全性亦尚不清楚，故二被告人行为应属情节显著轻微危害不大，不认为是犯罪。故改判被告人郭某某、鲁某某无罪。

2018年6月7日，《信息时报》记者罗阳辉通讯员娄敏、张毅涛报道，5月18—23日，广州天河警方在白云区人和镇一举捣毁3个生产、销售有害食品窝点，警方以刘某等5名犯罪嫌疑人涉嫌生产、销售有毒有害食品罪为由依法刑事拘留，现场查获的4.5万斤“问题豆芽”“问题酸菜”已由属地职能部门封存销毁。由此可见，“问题豆芽”生产销售者并非因葫芦岛市连山区人民法院一纸无罪改判而全部免于刑事责任。

“问题豆芽”违法添加6-苄基腺嘌呤和4-氯苯氧乙酸钠等物质的行为是否构成生产、销售有毒、有害食品罪，应以《刑法》和相关司法解释规定为准。《刑法》第144条规定：在生产、销售的食品中掺入有毒、有害的非食品原料的，或者销售明知掺有有毒、有害的非食品原料的食品的，即构成该罪。刑法明文规定该罪为行为犯。所谓行为犯，是指只要实施了刑法规定的行为就构成犯罪既遂的犯罪。行为犯不需要考虑危害结果是否发生，只要行为人在生产、销售的食品中掺入有毒、有害的非食品原料，就构成生产销售有毒、有害食品罪，并不要求一定要造成人员伤亡的危害结果才构成犯罪。

该罪也是行政犯（法定犯），即指刑法规定的、违反了行政法中的禁止性规定而构成的犯罪。只要违反行政法中的禁止性规定，符合犯罪构成，即构成犯罪，即使其客观上并没有造成实际危害。行政犯的规定是为了更好地维护法秩序和更好地保护社会的需要而做出的规定。因此，行为人在生产、销售的食品中掺入有毒、有害的非食品原料的行为，即使最终鉴定结论认为这一批食品总体上无毒无害，也可认定其构成生产、销售有毒、有害食品罪。

从生产、销售有毒、有害食品罪的犯罪构成看：①本罪的客体是国家对食品卫生的管理秩序和人的身体健康和生命安全。②本罪的客观要件表现为，违反国家食品卫生法律法规和法令，在生产、销售的食品中掺入有毒、有害的非食品原料的行为，或者销售明知掺有有毒、有害的非食品原料的食品的行为。③本罪的主体为一般主体。④本罪的主观要件表现为故意。最高人民法院和最高人民检察院《关于办理危害食品安全刑事案件适用法律若干问题的解释》（法释〔2013〕12号）第20条规定，对于法律、法规禁止在食品生产经营活动中添加、使用的物质，国务院有关部门公布的《食品中可能违法添加的非食用物质名单》《保健食品中可能非法添加的物质名单》上的物质，国务院有关部门公告禁止使用的农药、兽药以及其他有毒、有害物质，应当认定为“有毒、有害的非食品原料”。据此，只要在生产、销售食品中添加上述法律、法规和法令禁止的物质，就可构成该罪。

在“问题豆芽”案中，6-苄基腺嘌呤和4-氯苯氧乙酸钠等物质属于低毒农药，是有毒有害物质，如果这些物质在食品加工中添加使用，其属性可归为非法添加的化学物质。由于国家质量监督检验检疫总局《关于食品添加剂对羟基苯甲酸丙酯等33种产品监管工作的公告》（2011年第156号）明确禁止6-苄基腺嘌呤和4-氯苯氧乙酸钠这两种农药作为食品添加剂生产和使用，国家食品药品监督管理总局、原农业部、国家卫生和计划生育委员会2015年第11号公告中重申：生产者不得在豆芽生产过程中使用6-苄基腺嘌呤、4-氯苯氧乙酸钠、赤霉素等物质，豆芽经营者不得经营含有6-苄基腺嘌呤、4-氯苯氧乙酸钠、赤霉素等物质的豆芽。因此，6-苄基腺嘌呤和4-氯苯氧乙酸钠等物质属于《关于办理危害食品安全刑事案件适用法律若干问题的解释》第20条第3项规定的“国务院有关部门公告禁止使用的有毒有害物质（农药）”。

案例6　B县农业局行政处罚决定撤销案（鲜竹笋添加剂）

2009年9月14日，B县人民政府办公室作出B政办通（2009）19号通知，通知内容为贯彻执行《B县社会治安和笋产品加工经营专项整治工作方案》，方案的目标任务之一是查处采用工业硫磺、焦亚硫磺酸钠加工和无证收购竹笋行为，方案成立4个工作组，其中第二整治工作组流动小组由县质监局牵头，公安、工商、农业局等配合。9月15日，该组检查发现王某利用硫磺对竹笋进行熏蒸，涉嫌存在质量不合格或不符合强制性标准规定，由县质监局作出登记封存决定书，就地封存王某仓库内约80吨用硫磺熏蒸过包装好的竹笋。县质监局封存这批竹笋时抽样4份，1号、3号样品拿回检验，2号4号样品留受检方。两天后县质监局检验所检验二氧化硫含量1号样品0.53g/kg、3号样品1.76g/kg，按照食品蔬菜罐头最大使用量≤0.05g/kg技术要求单项判定不符合。9月21日，县质监局将两份检验报告送达给王某。9月25日，工作组将封存王某的80吨竹笋和未封存王某用硫磺熏蒸的竹笋约40.8吨共120.8吨运到县城某公司露天场地堆放，工作组把现场、装车、检查等情况录像保存。10月12日，王某不服县质监局封存决定书，向A市质监局申请复议，市质监局次日作出行政复议决定书，决定：一、撤销县质监局封存决定，责令县质监局10月15日前解封退还封存的竹笋给王某；二、将行政执法主体移交B县农业局。

当日，县质监局作出解除登记封存决定书，解除运至某公司场地存放的竹笋，退还王某。同时将部分材料列单移交给B县农业局，B县农业局收到材料后次日立案，并作出证据登记保存清单，把县质监局移交的99.62吨竹笋保存在某公司货场小门右侧铁皮房内，支付了3 600元给货车司机作为误工费和运费，同时对这批竹笋进行抽样，抽样过程进行录像保存。10月21日，县农业局将抽样竹笋送广西产品质量监督检验院检验，检验院作出检验报告，检测送验竹笋二氧化硫含量 0.33g/kg，按食品蔬菜罐头≤0.05g/kg 判定不合格。11 月 18 日，检验院作出更改说明函给县农业局，认为送检样品为初加工竹笋，由于委托方不能确定是否属于最终加工的竹笋，不应依据《食品添加剂使用卫生标准（GB 3760—2007）》进行判定，决定取消原检验报告，重新作出一份检测结果不变，但是否合格不作判定的检验报告。B 县农业局立案后，2009 年 10 月 20 日调查取证，在基地附近和河沟收集到 16 个双桂牌硫磺块 GB 2449 的编织袋和两个东升牌硫磺块的编织袋，对收集到的编织袋进行拍照。10 月 27 日，县农业局以王某涉嫌使用的保鲜剂、防腐剂、添加剂不符合国家有关强制性的技术规范对其用硫磺熏蒸的竹笋 99.62 吨进行查封扣押。2010 年 1 月 29 日对王某作出 B 农罚（2010）01 号行政处罚决定认定：当事人将硫磺作为鲜竹笋的添加剂用于漂白、防腐，致使鲜竹笋含二氧化硫量高达 0.33g/kg 的行为，违反了《中华人民共和国食品安全法》第二条第二款和《中华人民共和国农产品质量安全法》第二十九条、第三十三条第（四）、（五）项的规定，根据《中华人民共和国食品添加剂使用卫生标准（GB 2760—2007）》的规定，王某所用的硫磺不能作为鲜竹笋的添加剂，用于漂白、防腐。依据《中华人民共和国农产品质量安全法》第四十九条的规定，作出如下行政处罚：①王某收到本处罚决定书之日起十五个工作日内，对污染的农产品就地进行无害化处理，十五个工作日内不能进行无害化处理完毕的予以监督销毁；②处以罚款人民币壹万伍千元整。王某收到处罚决定书后向 B 县人民法院提出起诉。

法院认为 B 县农业局提供的证据材料中的“现场检查笔录”第一页真实可信，第二页明显存在添加工业硫磺标识内容，且当时唯独这份王某的员工“拒绝签字”不合常理，不能采纳；询问笔录中何某清与何某英的笔录问答内容除姓名之外完全一致，是两个人在一起询问调查，不符合证据取证规范，且 B 县农业局更改询问时间、内容也没有王某使用的硫磺是工业硫磺的内容，黄某的笔录有王某使用工业硫磺的内容，但明显是事后添加，这三份笔录不能作为本案的定案依据；涉案的硫磺检验报告仅有委托单位、样品名称、送样者、收样日期、样品数量和状况外，其他型号规格、商标登记、生产单位、原编号、生产日期、抽样地点、抽样方式、抽样基数、抽样者、抽样数量、抽样日期等均未填写，不能确定检验的硫磺是什么牌、哪个厂生产、从什么地方抽样，不能因为是 B 县农业局送检就能推断是当事人王某使用的硫磺，检验是否合格均不能作为本案的定案依据。

法院认为B县农业局认定王某使用工业硫磺熏蒸竹笋没有提供充分的证据证实，这批竹笋尚未进入加工环节，虽然也可以交易，但不能进入消费市场，即使要销售也只能销售给加工企业，B县农业局依据农产品质量安全法第四十九条规定对王某进行处罚，第四十九条是根据第三十三条第四项规定情形作出的规定，B县农业局使用该条规定作出处罚不适当，其作出的B农罚（2010）01号行政处罚决定书以王某的竹笋含二氧化硫高达0.33g/kg的行为来处罚王某没有依据，称王某使用工业硫磺熏蒸竹笋，事实不清，证据不够充分，适用法律不当。但王某没有充分的证据证明其使用的硫磺是食品添加剂硫磺，并不能排除王某使用的硫磺是工业硫磺，为了防止有害的食用农产品最终流入市场，损害消费者的身体健康，从源头有效控制有害的食用初级农产品进入加工环节，王某要求退回被扣押的竹笋，不予支持。根据《中华人民共和国行政诉讼法》第54条第二款第1、2目和《中华人民共和国行政诉讼法》若干问题的解释第56条第4项，第60条的规定判决：一、撤销B县农业局2010年1月29日作出的B农罚（2010）01号行政处罚决定书；二、由B县农业局在本决定书生效之日起3个月内重新作出处理决定；三、驳回王某要求退还B县农业局扣押的120.8吨竹笋的诉讼请求。

案例评析：熏蒸后的竹笋是不是半成品竹笋？

本案中，双桂牌硫磺是玉林市玉州区双桂硫磺加工厂生产，该厂原生产的执行GB 2449—2006为工业硫磺，2009年7月20日获得生产食品添加剂硫磺生产许可证，产品执行标准为GB 3150—1999。该厂同时具备生产两类硫磺的资格。硫磺主要分为两大类：一类为工业硫磺，主要用于制造染料、塑胶、造纸等；另一类为食品添加剂硫磺，主要用于食品生产漂白、防腐。食品添加剂硫磺是采用精致工业硫磺经过生产生成提炼后加入复方配方以除主要毒害物质加工制成。“食品添加剂”是指为改善食品品质和色、香、味，以及为防腐和加工工艺所需要而加入食品中的化学合成或者天然物质。2009年7月28日，王某在双桂硫磺厂购买两吨硫磺，“销货清单”没有写明是食品添加剂硫磺或工业硫磺。王某的农副产品加工厂加工的竹笋产品主要有两类：一类为即食笋，另一类为笋干。B县农业局查封扣押这批竹笋是王某在二分场基地将鲜竹笋剥壳、切割、分级，用硫磺熏蒸然后装袋的竹笋，用硫磺熏蒸的目的是漂白、防腐，以便贮存运输。鲜竹笋是指竹笋的新鲜竹子嫩芽，鲜竹笋含水量高达85%至90%，这批用硫磺熏蒸过的竹笋含水量仍然相当高，因为用硫磺熏蒸仅是将鲜竹笋剥壳切割后放置在塑料薄膜帐内熏蒸两三个小时就包装，并未脱水或晒干。竹笋加工结果一般有两种，一种是笋干，属食用农产品；另一种是即食笋，属食品。笋干属于干制蔬菜类，即食笋属于蔬菜罐头类，根据《食品添加剂使用卫生标准》二氧化硫残留量最大使用量，笋干≤0.2g/kg，即食笋≤0.05g/kg。“残留量”是指食品添加剂或其分解产物在最终食品中的允许残留水平。“最大使用量”是指食品添加剂使用所允许的最大添加量。食品添加剂硫磺列入食品工业加工助剂，国家允许使用食品的漂白和防腐。国发〔2004〕23号《国务院关于进一步加强食品安全工作的决定》、卫监督发〔2009〕89号《关于加强食品添加剂监督管理工作的通知》均明确农业部门负责初级农产品生产环节的监管。

竹笋是木本植物，属植物性食品，竹笋未加工属于食用农产品，竹笋经加工直接可入口食用的成为食品，需煮熟后方能食用的则仍属食用农产品。鲜竹笋是指竹笋的新鲜竹子嫩芽，鲜竹笋经剥壳、切割仍属于鲜竹笋，但经过用硫磺熏蒸已不属于鲜竹笋，王某这批竹笋是用硫磺熏蒸过的，不属于鲜竹笋。半成品是指经过一定生产过程并已检验合格交付半成品仓库保管，但尚未制造完工成为产成品，仍需进一步加工的中间产品，不包括从一个生产车间转给另一个生产车间继续加工的自制半成品，以及不能单独计算成本额自制半成品，这类自制半成品属于在产品。王某这批竹笋虽然经过剥壳、切割熏蒸、包装，但只是简单初加工，这些工序目的仅是防腐和利于包装运输，不属于加工厂的生产过程，只是比瓜果蔬菜这些多了一道工序，因为竹笋不经过剥壳切割不便于熏蒸和包装运输，不像其他瓜果蔬菜经过保鲜处理后直接可包装运输，这批竹笋不是中间产品而是在产品，仍属于待进入加工厂的原材料，所以这批竹笋不是半成品竹笋。王某这批竹笋应准确定性为初加工的食用初级农产品。根据《食品安全法》第二条第二款，供食用的源于农业的初级产品的质量安全管理遵守“农产品质量安全法”的规定，《农产品质量安全法》第三条规定，县级以上人民政府农业行政主管部门负责农产品质量安全的质监管理工作，国务院关于进一步加强食品安全工作的决定，卫监督发〔2009〕89号“关于加强食品添加剂监督管理工作的通知”也明确规定，农业部门负责初级农产品生产环节的监管，王某这批初加工的食用初级农产品没有进入加工工厂加工环节，仍处于生产环节，B县农业局是适格行政执法主体，有权对王某进行处罚。

《农产品质量安全法》第29条规定，农产品在包装、保鲜贮存、运输中所使用的保鲜剂、防腐剂、添加剂等材料，应当符合国家有关强制性的技术规范。而《食品添加剂食用卫生标准》是食品添加剂强制性的技术规范，王某使用硫磺熏蒸竹笋，必须遵守这一技术规范。如果王某使用的是食品添加剂硫磺熏蒸竹笋，加工成笋干的，按照规范二氧化硫残留量≤0.2g/kg，加工成即食笋的二氧化硫残留量≤0.05g/kg，现王某这批初加工的食用初级农产品尚未进入工厂加工，不是最终产品，不能按照这一技术规范要求，检验这批竹笋二氧化硫含量0.33g/kg仅是含硫量而已，初加工的食用初级农产品尚未有含硫量的技术规范，B县农业局以这批竹笋二氧化硫量高达0.33g/kg来处罚王某没有依据，理由不成立；如果王某使用的是工业硫磺熏蒸竹笋，工业硫磺不是食品添加剂，不能使用于食用农产品，这批竹笋则应当销毁。

延伸阅读：农产品质量安全标准及分类

农产品质量安全标准是指依照有关法律、行政法规的规定制定和发布的农产品质量安全强制性技术规范。一般是指规定农产品质量要求和卫生要求，以保障人的健康、安全的技术规范和要求。如农产品中农药、兽药等化学物质的残留限量，农产品中重金属等有毒有害物质的允许量，致病性寄生虫、微生物或者生物毒素的规定，对农药、兽药、添加剂、保鲜剂、防腐剂等化学物质的使用规定等。农产品质量安全标准，是农产品质量安全监管的重要执法依据，也是支撑和规范农产品生产经营的重要技术保障。

农产品质量安全标准是判断农产品是否合格或如何从事农牧业生产的依据。农产品质量安全标准包括种植业、畜牧业、渔业等行业所涉及的技术标准，如蔬菜水果、肉禽蛋奶、鱼虾贝藻均属于农产品标准的范畴。农产品质量安全标准就性质来说，分推荐性标准和强制性标准。从内容上来说，包括安全和质量两类标准。安全类标准主要是影响农产品安全的物理性、化学性和生物性危害要素方面的标准；质量类标准主要是农产品质量标准以及与农产品质量有关的标准。从层次上来说，分国家标准、行业标准、地方标准和企业标准。国家标准是指由国务院标准化行政主管部门制定的需要全国范围内统一的技术要求。国家标准分为强制性国家标准、推荐性国家标准、指导性技术文件。国家规定的标准代码分别为GB、GB/T和GB/Z，其管理部门为国家标准化管理委员会。行业标准是指没有国家标准而又需要在全国某个行业范围内统一的技术标准，由国务院行政主管部门制定并报国务院标准化行政主管部门备案。行业标准分为强制性标准和推荐性标准。地方标准是由省、自治区、直辖市标准化行政主管部门制定并报国务院标准化行政主管部门和国务院有关行业行政主管部门备案。地方标准的管理部门为各省级质量技术监督局。企业标准是指由企业制定的作为组织生产依据的，或在企业内制定适用的，严于国家标准、行业标准或地方标准的企业（内控）标准，由企业自行组织制定，并按省、自治区、直辖市人民政府的规定备案。

案例7　覃某违法使用违禁高毒农药甲拌磷案

2013 年 1 月，覃某在 A 省 B 市 C 区 D 镇 E 村自家菜地种植韭菜，并将成熟的韭菜运到蔬菜批发市场售卖。2015 年 8 月初，覃某在韭菜地里使用违禁高毒农药甲拌磷。2015 年 8 月 21 日，B 市公安局 C 分局联合 B 市 C 区农林渔业局工作人员对覃某种植的韭菜进行抽样检查。经 B 市 C 区农业技术服务推广中心检测，覃某种植的韭菜中甲拌磷含量为 0.028mg/kg，不符合 GB 2763—2014 规定（≤0.01mg/kg），为不合格产品。执法机关认为，覃某无视国家法律，在生产、销售的食品中掺入有毒、有害的非食品原料，其行为已触犯《中华人民共和国刑法》第一百四十四条的规定，应以生产、销售有毒、有害食品罪追究其刑事责任。B 市 C 区人民法院根据《最高人民法院　最高人民检察院关于办理危害食品安全刑事案件适用法律若干问题的解释》第九条第一款“在食品加工、销售、运输、贮存等过程中，掺入有毒、有害的非食品原料，或者使用有毒、有害的非食品原料加工食品的，依照刑法第一百四十四条的规定以生产、销售有毒、有害食品罪定罪处罚”、第二款“在食用农产品种植、养殖、销售、运输、贮存等过程中，使用禁用农药、兽药等禁用物质或者其他有毒、有害物质的，适用前款的规定定罪处罚”等规定，认为覃某明知道甲拌磷具有剧毒，而仍在种植韭菜过程中予以使用，且经抽样检查，覃某种植的韭菜中甲拌磷超标，因此，覃某的行为符合生产有毒、有害食品罪的构成要件。依照《中华人民共和国刑法》第一百四十四条，第六十七条第三款，第五十二条，第五十三条，第七十二条第一款，第七十三条第二、三款及《最高人民法院、最高人民检察院关于办理危害食品安全刑事案件适用法律若干问题的解释》第九条之规定，判决覃某犯生产有毒、有害食品罪，判处有期徒刑六个月，缓刑一年，并处罚金人民币10 000元。

案例评析：如何区分生产、销售不符合安全标准的食品罪和生产、销售有毒、有害食品罪?

生产、销售不符合安全标准的食品罪与生产、销售有毒、有害食品罪是特别关系，是两个容易混淆的罪名。成立生产、销售有毒、有害食品罪的行为，也必然符合生产、销售不符合安全标准的食品罪的犯罪构成，司法实践中区分两罪的关键主要在以下3点。

（1）毒源不同。生产、销售不符合安全标准的食品罪的依据是“《食品卫生法》”。行为人在食品中（既包括一般食物，也包括食品添加剂、调味品、色素、保鲜剂，还包括油脂和饮料等）掺入的原料也可能有毒害性，但其本身是食品原料，其毒害性是由于食品原料被污染或者腐败变质所引起的。

生产、销售有毒、有害食品罪是食品本身没有问题，行为人在合格的食品中故意掺入了有毒、有害的非食品原料。如在减肥保健食品中添加西布曲明，食用油中掺入“地沟油”，制酒时加入工业酒精，在猪饲料中添加盐酸克仑特罗（俗称瘦肉精），在牛奶中加入三聚氰胺等。如行为人在生产、销售的食品中掺入酸败的油脂，变质的水果等，就不构成本罪。

因此，是否掺入有毒、有害的非食品原料，是两罪的根本区别所在。

（2）生产、销售不符合安全标准的食品罪属于危险犯，即行为人生产、销售不符合卫生标准的食品，须达到“足以造成严重食物中毒事故或其他严重食源性疾患”程度，才构成犯罪；生产、销售有毒、有害食品罪属于行为犯，即只要行为人实施了在生产、销售的食品中掺入有毒、有害的非食品原料或销售明知是掺入有毒、有害的非食品原料的食品的行为，即构成犯罪既遂。

（3）掺入的方式不同。前者的“毒害”是故意掺入，是行为人积极的作用；而后者的“毒害”是由生产、销售中受到污染或变质而引起，是行为人消极的不作为。如果没有故意掺入行为，尽管食品受到有毒、有害非食品原料的污染，也不能认定为生产、销售有毒、有害食品罪。本案中，覃某在自家韭菜地里使用违禁高毒农药甲拌磷，并将成熟的韭菜运到蔬菜批发市场售卖，其明知道甲拌磷具有剧毒，而仍在种植韭菜过程中予以使用，且经抽样检查，覃某种植的韭菜中甲拌磷超标，因此，其行为符合生产有毒、有害食品罪的构成要件，应依法追究其刑事责任。

延伸阅读：生产、销售有毒、有害食品罪对于明知的界定

1. 生产、销售有毒、有害食品罪在我国实行基本概况

《刑法修正案（八）》对生产、销售有毒、有害食品罪进行了修改，将基本档中“拘役”的规定，将量刑起点从一个月提到六个月，将“造成严重食物中毒事故或者其他严重食源性疾患，对人体健康造成严重危害”改为“对人体健康造成严重危害或者有其他严重情节”降低了食品安全犯罪的侦查、调查取证的困难；将“致人死亡或者对人体健康造成特别严重危害”改为“致人死亡或者有其他特别严重情节”扩大了加重处罚的范围。将“销售金额50%以上两倍以下罚金”改为无限额罚金，并取消了基本犯单处罚金的规定，加大了财产刑的适用，有利于彻底剥夺犯罪分子非法获利和再次犯罪的可能性。

2016年，我国食品安全问题依旧严峻，各种“门”层出不穷。民以食为天，食品安全危机一次次挑战人民对政府的信心，也一次次地让人民对食品安全陷入恐慌。尽管立法对生产、销售有毒、有害食品罪进行完善，司法机关也在加强对食品安全相关的打击力度，但是食品安全问题的形势仍然严峻。通过立法、司法严厉打击黑心商家，达到震慑作用，是解决食品安全问题的有效措施，新的《食品安全法》已于2015年10月1日开始实施。另外，食品安全问题严峻，有行政执法与刑事司法衔接不畅的原因，也有证据收集难度大的原因，在刑事审判实务中，对于生产、销售有毒、有害食品罪中是否“明知”的界定也是在本罪中争议较大的地方，是区分有罪无罪的关键点。可以说，“明知”认定的问题与行政、刑事衔接、证据收集与认定以及法律适用皆紧密相关。

2. 生产、销售有毒、有害食品罪中的“明知”

在认定生产、销售有毒、有害食品罪的主观方面是，必须把握“明知”的要件。而“明知”作为一种被刑法规范了的意识，无法被客观再现，难以把握，这也导致在刑事司法过程中，证明行为人在行为时是否明知、在通常情况下明知的概率是多少、明知哪些内容、明知的内容与其行为事实在构成要件范围内是否一致等对于认定犯罪至关重要的问题很困难。

一般认为，生产、销售有毒、有害食品罪中的主观罪过形式为故意，包括直接故意和间接故意。有部分学者认为本罪的主观罪过形式只能是间接故意，如果是直接故意应当为投放危险物质罪。本罪的罪过形式应该包括直接

故意和间接故意，过失不能成为该罪的罪过形式。

学界对于“明知”的阐述分为“确定说”，即明知就是确知，就是对将来要发生的事实及其危害性的明白知晓。“可能说”认为，明知当然包括确知，但不限于确知，还包括一定条件下的“应知”，即根据行为人的主观认识能力和行为时的客观情况而合理推断出行为人当时应当知道，也就是所谓的“推定的明知”。在我国，“可能说”得到了最高司法机关肯定，目前，推定明知一种是通过司法解释等形式将推定明知的情形列举出来，另一种不列举具体情形，只在法条中规定明知，具体由法官根据案件情况自由裁量，而生产、销售有毒、有害食品罪就属于这种模式。

3. 在刑事审判实务中如何认定“明知”

在具体的办案过程中，“明知”的证明难主要体现如下。

（1）“明知”是一种主观心理活动和认知状态，而可以证明行为人主观“明知”的直接证据的获取来源极其有限，大部分存在于在被告人的供述中，而即时获得口供，在庭审中被告人以刑讯逼供为由翻供，更不用说无法获得口供的情况。

（2）在具体的办案实践中，公诉机关承担证明责任，认定犯罪必须达到“事实清楚，证据确实充分，排除合理怀疑”的程度。这种证明标准对于“明知”的证明来讲，十分苛刻，通过客观证据对主观心理进行推断并加以证明的证据，可能永远无法达到确实充分。

社会生活纷繁复杂，在刑事实务中判断被告人到底是否明知，重点从以下方面考察：

①在食品中添加的是国家允许添加的食品添加剂目录范围之外的物质或者超量添加食品添加剂目录之内的添加剂。

②买卖双方成交价格，如果成交价明显低于市场中间价，行为人就有可能明知是有毒、有害食品。

③买卖、交接食品方式地点以及储藏食品地点，如果非正常渠道非正常时间买卖食品，将食品藏在较为隐匿的地点，就推定为明知。

④是否在有关部门禁止或者发出安全预警的情况下继续生产、销售，那么可以推定为明知。

以上列举情况是刑事实务实践中总结的一部分，列举并不能穷尽现实中的情形，在法官自由裁量时，主要从行为人是否有认识的义务、能力以及当时的实际情况相结合，从而判断其是否明知。

在司法实践中，生产、销售有毒、有害食品罪无法追究，与其认定难、收集证据难、证据易灭失有很大的关系，在司法实践中，审判人员根据实际情况与法律规定定罪量刑需要探讨的问题还有很多。

案例8　陶某销售不符合安全标准的食品案

2013年11月26日上午，陶某父亲发现自己鱼塘的鱼翻白（活鱼，还未死亡），便告知陶某怀疑系有人下毒所致，称自己已试吃过翻白的鱼，没有出现身体不适的状况，遂让陶某将翻白的鱼拖出去贩卖，随后陶某将其父亲所饲养的鱼塘内死因不明的约50kg鱼运至B县C镇街道南桥电信营业厅旁，低价销售给徐某、解某、方某、吴某等人。其中，贩卖草鱼约50kg，每千克12元；贩卖黑鱼（财鱼）约5kg，每千克10元；贩卖白鲢鱼1.5kg余，每千克4元；贩卖鲫鱼约2.5kg，每千克10元；贩卖花鲢鱼1.5kg余，每千克10元；贩卖鲤鱼2kg，每千克4元，以上获利700元。卖完后，还剩下5kg余花鲢鱼，陶某便自己带回家腌制。徐某、解某、方某、吴某在食用陶某销售的死鱼后，出现呕吐、头痛、头晕、反胃等症状被送医救治。陶某得知情况后，前往医院查看被害人的病情并承担救治费用。随后，陶某在医院被民警传唤接受调查，陶某如实供述其犯罪事实。经A省公安司法鉴定中心鉴定，证实在送检的鱼鳃中检出甲拌磷和甲拌磷亚砜成分，在送检的徐某、解某、吴某和方某血样中均检出甲拌磷亚砜成分。B县人民法院认为，陶某违反国家食品安全管理规定，明知水产动物死因不明，仍然进行销售，致使4人食物中毒，其行为已构成销售不符合安全标准的食品罪，依照《中华人民共和国刑法》第一百四十三条，第六十七条第一款，第七十二条第一、三款，第七十三条第二、三款的规定，判决陶某犯销售不符合安全标准的食品罪，判处有期徒刑八个月，缓刑一年，并处罚金5 000元。

案例评析：如何理解和适用销售不符合安全标准的食品罪

《刑法》第一百四十三条规定：生产、销售不符合食品安全标准的食品，足以造成严重食物中毒事故或者其他严重食源性疾病的，处三年以下有期徒刑或者拘役，并处罚金；对人体健康造成严重危害或者有其他严重情节的，处三年以上七年以下有期徒刑，并处罚金；后果特别严重的，处七年以上有期徒刑或者无期徒刑，并处罚金或者没收财产。第一百四十九条规定：生产、销售本节第一百四十一条至第一百四十八条所列产品，不构成该条规定的犯罪，但是销售金额在五万元以上的，依照本节第一百四十条的规定定罪处罚。法律依据生产、销售本节第一百四十一条至第一百四十八条所列产品，构成各该条规定的犯罪，同时又构成本节第一百四十条规定之罪的，依照处罚较重的规定定罪处罚。第一百五十条规定：单位犯本节第一百四十条至第一百四十八条规定之罪的，对单位判处罚金，并对其直接负责的主管人员和其他直接责任人员，依照各该条的规定处罚。

在相关情节理解和适用上，以本罪论的包括以下情形：一是在食品加工、销售、运输、贮存等过程中，违反食品安全标准，超限量或者超范围滥用食品添加剂，足以造成严重食物中毒事故或者其他严重食源性疾病的；二是在食用农产品种植、养殖、销售、运输、贮存等过程中，违反食品安全标准，超限量或者超范围滥用添加剂、农药、兽药等，足以造成严重食物中毒事故或者其他严重食源性疾病的。在罪数认定上，实施刑法第一百四十条至第一百四十八条规定的犯罪，又以暴力、威胁方法抗拒查处，构成其他犯罪的，依照数罪并罚的规定处罚。另外，犯本罪的，同时构成其他犯罪的，依照处罚较重的规定定罪处罚。对于共犯认定问题，笔者认为包括以下四个方面：一是提供资金、贷款、账号、发票、证明、许可证件的；二是提供生产、经营场所或者运输、贮存、保管、邮寄、网络销售渠道等便利条件的；三是提供生产技术或者食品原料、食品添加剂、食品相关产品的；四是提供广告等宣传的。关于有毒、有害的非食品原料主要包括以下四类：一是法律、法规禁止在食品生产经营活动中添加、使用的物质；二是国务院有关部门公布的《食品中可能违法添加的非食用物质名单》《保健食品中可能非法添加的物质名单》上的物质；三是国务院有关部门公告禁止使用的农药、兽药以及其他有毒、有害物质；四是其他危害人体健康的物质。

延伸阅读：执法检查中如何识别中毒死亡的鱼？

鱼的死亡有多方面原因，但主要是鱼病和化学物中毒两种。由于工业废水及城市生活污水大量排放，使污染死鱼事故接连发生，渔业资源受到严重破坏。因此，正确区分病死鱼与化学物中毒死鱼，有利于及时采取有效措施，减少中毒损失。第一，从死鱼季节和品种上区分。鱼病的发生一般是由春天开始、随着气温和水温的升高，细菌等病原体容易繁殖；进入夏季，鱼发病最为严重，而且各种鱼病都有一定的品种选择性。化学物急性中毒则不同，无季节性差异和明显的品种选择性，仅与有毒化学物质排入养鱼水体的时间有关。第二，从死鱼的前兆区分。鱼的发病和死亡有急性和慢性两种，其中急性鱼病发病快，前兆不明显，在死亡之前行为与正常鱼的行为没有明显的区别，看起来很正常，但会突然大量死亡，这与化学中毒鱼的冲撞、翻滚、跳跃表现是不同的；慢性鱼病的死鱼前兆比较明显，病鱼一般空胃、活动迟缓、离群独游、喜在暗处活动。虽然有些寄生虫病会使鱼跳跃、冲撞，但不会使鱼在短时间内大批死亡，这一点与化学性急性中毒突发性死鱼是完全不同的。第三，从死鱼的鱼体特征区分。生病死亡的鱼，体表和鳃部一般不存在附着物，有些病会使鱼鳃部腐烂，且有一些腐臭味，同时由于细菌、病毒及病原体通过水体、饲料、种苗等环节的传染，使鱼病常有流行发生的趋势，即同一类型的鱼病可能在相当范围内发生。这与化学物中毒死鱼也是不相同的。化学物中毒死鱼是在有限的范围内孤立发生的，死鱼体表尤其是鳃部常附着一些污染物，并且带有那些物质特有的气味。重金属中毒时，鱼的鳃部受损害明显，鳃叶部分脱落，鳃部分泌大量黏液形成絮状堆积物；磷中毒则鱼的眼球突出，鳞片竖立；氰化物中毒则鳃盖鲜红；氯中毒则其体表、鳃丝发白；碱中毒则鱼的体表存有大量的黏液等。第四，从死鱼的水体环境区分。因鱼病死鱼时，一般来讲水中浮游生物、浮游植物、水生植物和龟、蛇、螺等水生动物不会受到明显损害，数量不会明显减少。而化学物急性中毒死鱼时，水中其他生物也会发生中毒死亡，浮游生物的数量和品种会大量减少甚至消失，水中会有大量死亡藻细胞。第五，利用鱼病分析法区分。细菌性和寄生虫性鱼病，可以通过目检或镜检在鱼的体表、鳃部、内脏、血液中检出病原体，而在化学物质中毒死鱼的鱼体上是不可能观察到的。鱼类死亡的原因是多种多样的，应综合考虑各方面的因素，死因一旦确定，就须采取相应的措施防止鱼病进一步蔓延。属于化学物中毒引起的死鱼，要及时向事故发生地渔业行政主管部门申请调解处理，也可直接向人民法院起诉。

案例9　A市B区“农药草莓”事件舆情案

2015年1月26日，中央电视台针对网上流传的一篇题为《一位蜂农的忠告：珍惜生命远离草莓》的帖子引起的社会热议，在《焦点访谈》节目中播出《不是草莓惹的祸》，节目最后主持人说：像这类帖子听过、见过的不算少了。有没有不信谣的免疫力？有没有不传谣的自觉？食品安全关系到健康，相关消息的传播关系到人心的安宁，这些不负责的消息传播谁来负责呢？

此次事件刚刚过去3个月，4月25日晚中央电视台《是真的吗？》栏目播出一档关于草莓农药残留的话题，节目报道称央视财经记者随机在A市某农产品批发市场、某超市、某采摘园以及路边的草莓摊，购买了8份草莓样品，送到北京农学院进行检测，8份样品中全部检测出了百菌清和乙草胺农药残留。节目中主持人说：乙草胺是除草剂，它主要在大田作物里面。玉米、豆子、土豆，也可以在油菜里面登记使用。目前国家没有登记草莓的残留标准，也就是说在草莓上不能使用。如果参照欧盟标准0.05mg/kg，那这些检出的样本里边，1号草莓样品乙草胺的最高残留量是0.367mg/kg，超标了7倍多，就连残留最低的3号样品，也超标了大约1倍。乙草胺究竟是怎样的一种农药呢？一旦过量会对身体造成哪些伤害呢？专家说：在美国已经把乙草胺列为b-2类致癌物，如果长期食用这个乙草胺，累积量比较多的那种，乙草胺残留的农药，可能会有它的代谢物的中毒。比如醌亚胺类代谢物的中毒，可能就有致癌性。

节目一播出，包括中央电视台在内的30多家新闻媒体纷纷对“毒草莓”进行了深度报道，引发了广泛讨论。其中检测过程和结果是否专业也是令人生疑的。随后，媒体播出A市农业局决定自27日起在全市范围内启动草莓生产使用农药情况专项检查，并已成立调查组赴草莓主产区B区进行调查，将进一步加大对本市自产草莓产品质量安全检验检测力度。

2015年4月29日，署名新华社的《市面上的草莓到底“有毒没毒”缺个权威说法》文章被各大新闻媒体广泛转载。

2015年5月13日，A市网信办、市科协以及B区农业服务中心等多部门联合辟谣，称草莓种植用不到乙草胺，“吃草莓致癌”说法不靠谱。目前草莓种植基本都是覆盖塑料地膜种植，很少使用除草剂。官方应对此次“农药草莓”事件到此结束。

案例评析：如何正确应对农产品质量安全突发事件

舆论监督是新闻媒体运用舆论的独特作用，帮助公众了解政府事务、社会事务和一切涉及公共利益的事务，并促使有关事务沿着法制和社会生活公共准则的方向运作的一种社会行为。舆论监督通常有两种情况：一种是新闻媒体代表公众舆论对社会进行监督，另一种是公众借助新闻媒体对社会实行监督。《农产品质量安全法》第三十八条明确规定，国家鼓励单位和个人对农产品质量安全进行社会监督。因为农产品质量安全突发事件有急性暴发也有慢性积累暴发，影响因素环节复杂。防控农产品质量安全突发事件，政府职能部门要建立风险监控和预警反应机制，但因受制于我国农业生产分散、环节多、水平不高，农产品质量安全监管起步晚等因素，政府部门不可能面面俱到。即使在发达国家，食品农产品质量安全监管方面也难做到万无一失。因此。社会监督、社会共治就成为政府监管的有益补充。一些食品安全、农产品质量安全问题的曝光，大多源于媒体的报道。重大农产品质量安全突发事件往往会对风险高的农产品产业造成沉重打击，甚至是毁灭性的影响。政府职能部门对于农产品质量安全突发事件，在应急处置上必须突出应急机制的高灵敏、高效率，展示在最短时间内控制危害扩大的能力。政府职能部门的农产品质量安全监管机构应负责舆情监测和分析，联系宣传部门，协调有关媒体，提供统一报道素材，及时以适当方式组织信息发布，做好舆论引导。应急处置结束后，政府职能部门应组织相关部门、专家、企业家会商，或委托第三方评估该类农产品及关联产业的经济损失、市场效应、发展前景，特别是对特定产品产区的经济影响、对生产者的影响和对消费信心的影响进行评估，提出降低产业风险和恢复产业发展的政策措施与建议。

延伸阅读：建立农产品质量安全公信力

公信力是指在社会公共生活中，公共权力面对时间差序、公众交往以及利益交换所表现出的一种公平、正义、效率、人道、责任的信任力。公信力既是一种社会系统信任，同时也是公共权威的真实表达。农产品质量安全公信力主要指政府公信力与媒体公信力，政府公信力包含公众对政府的信任和政府对公众的信用，其中政府信用是政府公信力的核心内容；媒体公信力是指新闻媒体本身所具有的一种被社会公众所信赖的内在力量，是媒体自身内在品质和外在形象在社会公众心目中所占据的位置，是衡量媒体权威性、信誉度和社会影响力的标尺，也是媒体赢得受众信赖的能力。媒体公信力更多强调的是信息的接收者对信息/信源的主观判断，即传播者的可信度。在农产品质量安全管理中，政府公信力的高低，影响公众和消费者对政府行政监管能力的信赖；而媒体公信力的高低，决定其舆论影响力和突发事件影响效应。

案例10　高某西瓜农药药害纠纷案

2014年4月上旬，高某种植的7hm^{2}小拱棚西瓜瓜苗上发生蚜虫虫害，4月29日高某到某供销农资连锁店购药，农资店根据高某西瓜的症状配置了70%吡虫啉，并给出了“20g对水200斤”的配方。2014年5月1日，高某按农资店配方在其西瓜地上使用了70%吡虫啉可分散粒剂5 000倍。后由于西瓜苗的蚜虫没有被完全除去，再次咨询农资店朱某后，于2014年5月4日在其西瓜地上又喷洒了70%吡虫啉可分散粒剂5 000倍（系2014年5月1日在某供销农资连锁店购买）加10%精稳杀得乳油2 000倍。2014年5月7日，西瓜苗出现缩头现象。2014年5月9日高某又到该农资店配药，农资店朱某配置了多聚硼、盐酸吗啉胍、锌糖粉、嘧菌・百菌清、苯醚甲环唑、叶の素、大蚜，并开具了收款收据。除大蚜外，其余六种药均是用于西瓜苗，同日高某将上述六种药喷洒于西瓜苗。此后，瓜苗缩头现象出现加重。2014年5月12日，高某向C区农业局提交鉴定申请，2014年5月13日，C区农业局农业执法中队组织郑某等3位专家到现场进行勘察，并询问当事人及查验相关投入品，对西瓜苗出现不同程度的缩头、滞长现象进行了原因分析，得出以下鉴定结论：本次西瓜生产异常主要由西瓜小苗期连续使用吡虫啉引起的药害现象，同时大幅降温和管理粗放进一步加剧了药害的发生和危害。勘验现场结束后，专家给出了双方当事人相关的补救措施，补救的药物均是用于提高作物抗逆能力及促进生长的植物生长调节剂。2014年5月13日，农资店朱某将爱多收复硝芬钠及芸苔素内酯送至高某的西瓜田处，并附带使用说明。2014年5月15日高某将上述两种药使用于西瓜田。2014年5月22日，农资店朱某再次将赤・吲乙・芸苔送至高某的西瓜田处，高某于次日使用于西瓜田。此后，西瓜苗长势有所恢复，但高某仍未改变粗放的管理模式。后高某发现西瓜结瓜较少，故于2014年6月13日将某供销农资连锁店告到C区人民法院，C区人民法院委托某资产评估有限公司进行评估，评估公司出具的《资产评估报告书》评估结论为高某西瓜田受损金额评估值为104 496元，因该评估报告书在正常售价的确定方面存在缺陷和不严谨，故C区人民法院参照本地平均批发价格1.00元/斤，在其基础上将总损失认定为130 620元。C区人民法院依照《中华人民共和国侵权责任法》第三条、第六条、第十五条、第四十二条，《中华人民共和国民事诉讼法》第六十条第一款，《最高人民法院关于民事诉讼证据的若干规定》第二条之规定，判决由某供销农资连锁店赔偿高某损失52 248元，并支付鉴定费1 000元，共计53 248元。

案例评析：某供销农资连锁店出售的农药是否存在缺陷以及农资店朱某在指导使用时是否存在不当

本案中，某供销农资连锁店出售的农药本身是否存在缺陷以及农资店朱某在指导使用时是否存在不当是主要争议焦点。第一，高某对涉案农药质量没有异议，故农药本身不存在缺陷；第二，吡虫啉、盐酸吗啉胍、芸苔素内酯、复硝酚钠、赤·吲乙·芸苔登记的使用范围的作物名称均不包括西瓜，对于吡虫啉、盐酸吗啉胍均系由某供销农资连锁店出售且指示高某使用，故该农资店在该两种农药使用范围上存在指示不当，而芸苔素内酯、复硝酚钠、赤·吲乙·芸苔系在药害产生后专家指导的补救用药，不属于农资店的责任，也与涉案吡虫啉药害无关；第三，某供销农资连锁店关于吡虫啉的使用方法“20g 对水 200 斤”的指示高于说明书规定的浓度，以及 4 天内连续使用两次的指示也短于说明书规定的安全间隔期。因此，其出售农药时在技术指导方面未尽严格的审慎义务，存在指示不当。高某遭受的损失与某供销农资连锁店出售的农药是否存在因果关系。根据 C 区农业局作出的《农业生产事故技术鉴定意见书》，当时西瓜生长异常主要是连续使用高浓度的吡虫啉产生的药害，同时苯醚·甲环唑的使用导致西瓜生长再次受到抑制，以及大幅降温和管理粗放也进一步加剧了吡虫啉的药害。当时西瓜还处于幼苗期，专家认为如及时补救，虽然生长期会有所滞后，但西瓜可以恢复生长，对产量影响较小。且经后期补救后，西瓜长势确实有所恢复，但后期高某仍然未改变粗放的管理模式。故综合造成药害的原因及高某后期的补救、管理情况，在多因一果的情况下，C 区人民法院酌情认定某供销农资连锁店对高某的损失承担40%的赔偿责任，即赔偿高某损失52 248元。评估费及鉴定人出庭费用的负担。评估费2 500元，系高某为证明其遭受的损失支出的费用，根据某供销农资连锁店需承担的相应责任和原因力大小，C 区人民法院酌情认定由某供销农资连锁店承担1 000元。鉴定人出庭费用 500 元，因评估结论已部分被修正，故 C 区人民法院酌情认定由高某负担 350 元，由某供销农资连锁店负担 150 元。

延伸阅读：南京惠宇农化有限公司诉农业部行政审批及行政复议决定案

农业部于2015年6月1日向南京惠宇公司作出×××号农业部行政审批综合办公办结通知书，针对南京惠宇公司提出的11%茚虫威可湿性粉剂制剂临时登记申请作出了退回申请不予登记的处理决定。农业部认为，“（水稻）采收间隔期为14天、28天时，最终残留量超过我国限量标准（0.1mg/kg），暂不同意该产品登记。（农药检定所资料编号：1215100215）”。南京惠宇公司不服该通知书，向农业部申请行政复议，农业部于2015年9月24日作出农复议字〔2015〕30号《中华人民共和国农业部行政复议决定书》，决定维持不予登记决定。

一审法院认为，农业部发布的《农药残留试验准则（NY/T 788—2004）》规定了农药残留试验的术语和定义、基本要求，包括田间试验的设计和实施、采样及样品贮藏、残留分析、试验记录及报告要求。其标准适用于进行农药登记残留试验。该准则中5.3关于最终残留量试验的采收间隔期一节明确要求，依据农作物病、虫、草害防治的实际情况，农产品采收期和推荐采收间隔期确定试验采收间隔期。对于喷药期间采摘的农产品，如黄瓜、番茄、茶叶等，试验采收间隔期应相应的短些，间隔期应选1天、2天、3天、5天或7天；其他农作物，如水稻、棉花、柑橘等，间隔期可适当长些，一般设7天、14天、21天或30天。每个残留试验应设两个以上的采收间隔期，第二年相应调整。上述试验准则用列举的方式对农药残留试验的采收间隔期作出了要求，本案中，惠宇农化公司向农业部提交的《残留试验报告》中设置了35天的采收间隔期，并依据35天采收间隔期所取得的残留试验结果申请农药临时登记，显然不符合上述试验准则的要求。为保障农产品卫生和食品安全，农药登记应以充分的残留试验资料为科学依据，在涉案农药残留试验采收间隔期设置为14天、28天时均出现农药残留超标的情形下，农业部认为采收间隔期设置为35天不符合《农药残留试验准则（NY/T 788—2004）》要求，对涉案农药作出不予登记决定并不无当。

关于惠宇农化公司认为安全间隔期是通过试验确证而非法定要求的主张，一审法院认为，根据《农药残留试验准则（NY/T 788—2004）》中2.5关于安全间隔期的术语定义，安全间隔期是指经残留试验确证的试验农药实际使用时采收距最后一次施药的间隔天数。根据上述定义，安全间隔期确实应经过残留试验确证，但确证安全间隔期的残留试验应以符合《农药残留试验准则（NY/T 788—2004）》的试验要求为前提。本案中，惠宇农化公司提交的《残留试验报告》中设置35天的采收间隔期已违反了农药残留试验准则中关于采收间隔期的要求，故由此农药残留试验确证的安全间隔期理应不被采纳。对于惠宇农化公司的该项主张不予支持。

关于惠宇农化公司认为《农药合理使用准则（GB/T 8321）》中部分在水稻上使用的农药安全间隔期超过了30天，农业部认为安全间隔期不得超过30天缺乏法律依据的主张。一审法院认为，由国家质量技术监督局发布的《农药合理使用准则（GB/T 8321）》是为指导科学、合理、安全使用农药而制定。其制定依据包括农药残留试验结果以及农药最高残留限量标准。惠宇农化公司所列举的农药己唑醇、杀螺胺等与涉案农药11%茚虫威可湿性粉剂在剂型、含量、适用作物、防治对象、施药方法等方面均存在不一致的情形，其最高残留限量标准的内涵亦不同，将上述农药进行对比缺乏基础条件，惠宇农化公司欲以此作为涉案农药的安全间隔期可以超过30天的理由亦不能成立。

二审法院认为，本案中，农业部针对南京惠宇公司的申请作出被诉通知书及被诉复议决定职权明确，事实清楚，程序合法，适用法律并无不当，南京惠宇公司要求撤销被诉通知书及被诉复议决定并要求判令农业部对涉案农药予以登记的诉讼请求缺乏事实及法律依据，本院不予支持。

参考文献

陈升斗，刘新录 . 2011. 无公害农产品管理与技术［M］. 北京：中国农业出版社 .

褚小菊，冯婧，陈秋玉 . 2014. 基于 ISO 22000 标准的中国食品安全管理体系认证解析［J］. 食品安全质量检测学报 5（4）：1250-1255.

戴芬，王强，于国光，等 . 2018. 农产品质量安全舆情科普模式研究［J］. 科普研究（5）：59-67.

董燕婕，赵善仓，李祥洲，等 . 2017. 产地环节农产品质量安全舆情发生特点及应对措施研究［J］. 山东农业科学，49（8）：150-154.

顾世顺 . 2014. 对比分析实施 HACCP 与 ISO 22000 认证的异同［J］. 质量与认证（8）：54-55.

郭林宇，李江华，等 . 2018. 营养小标签健康大问题［M］. 北京：中国质检出版社，中国标准出版社 .

韩肖 . 2018. 关于色谱检测技术在农产品检测中的应用研究［J］. 现代食品（7）：22-23.

韩应堂 . 2002. 无公害农产品规范法管理与生产标准［M］. 长春：吉林摄影出版社 .

胡建国，朱根华，熊耀坤，等 . 2016. 我国食品安全检测技术研究进展［J］. 食品界（8）：9-10.

金发忠，钱永忠 . 2003. 我国农产品质量安全检验检测体系的现状与对策［J］. 农业质量标准（2）：26-29.

金发忠 . 2005. 关于农产品质量安全几个热点问题的理性思考［J］. 农业质量标准（1）：13-17.

金发忠 . 2015. 基于我国农产品客观性的质量安全问题思考［J］. 农产品质量与安全（3）：3-11.

李冬 . 2006. 农产品质量安全监督管理、产地划分保护与包装标识管理及监督检查实用全书［M］. 北京：中国农业科学技术出版社 .

李祥洲，等 . 2015. 农产品质量安全舆情监测分析概论［M］. 北京：中国农业出版社 .

李祥洲，邓玉，等 . 2018. 农产品质量安全舆情热点科学解读［M］. 北京：科学出版社 .

李祥洲，邓玉，廉亚丽，等 . 2018. 产地农产品质量安全舆情成因及应对研究——以兰西“嘎嘎甜”香瓜舆情为例［J］. 农产品质量与安全（6）：79-83.

李雨 . 2010. 论食品安全控制 GMP 体系实施现状与发展趋势［J］. 现代商贸工业（3）：28-29.

梁诗敏，朱培武 . 2016. 国内外食品认证体制对比分析［J］. 安徽农业科学，44（34）：204-205，214.

廖家富，唐章林，唐维超，等 . 2018. 基层农产品质量安全舆情风险监测应对模式［J］. 中国食物与营养，24（5）：5-9.

刘欢，吴立冬，李晋成，等 . 2016. 农产品质量安全快速检测产品管理评价研究［J］. 农产品质量与安全（4）：41-46.

刘新录 . 2014. 无公害农产品管理与技术［M］. 北京：中国农业出版社 .

刘萤，王珮玥，刘雪平，等 . 2014. 我国现行食品与饲料中真菌毒素限量及检测标准概述［J］. 中国酿造（7）：10-15.

楼圣婷，赵悦臣，宋月，等 . 2018. 禽类产品组农药残留分析方法研究［J］. 农产品质量与安全（4）：31-39.

马新明 . 2005. 无公害农产品生产理论与检测技术［M］. 北京：中国广播电视出版社 .

农业部 . 关于开展食用农产品合格证管理试点工作的通知［EB/OL］. http://www.moa.gov.cn/govpublic/ncpzlaq/201607/t20160726_ 5217920.htm.

欧锦雄 . 2016. “问题豆芽”案的刑事法治报告［J］. 北方法学（1）：122-132.

宋建朝 . 2018. 我国“三品一标”高质量发展推进方略［J］. 农产品质量与安全（3）：3-7.

汪学才，徐建陶，童永华，等 . 2007. 国内外良好农业操作规范认证简况［J］. 中国农学通报（23）：508-511.

王颜红，张志华 . 2016. 绿色食品　产地环境实用技术手册［M］. 北京：中国农业出版社.

邢华 . 2017. 色谱检测技术在农产品检测中的应用探析［J］. 食品安全导刊（23）：68-68.

岳小春 . 2016. 农产品食品检测检验技术［J］. 食品界（4）：110-111.

张华荣 . 2018. 绿色食品工作指南［M］. 北京：中国农业出版社 .

张卫锋 . 2018. 食品中农药最大残留限量标准制修订研究［J］. 农产品质量与安全（1）：39-44.

张星联，等 . 2017. 食用农产品消费健康科学面对面［M］. 北京：中国标准出版社 .

赵善仓，赵领军，董燕婕，等 . 2018. 产地农产品质量安全舆情及应急处置研究［J］. 中国食物与营养，24（5）：10-13.

朱丽梅，张美霞 . 2012. 农产品安全检测技术［M］. 上海：上海交通大学出版社 .

朱世龙，等 . 2016. 食品安全科普知识 100 问［M］. 北京：北京科学技术出版社 .